KB088578

조선의 大기자, 연암

이 책은 방일영문화재단의 지원을 받아 저술·출판되었습니다.

燕巖

조선의 大 기자, 연암

강석훈 지음

미케북스

머리말

　오로지 주자 성리학이 사상과 학문의 절대 기준으로 조선 사회를 호령하고 있던 18세기, 연암 박지원은 백성들을 휘어잡고 있는 캄캄한 어둠을 몰아내고 말과 글로써 새로운 빛줄기를 비추고자 한평생을 고뇌한 시대의 선각자였다. 그는 명문 사대부 가문 출신에다 빼어난 재능과 문장력을 갖춰 마음만 먹으면 소위 출세의 길에 올라 부귀영화를 누릴 수 있었다. 그럼에도 과거를 포기하고 가난을 벗 삼아야 하는 '글의 길'을 선택했다. 벼슬 대신 얻은 '자유인'이라는 특권은 연암이 조선의 기자記者가 되는 등용문登龍門이자 역사적 대작을 남기는 데 둘도 없는 기틀이었다.

　연암은 빼어난 산수를 노래하는 음풍농월이나 사서삼경을 흉내내는 틀에 박힌 문장을 쓰는 대신 시대와 사회 문제를 고민하고 새로운 길을 찾는 데 온 힘을 기울였다. 일찍이 불면증을 앓던 20세 전후에 〈양반전〉과 〈광문자전〉, 〈예덕선생전〉, 〈민옹전〉 등 잘 알려진 소설을 지어 신분 사회의 부조리와 모순, 양반의 위선과 이중성을 풍자와 해학적 필치로 날카롭게 꼬집었다. 유교적 고전과 고문을 인용하며 관념적인 성리학의 틀을 벗어나지 못했던 당시의 풍토에서는 신선하면서도 파격적인 글이었다.

　또한 연암은 북학파로서 홍대용, 정철조, 이덕무, 박제가, 유득공,

이서구 등과 어울려 고금의 정치와 경제뿐 아니라 농업과 공업, 지리, 천문, 국방 문제, 나아가 조수鳥獸와 산학算學까지 함께 논하며 조선 사회의 현실과 미래를 고민했다. 조선 사회에 대한 비판적인 글과 경세 치용, 이용후생 등 사회 참여적인 연암의 학문 활동은 사회 문제에 대한 관심이 필수적인 '기자적 기질'을 갖추고 있음을 보여주는 한 단면이다. 연암의 기자식 기질이 잘 살아 있는 대표적인 글은 조선 사행단에 참여해 심양과 북경, 열하를 다녀와서 쓴 열하일기이다.

조선조 정조 4년인 1780년, 조선은 청나라 황제 건륭제의 70세 생일인 만수절을 앞두고 축하 사절단[1]을 파견하기로 했다. 진하사절단의 단장격인 정사正使는 박명원朴明源이었다. 그는 영조의 3녀인 화평 옹주와 결혼한 영조의 부마이며 금성위錦城尉에 봉해진 인물로, 정조에게는 고모부인 셈이다. 박명원은 연암 박지원과는 8촌으로 삼종형이기도 했다.

1780년은 개성 부근 연암골에 살던 연암이 한양으로 막 돌아왔을 때였다. 연암은 이전에 정조의 최측근이었던 홍국영에게 쓴 소리를 한 게 화근이 될 우려가 있다는 친구 유언호의 권유로 2년 전부터 연암골로 피신해 살고 있었다. 1779년 세도가였던 홍국영이 쫓겨나자 한양으로 돌아온 것이다. 그 즈음 연암은 청나라에 같이 가자는 박명원의 제의를 받고 자제군관 자격으로 사절단에 합류하기로 했다. 자제군관은 사신의 수행원 격인데 아들이나 제자 등 가까운 사람들을 중국으로 데려가 견문을 넓혀주려는 목적으로 만든, 큰 부담이 없는 자리였다. 청나라의 우수한 문물과 제도를 배워야 한다는 북학파로서, 이용후생利用厚生을 주창했던 연암으로서는 현장을 경험할 수 있는 안성맞춤의 기회였다.

열하일기[2]는 대기자의 면모와 식견, 실력이 고스란히 녹아 있는 대장정의 '르포르타주reportage'이다. 르포르타주는 어떤 사건이나 현상에 대한 단편적인 보도가 아니라 특정 주제나 지역 사회를 심층 취재한 기자가 취재 내용과 식견을 바탕으로 뉴스와 여러 에피소드, 논평 등을 종합적으로 완성한 기사이다.

열하일기에 수록된 청나라의 정치, 경제, 외교, 사회, 문화, 풍속, 음악, 학문 등에 대한 방대한 기록과 다양한 에피소드, 높은 식견과 깊은 학식을 바탕으로 한 심층 필담은 대기자 연암의 헌신적이고 열정적인 취재의 결과물이기에 르포르타주로서 전혀 손색이 없다. 오히려 뚜렷한 목적을 가진 '기자 정신'이 없으면 도저히 이뤄낼 수 없는, 그 어떤 르포르타주보다 뛰어난 대작이다. 열하일기를 단순한 여행기나 기행문학의 범주로만 두고 볼 수 없는 이유이기도 하다.

필자는 중국 특파원 시절 열하일기를 완독한 순간부터 연암이야말로 시대를 초월하는 '진정한 대기자'라는 확신을 갖게 되었다. 실제 연암이 1780년 8월 1일 북경에 도착한 날의 기사에서 기자로 자칭自稱했다는 사실을 열하일기 한문본을 보고 알게 되었다. 또한 자신을 삼류선비로 규정하고 '해야 할 말을 하고 써야 할 글을 쓰는' 자세와 정신을 천명하기도 했다. 오늘날 언론계가 추구하는 기자 정신 바로 그 자체다. 열하일기에는 연암의 기자 정신뿐 아니라 현장의 냄새를 맡는 기자적 본능과 좌충우돌하며 발로 뛰는 기자로서의 자취, '취재 보도에는 피아彼我가 없다'라는 중립적인 관찰자의 자세, 그림자와 메아리를 얻는 취재 기법 등 오늘날에도 본받고 배워야 할 기자상記者像이 보물처럼 간직되어 있다.

연암이 실정한 열하일기의 큰 주제는 책 안 여기저기에서 띄엄띄엄 언급하고 있듯이 '나라와 백성을 위해 천하대세天下大勢를 보고 천하지우天下之憂를 걱정한다'로 볼 수 있다. 청나라의 발전된 문물 제도와 정치 지형, 고도로 실리적인 주변국 외교 전략을 정확하게 파악해 세상의 흐름을 바로 읽고, 성리학의 어두운 동굴 속에 갇혀 시대의 조류에 무지몽매한 조선의 현실을 깨우치고 앞날을 고뇌해야 한다는 연암의 호소나 다름없다.

때문에 열하일기에는 조선의 정치와 학문 풍토, 선비 사회의 문제점에 대한 직설적 비판과 질타가 적지 않게 포함돼 있다. 이런 측면에서 연암은 '보고 들은 대로 기록하되 해야 할 말을 하고 써야 할 글을 쓰는 기자'로서의 전형을 18세기 조선에서 선구적으로 실천한 지사형 선비이다. 우리 민족사에서 '기자의 원조元祖'라고 해도 과언이 아니다.

21세기 대한민국은, 연암이 살았던 18세기 조선에 비하면 국제적 위상이나 경제적 역량, 국민의 인권과 생활 수준면에서 감히 비교가 불가능할 정도로 날아올랐다. 연암이 대한민국의 국력을 본다면 요동 호곡장好哭場에서 말했듯 너무 기뻐서 눈물을 흘렸을지도 모른다. 그러나 사회의 목탁이자 소금 역할을 해야 할 언론은 정치적 진영 논리와 낡은 이념의 함정에 빠져 지향점을 찾지 못한 채 표류하고 있다. 연암이 대로大怒하여 울어버릴 일이다. 연암이 통탄할 일은 또 있다. 저급한 황색저널리즘 문제다. 커뮤니케이션의 플랫폼이 세계 최고의 수준으로 발전했고 기자들이 없는 분야가 없는 사회가 됐지만 상업성에 휘둘린 나머지 호기심을 자극하는 말초적 기사와 저급한 신변잡기적 소식 등이 난무하고 있다.

열하일기, 연암과 관련된 내용은 이미 고봉 준령과 같은 학자들의 정치精緻, 정교하고 치밀함하고 수준 높은 연구의 결과물이 다양한 형식의 출판물로 쌓여 있다. 그럼에도 이 책의 출판에 감히 나선 것은 기자의 시각에서 '기자로서의 연암'을 조명하며 배우고 싶었기 때문이다. 연암과 그의 저작을 통해 기자적 활동과 정신을 21세기 기자의 입장에서 살펴봄으로써 우리 민족사 기자 정신의 시원始原을 찾아보고자 한다. 또 동서와 고금을 초월해 빛나는 연암의 기자 정신을 되살려 우리 전통적 저널리즘 정신의 맥을 잇는 실마리 하나 찾아보고자 하는 소망도 없지 않다.

사실 더 중요한 목적은 한 사람이라도 더 열하일기를 비롯한 연암의 역작을 읽고 연암의 뜻을 새기는 계기가 되도록 하는 데 있다. 그래야만 천하지우를 공감할 수 있는 후손들을 위해 글을 썼던 연암 기자의 유지遺志에 조금이나마 보답할 수 있겠다는 생각에서이다. 열하일기는 여러 번역본이 있는데 이 책에서는 영남대학교 김혈조 교수님의 번역본을 주로 원용하였다. 혹여 노고 어린 역작에 누를 끼치는 건 아닐지 염려도 적지 않지만 나름대로 이해하기 쉬운 책을 선택했다. 기꺼이 그대로 원용할 수 있도록 배려해 주신 김 교수님께 깊은 감사의 말씀을 올린다.

아울러 필자의 처녀작을 내는 데 성원을 아끼지 않은 이혜경 니케북스 대표님과 실무자들, 자신의 저서처럼 편집과 교정에 열성을 다해준 황인희 님에게도 진심으로 감사의 말씀을 드린다.

2022년 9월

강석훈

목 차

제1부

연암 박지원,
그는 왜 기자인가?

1. 조선의 기자가 탄생하다

연암, 기자를 자칭하다

배에서 내려 언덕에 오르니 수레와 말이 길을 메워 갈 수가 없다. 동문에서 서문까지 5리 사이에 독륜차 수만 대가 길을 꽉 메워 몸을 돌릴 곳조차 없다. 뛰어나고 화려하며 번화하고 부유한 것이 이미 심양이나 산해관은 비교할 상대가 아니었다. 통주에서 북경까지 40리는 돌을 깔아 길을 놓았는데, 수레의 쇠바퀴와 돌이 부딪치는 소리가 더욱 웅장하여 사람의 심신을 흔들어 편치 않게 만든다.

건륭제의 70세 생일은 1780년 8월 13일. 이보다 약 석 달 앞선 5월 25일, 연암은 진하사절단 일원으로 한양을 출발했다. 불세출의 르포르타주 대작 열하일기와 조선 대기자 연암의 탄생을 알리는 서막이 열리는 순간이었다. 사절단이 6월 24일 압록강을 건넌 뒤 심양을 거쳐 북경에 도착한 날은 8월 1일이다. 압록강에서 북경에 이르기까지 역참驛站이 서른세 개이고 거리로는 2,030리이다. 요즘 같으면 자동차로 한나절 거리를 꼬박 한 달 이상 걸렸다. 꿈에도 그리던 국제 도시 북경은 그야말로 호화찬란했다. 앞의 인용문은 그날 열하일기의 일부이다.

연암은 처음으로 북경에 도착한 감회를 중국 스물하나의 왕조, 삼천여 년 역사를 되짚어 보며 장황하게 서술한다. 감개무량한 그의 모습이 눈에 선할 정도다. 웅장하고 장대하며 화려한 북경의 현재는 욕을 먹었든 칭송을 들었든 간에 법과 제도를 남긴 역대 군왕과 신하들의 유산이라는 취지다. 이어 청나라가 북경을 수도를 삼은 경위와 북경의 성을 기록한 뒤 황제의 신분을 소개했다. 북경 도착 첫날의 이런 기록도 의미가 있지만 한민족 언론사에서 역사적인 기록은 맨 마지막에 나온다. 연암이 스스로를 기자로 자칭한 문장으로서 사실상 이날 기사의 바이라인by-line이다. 1780년 8월 1일, 연암이 기자라는 말을 처음으로 사용한 것이다.

조회를 보는 정전正殿앞에 있는 궁전을 태화전太和殿이라 하는데 여기에는 한 사람만이 산다. 그는 성을 애신각라愛新覺羅라 하고 종족은 여진족女眞族 만주부滿洲部이다. 직위는 천자이다. 호칭은 황제이다. 직분은 하늘을 대신하여 만물을 다스리는 것이다.

그가 자신을 일컬을 때는 짐朕이라 하고, 모든 나라에서는 그를 높여 폐하陛下라 부르며, 그가 하는 말을 조詔라 하고, 호령하는 것을 칙勅이라 하며 그가 쓰는 모자를 홍모紅帽라 하고, 그가 입은 옷을 마제수馬蹄袖라고 하며, 왕위를 전해 온 것은 4대째요, 연호를 건륭乾隆이라 하였다.

이 글을 기록하는 자는 누구인가? 조선의 박지원이다. 기록하는 때는 언제인가? 건륭 45년 가을 8월 초하루이다.

마지막 바이라인 문장의 원문이다.

記之者誰　朝鮮朴趾源也.　記之時維何　乾隆四十五年秋八月
初一日也

記之者誰기지자수는 '이 글을 쓴 사람은 누구인가?'라는 뜻으로 記
之者에서 이 글을 지칭하는 '之'를 빼면 기자記者가 된다. 8월 1일자 기
사의 바이라인 원문을 현대식으로 바꾸면 '記者 朝鮮 朴趾源'으로 바
로 '조선의 기자 박지원'이다. 그러니까 마지막 바이라인 전체 원문은
'1780년 8월 1일 조선의 기자 박지원이 쓰다'라는 뜻이 되는 것이다.[3]
　열하일기를 통틀어 연암이 자신을 지칭하는 대명사나 이름을 밝힌
곳은 8월 1일자 기사를 비롯해 서너 군데에 불과하다. 7월 26일 여정
에서 사호석射虎石을 보고난 후 그 비석에 자신을 지칭하는 '모모某某'라
는 인칭대명사를 넣어 '朝鮮人某某觀'이라고 적고 열하일기 '사호석기'
마지막에 그대로 기록했다. 8월 7일 열하로 가는 길에 만리장성 고북
구古北口를 지나면서 만리장성 성벽에 '乾隆四十五年庚子八月七日夜三
更, 朝鮮朴趾源過此(건륭 45년 경자 8월 7일 한밤중에, 조선 박지원 이곳을 지나
다)'라고 쓰고 '야출고북구기夜出古北口記' 중에 그대로 기록했다. 모두 현
장을 봤다는 사실을 기념하는 의미이지 바이라인 성격의 인칭은 아니
었다. 또 '연암이 쓰다'라는 뜻의 '연암지燕巖識'라고 쓴 곳도 있지만 이
또한 단순한 기록자의 의미이지 발로 뛰며 취재한 내용을 기사화했다
는 뜻으로 쓴 것은 아니다. 자신을 기자로 호칭한 기사는 8월 1일자가

유일하다.

　문장에서 기자記者라고 하면 두 가지 다른 의미로 해석할 수 있다. 먼저, 독자에게 정보를 전달하는 기사가 아니라 일기나 수필, 산문, 책 베끼기 등 다양한 종류의 글을 단순히 써 옮기는 사람을 뜻할 수 있다. 다음으로 특정한 현안이나 사안을 취재하여 독자들이나 시청자들에게 기사의 형태로 정보를 제공하는 일을 하는 직업인으로서의 기자다. 18세기 당시 기자라는 직업이 존재하지 않았기에 연암이 자신을 요즘과 같은 직업적 기자로 지칭했다고는 볼 수 없다. 그렇다고 단순히 글을 기록한 사람을 지칭하는 기자로 썼다고도 할 수 없다. 다른 날짜의 기사에는 기자라는 말을 전혀 쓰지 않았기 때문이다. 그만큼 스스로 '8월 1일자 기사'에 의미를 부여했다는 뜻이다. 당시 북경은 세상의 중심이었기에 연암 개인적으로 북경 입성은 기념비적 사건이었고 자신이 직접 권력의 중심인 황제의 신상과 역할을 취재해 기록한 순간은 역사적일 수밖에 없었다. 또한 연암은 조선의 독자에게 북경의 모습을 알려주기 위해 현장에서 다양한 취재를 했다. 연암 스스로 여러 차례 밝혔듯이 중국을 취재하여 알리겠다는 분명한 목적 의식이 있었기 때문이다.

　요즘 신문은 거의 모든 기사에 바이라인을 배치하지만 20여 년 전만 해도 우수한 기획 기사나 칼럼, 특종 기사에 대해서만 기자의 이름을 넣었다. 연암이 황제가 사는 자금성을 보고 취재한 내용에 대해 요즘 언론의 우수한 기획 기사나 특종 이상으로 의미 있게 여겼을 것임에 틀림없다. 따라서 연암이 8월 1일자 기사에서 자신을 지칭한 기자의 의미는 바로 오늘날과 같은 '기자'라고 보는 게 타당하다. 그렇다면 1780년 8월 1일은 연암이 우리 민족사 처음으로 기자라는 말을 사용한 날일 뿐만 아니라 우리 민족사 최초의 기자가 탄생한 날이기도 하다. 서양까지는 몰라도 동양에서도 최초가 아닐까 생각된다.

중국과 일본의 기자 어원

중국에서는 전통적으로 조정에서 발행하는 관보官報의 일종인 당보塘報가 있었다. 그러나 황제의 조칙이나 조정의 행사를 알리는 내용이어서 엄격한 의미의 언론이라고 할 수는 없었다. 근대 언론의 맹아라 할 수 있는 신문과 잡지가 발간된 시기는 19세기 초 무렵이다. 처음에는 중국 연안의 서양인 거류 지역을 중심으로 서양의 언어로 된 신문과 잡지가 나타났다. 그러다가 서양 선교사들이 주로 선교를 목적으로 중국어 잡지들을 발행하기 시작하여 중국인들에게 서양 근대 언론이라는 문물이 소개되기 시작했다.

중국 최초의 근대적 중국어 잡지는 '찰세속매월통기전察世俗每月統記傳, Chinese Monthly Magazine'으로, 영국의 개신교 선교사인 윌리엄 밀른 William Milne이 말래카에서 중국인 최초의 근대적 언론인으로 꼽히는 량야파[梁亞發]의 도움을 받아 출간했다. 물론 선교적 내용이 주류였다. 중국 본토에서 발행된 최초의 중국어 신문은 1872년 차 무역을 하던 영국인 어네스트 메이저Ernest Major가 상하이에서 다른 영국 상인 세 사람과 공동으로 창간한 신보申報였다. 신보는 무역선의 입출항 등을 알리는 순수한 상업적 목적의 신문이다. 중국 국내 뉴스를 전문적으로 취재하는 직원을 두었는데 이들을 방원訪員 또는 보사인報事人으로 불렀다. 여러 곳에서 소식을 모으거나 보도에 종사하는 사람이라는 의미로 오늘날의 기자인 셈이다. (〈中國近現代言論史〉, 차배근, 1985, 나남출판사 참조)

기자라는 말이 처음으로 등장하는 중국 매체는 1898년 청나라의 개혁을 시도하다 백일천하로 끝난 뒤 일본으로 망명한 양계초梁啓超가 일본 요코하마에서 창간한 청의보淸議報였다. 중국의 포털 사이트인 바이두에는 1899년 청의보에서 처음으로 '기자'라는 단어가 나타났다고 되어 있다. 당시 일본 신문에서 기자라는 어휘를 사용하고 있었으니 일본의 말을 차용했다고 봐야 한다.

일본의 초창기 신문은 서양학 연구와 외교 문서 번역을 목적으로 바쿠후[幕府]가 설립한 반쇼시라베쇼[蕃書調所, 후에 요쇼시라베쇼 洋書調所로 개칭]에서 1862년 발행한 '관판官版 〈바타비야 신문〉'이 대표적이다. 이때를 기점으로 출현하기 시작한 신문들은 외국 신문을 번역하여 출판하는 게 대부분이어서 현장을 취재하여 기사를 쓰는 기자라는 직종이나 용어가 등장하지는 않았을 것 같다.

본격적인 신문은 메이지 유신이 일어난 1868년 창간된 〈추가이신문[中外新聞]〉을 필두로 1871년 일본 최초의 일간지인 〈요코하마 마이니치신문[橫濱每日新聞]〉, 1872년 현 〈마이니치신문[每日新聞]〉의 전신인 〈도쿄 니치니치신문[東京日日新聞]〉이 창간되었다. 이어 1874년에는 부녀자와 하층민을 대상으로 하여 〈요미우리신문[讀賣新聞]〉이 등장했고 1879년 오사카에서는 〈아사히신문[朝日新聞]〉 등이 창간되었다. 이러한 흐름으로 볼 때 일본에서 기자라는 용어가 등장한 시기는 빨리 잡아도 메이지 유신 직후로 보는 게 타당할 듯싶다. 일본 국어대사전에는 1874년 동경신번창기東京新繁昌記와 민간 잡지에서 기자라는 말을 썼다고 되어 있다. 조선에서 연암이 기자를 자칭한 지 90년쯤 뒤의 일이다.

청나라 장관론壯觀論

1780년 8월 1일자로 연암이 스스로를 기자로 일컬었지만 사실상의 기자 선언은 이보다 보름 전인 7월 15일자 기사에 있다. 이미 유명한 청나라의 장관론이다. 당시 청나라에 다녀온 사람들에게 으레 제일 장관을 꼽아 보라고 하면 광활한 요동 벌판이나 연도의 시장과 점포, 산해관, 유리창, 통주의 선박들, 호권虎圈, 호랑이를 키우는 우리이나 상방象房, 코끼리를 기르는 우리 등 일반적인 구경거리를 내세웠다. 그러나 숭명배청崇明排淸 의식에 철두철미한 고루한 선비들은 오히려 '되놈'이나 '오랑캐'의 땅이라 아무 볼 것이 없다거나 원수를 갚아야 할 땅이라며 저주를 퍼붓듯 했다. 이에 연암은 '청나라의 장관'을 논하는 관점에 따라 일류 선비[上士]와 이류 선비[中士], 삼류 선비[下士]로 나누고 자신은 삼류 선비로 분류한다. 상사, 중사, 하사의 관점이 어떻게 다른지 살펴보자.

- 상사의 장관론 : "되놈은 짐승, 볼만한 게 없다."

이때 일류 선비는 쓸쓸하고 근심 섞인 표정으로 이렇게 말한다.

"도무지 아무 볼만한 게 없었다. 왜냐고? 황제와 신하가 모두 변발을 했다. 아무리 부강하고 학문과 문장이 있다 하더라도 한번 변발을 하면 '되놈'이 되는 것이다. 되놈은 짐승[犬羊]이니 짐승에게 무슨 볼만한 걸 찾겠는가?"

- 중사의 장관론 : "오랑캐 쫓아낸 뒤 장관 논해야"

이류 선비는 이렇게 말한다.

"명나라가 망하고 중국 산천은 '노린내'와 '비린내'를 피우는 고장 [腥羶之鄕, 성선시향]으로 변했고 언어조차 야만인의 말씨가 되고 말았다. 여기서 볼만한 게 무엇인가? 십만 대군을 얻을 수 있다면 산해관으로 몰고 들어가 중국 천지를 한번 말끔하게 씻어낸 뒤라야 장관을 말할 수 있으리라"

- 하사의 장관론 : "기와 조각, 똥거름이 장관이다."

나는 삼류 선비다. 나는 중국의 장관을 이렇게 말한다.

"정말 장관은 깨진 기와 조각에 있었고 냄새나는 똥거름에 있었다. 깨진 기와 조각은 모두가 버리는 물건이지만 담을 쌓을 때 깨진 두 장을 마주 놓아 물결무늬를 만들고 네 쪽을 안으로 합하여 동그라미 무늬를 만들며, 네 쪽을 밖으로 등대어 옛 동전 모양의 구멍을 만드니 기와 조각들이 맞물려 만들어진 구멍의 영롱한 빛이 안팎으로 비친다. 천하의 문장文章이 여기에 있다.

똥거름은 가장 더러운 물건이지만 밭에 거름으로 쓰일 때면 금싸라기처럼 아끼게 된다. 길에 버린 재가 없고 말똥을 줍는 자가 똥을 모아 거름창고에 쌓아두는데 네모반듯하게 혹은 여덟이나 여섯 모가 나게 누각 모양으로 만든다. 똥거름을 쌓아올린 맵시에 천

하의 제도가 있다.” 그래서 나는 말한다. “기와 조각, 똥거름이 장
관이라고.”

청나라를 ‘되놈’과 ‘오랑캐’의 나라, 중국 땅에서 쫓아내야 할 대상이
라고 말한 상사와 중사는 당시 조선의 집권 사대부와 권력을 추구하는
선비들을 지칭한다. 엄밀하게 말하면 상사는 집권 사대부, 중사는 그
들에게 아첨하며 출세를 노리는 중하위 벼슬아치와 선비들일 것이다.
이들의 머릿속에는 주자성리학의 대의명분론에 따라 임진왜란 때 조
선에 군대를 파병한 명나라를 존숭하고, 병자호란의 치욕을 안긴 청나
라는 반드시 정벌하여 복수해야 할 대상으로 남아 있었다.

 그러나 당시 청나라와 조선의 현실은 어떠했는가? 청나라는 세계
최고의 선진 강국이었고 조선은 백성들이 헐벗고 굶주리는 후진 빈국
이었다. 이런 현실은 아랑곳하지 않은 채 당시 집권층은 입으로만 ‘오
랑캐’ ‘북벌’을 외치며 그들의 권세와 이익을 지키고 있었다. 사실 조선
의 집권층도 북벌이 불가능하다는 점을 알고 있었기에 연암에게는 이
들이 더더욱 비굴하고 위선적으로 보였을 것이다.

 따라서 여기서 일류 선비, 이류 선비라는 호칭 속에는, 아무런 실속
이나 힘도 없이 입으로만 숭명崇明과 배청排清을 부르짖고 ‘오랑캐’니 ‘되
놈’이니 하면서도 중국에 가서는 머리를 조아리는 이중적 선비들이 조
선에서는 고관의 자리와 대작의 지위를 누리며 부귀영화를 독점하고
있는 서글픈 현실을 조롱하는 의미가 담겨 있다고 봐야 한다.

 삼류 선비, 하사는 어떤 존재일까? 당시에 일류, 이류, 삼류 선비라

는 계층적 개념은 없었다. 그럼에도 연암이 자신을 하사, 즉 삼류 선비라고 규정한 것은 스스로를 낮추는 모양새로 보이지만 실상은 대의명분론의 틀에 갇혀 있는 양반층과 뜻을 같이 하지 않겠다는 의지로 봐야 한다. 상사와 중사의 입장에서 보면 깨진 기와 조각이나 똥거름은 그들이 혐오하는 '오랑캐'들의 산물이다. 이러한 산물을 장관이라고 보는 시각은 당시 집권층의 사상적 실시에 대한 저항이자 준열한 비판이나 다름없다. 사실상 '오랑캐'와 '북벌론'의 관념에서 벗어나겠다는 사상적 독립 선언이다. 하사의 이런 독립적 비판 정신이 기존 관념에 맞서 기와와 똥거름을 장관이라고 말할 수 있었던 원동력이다. 이는 곧 '보고 들은 대로 쓰되 해야 할 말은 하고 써야 할 글은 쓰는 기자 정신'과 일맥상통한다. 연이어 쓴 연암의 다음 글이 이를 증명한다.

백성에게 이롭다면 오랑캐도 본받아야

명나라가 무너지는 비운을 맞자 지금 중국에서는 천하의 머리란 죄다 깎여 모두 되놈으로 변했다. 그러나 중국의 성곽과 궁실, 백성들은 그대로 있다. 정덕正德과 이용후생의 정신도 남아 있다. 주자의 학문도 사라지지 않았으며 삼대 이래의 현명한 제왕과 한·당·송·명의 법률과 제도도 변함이 없다.

되놈이라 불리는 오늘의 청조는 무엇이든지 중국에 이익이 되고 가치가 있다는 걸 알게 되면 억지로라도 빼앗아 본래 자기들이 가지고 있었던 것처럼 한다. 천하를 통치하는 사람은 진실로 백성에게 이롭고 국가를 부강하게 하는 것이라면 비록 그 법이 오랑캐에서 나왔다 하더라도 이를 본받아야 한다. 옛 성인이 존화양이를 위해 춘추를 지었지만 오랑캐가 중국을 어지럽혔음을 분하게 여겨 중국의 존숭할 만한 사실조차 모조리 내치라고 했다는 말은 듣지 못했다.

지금 사람들이 참으로 오랑캐를 물리치려면, 중국의 남겨진 법제를 모조리 배워서 우리의 어리석고 고루하며 거친 습속부터 바꾸는 것이 급선무다. 밭 갈고 누에 치고 질그릇 굽고 쇠 녹이는 풀무질에서부터 공업을 고루 보급하고 장사의 혜택을 넓히는 데까지 그들에게 배우지 못할 것이 없다. 다른 사람이 열 가지를 배우면 우리는 백 가지를 배워 먼저 우리 백성을 이롭게 해야 한다. 우리 백성들이 몽둥이를 들고 저들의 갑옷, 병장기와 대적할 만한 뒤라야 비로소 중국에는 볼만한 것이 없다고 장담해야 옳다.

이 글은 오늘날로 치면 기자의 논설이다. 글과 문장이 대단히 치밀하며 논리적이다. 사실에 기반하고 있어 더욱 힘이 있다. 연암은 청을 되놈이라고 하면서도 그들의 장점을 먼저 하나하나 제시한다. 무엇이든 '이로움이 있으면 포용하고 배우는 자세'다. 연암은 이어 주자성리학과 존명배청, 북벌론으로 완고한 사상적 철옹성을 쌓아놓고 있던 조선 집권층에 "오랑캐한테서라도 배울 건 배워야 한다"라고 정면으로 귀에 거슬리는 쓴 소리를 한다. '천하를 통치하는 사람'을 지칭함으로써 사실상 최고 지도자인 국왕에게 직언을 한 셈이다. 오랑캐에게 배울 건 배워야 한다는 말은 당시 조선 집권층의 의식인 존명배청과 북벌론을 정면으로 부정하는 주장이다.

　그 당시 누가 이런 글을 쓰고 이런 말을 할 수 있었겠는가? 일류 선비, 이류 선비는 청을 '되놈'의 나라로 욕하기 바쁘고 오랑캐 북벌을 외치는 데 정신이 없었다. 삼류 선비, 하사는 권세와 이익을 좇아 권력과 고관대작에 아부하고 눈치 보는 상사, 중사와는 분명히 구분되는 인물이다. 상사, 중사들이 속한 어느 붕당에도 들어가지 않았고 밥그릇 하나 챙길만한 관직도 없다. 어느 붕당, 어느 파벌에도 속하지 않는 독립적인 존재로 오직 백성들의 이익과 국가의 부강을 고민하고 꿈꾸는 사람이다.

　논평이 아무리 출중해도 쌀 한 톨 생기지 않는다. 현실을 고민하고 글을 쓰는 기준도 사사로운 이익, 일신의 안온과 영달, 눈앞의 밥그릇이 아니라 이용利用과 후생厚生이다. 어디에도 구속되지 않는 독립적이고 자유로운 존재, 하사가 바로 오늘날의 기자인 이유이다. 따라서 1780년 음력 7월 15일, 연암이 열하일기 '일신수필日迅隨筆' 편에서 스스로를 삼류 선비로 자리매김한 '여하사야余下士也, 나는 하사다'는 바로 바람직한 '기자상記者像'을 규정한 선언이다.

2. 요동 호곡장好哭場에서 자유를 얻다

일찌감치 〈양반전〉 등 사회 비판적 소설을 썼던 연암은 명성을 떨쳤던 만큼 많은 비방도 감수해야 했다. 정조가 등극한 직후에는 쓴소리를 한다는 말이 실세 홍국영의 귀에까지 들어가 한때 연암골로 피신까지 했다. 하고 싶은 말도 못하고, 쓰고 싶은 글도 제대로 쓰지 못하는 현실이 지극히 답답했을 것이다. 연암의 아들 박종채가 쓴 〈과정록過庭錄〉에는 연암이 자주 울화증에 시달렸다는 기록이 있다. 그만큼 자유가 없는 현실이 답답했을지도 모른다.

그런데 뜻밖에도 연암은 오랑캐의 땅, 광활한 요동 벌판에서 진정한 자유를 맛보게 된다. 요동 벌판을 만난 그는 울기 좋은 장소라는 '호곡장好哭場'으로 표현하며 그날의 감격을 기록했다. 왜 연암은 천지가 툭터인 곳에서 한바탕 통곡을 생각했을까?

사람들은 인간의 칠정七情 가운데 오로지 슬픔만이 울음을 유발한다고 알고 있다. 사실은 칠정이 모두 울음을 자아낸다. 기쁨, 분노, 즐거움, 사랑, 미움, 욕심이 극에 달해도 울음이 날 만하다. 막히고 억눌린 마음을 시원하게 푸는 데는 소리를 지르는 것보다 더 빠른 방법이 없다.

통곡 소리는 지극한 감정에서 터져 나오고 터져 나온 소리는 사리에 절실하니 웃음소리와 같다. 사람들이 지극한 경우를 겪어 보지 못하고 칠정을 교묘하게 배치해 슬픔에서 울음이 나온다고 맞추어 놓았다. 초상이 나서야 소리를 질러댄다.

정말 칠정에 느껴서 나오는 지극하고 진실한 통곡은 아무 장소에서나 터져 나오지 않는다. 요동 벌판에서 울어야 미땅하다면 칠정 가운데 어느 정에 감동받아 울어야 하나? 갓난아이에게 물어보면 안다. 갓난아이는 태어나 해와 달을 보고 부모와 친척들을 보고 즐거워하고 기뻐하지 않을 수 없다. 슬퍼하거나 화를 낼 이치는 없다.

갓난아이가 태중에 있을 때 캄캄하게 막힌 비좁은 곳에서 웅크리고 부대끼다가 갑자기 넓은 곳으로 빠져나와 손과 발을 펴서 기지개를 켜고 마음과 생각이 확 트이게 되니, 어찌 참소리[진성, 眞聲]를 질러 억눌렸던 정을 다 씻어내지 않을 수 있겠는가! 그러므로 갓난아이의 거짓과 꾸밈없는 참소리를 본받는다면 지금 요동 벌판이 한바탕 울어 볼 장소가 아니겠는가?

'희노애락애오욕喜怒哀樂愛惡慾'의 칠정七情 가운데 무엇이든 지극하면 울음이 나오는데 갓난아이의 울음은 기쁨의 눈물이다. 연암은 이 갓난아이의 울음을 요동의 통곡과 일치시키고 있다. 곧 자신의 울고 싶은 마음이 갓 태어난 아이와 같다는 뜻이다. 갓난아이가 있던 캄캄하게 막힌 비좁은 뱃속은 연암이 사는 조선 사회다. 그곳에서 자신이 웅크리고 부대끼며 살았다는 의미다. 이런 조선을 벗어나 요동 벌판에 와서 갓난 아이가 손과 발을 펴서 기지개를 켜듯 연암의 마음과 생각이 확 트였으니 바로 자신에게 언로言路가 열린 셈이다. 그래서 조선에서 억눌렸던 마음을 씻어내기 위해 진성眞聲, 즉 참소리를 지르겠다고 한 것이다.

조선에서는 하지 못했던 이 참소리가 바로 요동 벌판의 통곡이니 호곡장은 바로 연암이 하고 싶은 말을 하고 쓰고 싶은 글을 쓸 수 있는 자유의 공간을 의미한다고 볼 수 있다. 아이러니하게도 오랑캐의 땅 요동 벌판에서 연암은 기자의 본질적 전제 조건, 참소리를 할 수 있는 자유를 찾고 기쁨의 눈물을 흘렸던 것이다. 그래서 호곡장은 열하일기의 탄생을 알리는 복선과도 같다.

연암의 실사구시實事求是

실사구시는 '실질적인 일을 통해 올바름을 구한다' 또는 '사실에 입각하여 옳음을 구한다'라는 두 가지 뜻으로 풀이된다. 흔히 조선의 실학파를 세분하면서 이익李瀷을 중심으로 한 경세치용학파, 박지원을 대표로 하는 이용후생학파, 김정희를 중심으로 한 실사구시학파로 나누는데 모두 현실 문제와 사실을 중시했고 실학 사상의 전통이라는 측면에서 일맥상통한다고 볼 수 있다. 그래서 '이용후생 실사구시'라고도 말한다. 실사구시의 자세로 학문과 연구에 힘써, 모든 사물이나 제도를 이롭게 이용하여 백성들의 삶을 풍족하게 한다는 것이다.

연암의 경우 이용후생을 위해 열하일기를 썼고 실사구시의 방법으로 취재를 했다고 말할 수 있다. 실사實事는 사실을 찾는 데 힘쓴다는 뜻이니 기자들이 현장을 찾아 직접 살펴보고 사람을 만나 직접 들어보며 사실들을 취재하는 행위가 이에 해당된다. 구시求是는 사실이나 진실, 올바른 방향 등을 추구한다는 뜻으로 볼 수 있으니 실사구시는 사실fact을 토대로 진실을 추구하는 기자들의 직업적 사명과 그대로 일치하는 개념이다. 특히 연암은 이용후생의 궁극적 목표를 정덕正德에 두고 있음을 여러 차례 밝히고 있다.

> 이제 내가 오행의 쓰임에 대해 먼저 말해 볼 터이니, 이를 통해 구주九疇의 이치는 쉽게 파악할 수 있을 것이다. 왜 그런가 하면 '이용'이 있은 후에라야 '후생'할 수 있고 '후생'한 후에라야 '정덕'할 수 있기 때문이다. — <연암집> 중

'곳간에서 인심난다'라는 말이 있듯이 먹고사는 문제가 해결돼야 충효가 있고 예의가 있고 신의가 있을 수 있다. 올바른 덕이 구현되는 사회를 위해 먼저 이용과 후생을 해야 한다는 철학을 갖고 있는 것이다. 기자들이 실사구시하는 궁극적 목표는 무엇인가? 정의와 진실이 살아 있고 신의가 존중되는 사회, 즉 정덕의 사회를 구현하는 것이다. 따라서 실사구시를 추구하는 연암과 언론의 지향점은 한 치도 어긋나지 않는다.

3. 조선의 기자가 되기까지

문장에 눈을 뜨다

연암燕巖 박지원朴趾源은 1737년(영조 13년) 음력 2월 5일 새벽 한양 서부 반송방盤松坊 야동冶洞에서 처사 박사유朴師愈와 함평 이씨 사이의 2남 2녀 중 막내로 태어났다. 당시 야동은 지금의 서소문 밖에 있던 동네다. 연암이 태어났을 때 조부 박필균朴弼均은 지평, 교리 등의 벼슬을 하고 있었다. 아버지 박사유는 벼슬을 하지 않은 채 평범하고 조용한 일생을 보냈다. 때문에 연암은 조부의 영향을 많이 받으며 어린 시절을 보낸 것으로 보인다.

〈과정록〉에는 조부 박필균이 경기도 관찰사로 있을 때 이사를 하고자 했는데 다섯 살인 연암이 혼자 나귀를 타고 새 집을 보고 와서는 대청과 사랑방의 방향, 집의 칸수 등을 하나도 틀리지 않고 얘기했다고 기록돼 있다. 어릴 때부터 공간 구조 지각 능력과 묘사sketch 능력이 뛰어났던 것으로 보인다. 연암은 열여섯 살에 관례冠禮를 올리고 처사인 이보천의 딸과 결혼했다. 장인인 이보천으로부터 〈맹자孟子〉를 배우고 처삼촌인 이양천에게서는 사마천의 〈사기史記〉를 배우면서 본격적으로 문장에 눈을 뜨기 시작했다. 당시 사기의 '항우본기項羽本紀'를 모방하여 〈이충무전李忠武傳〉을 지어 이양천으로부터 사마천과 반고班固같다는 칭찬을 들었다고 한다.

그러나 장인은 연암의 재기才氣가 높긴 하지만 악을 지나치게 미워하고 뛰어난 기상이 너무 드러나 걱정이라는 말도 했다고 한다. 원칙을 중시하고 불의를 참지 못하는 연암의 성격을 일찍이 들여다본 것이다. 연암은 지금의 고교 1학년 나이인 열일곱 살 무렵부터 극심한 불면증에 시달렸다. 불면증의 원인은 전해지지 않지만 사춘기인 데다 결혼이 가져다 준 생활 환경의 변화와 가장의 책임감, 향후 진로에 대한 고민 등이 생각이 깊은 연암에게 복합적으로 작용하지 않았나 싶다.

연암이 오랜 병에 지쳤을 즈음 마음을 다스리기 위해 73세 민유신閔有信이라는 사람을 만나는데 그가 연암에게 미친 영향은 소설 〈민옹전閔翁傳〉에 자세하게 나온다. 〈민옹전〉에는 민옹의 풍자와 재치, 기발한 발상, 낙관적 태도 등이 자세히 묘사돼 있는데 이때 연암은 큰 영향을 받고 불면증을 어느 정도 치유한 것으로 보인다. 그 당시 민옹뿐 아니라 여러 이야기꾼에게 연암이 들은 이야기들은 〈광문자전〉이나 〈마장전〉, 〈김신선전〉 등 양반 사회를 풍자하며 사회 참여적이고 비평적인 글들을 써내는 데 긴요한 소재가 된다. 어쩌면 이때부터 기자적 자질이 조금씩 잉태되고 있었는지도 모른다.

과거를 포기하다

연암도 양반 사대부 집안 출신들이 그러했듯 스무 살 무렵부터 입신양명의 관문인 과거 시험 공부를 했다. 그러나 연암은 과거 시험 대신 당시 조선의 부조리한 현실 문제에 더 큰 관심을 보였다. 연암이 20대에 세태를 풍자하는 아홉 편의 전傳을 지었는데 그 중 한 편이 '학문을 팔아먹는 큰 도둑놈전'이라는 뜻의 〈역학대도전易學大盜傳〉이다. 대도大盜로 풍자한 장본인이 죽은 뒤 연암은 이 글을 불태워버려 현재는 소설을 쓴 동기만 다음과 같이 남아 있다.

> 세상이 말세가 되자
> 허위를 높이고 꾸며
> 짐짓 은자인 체해 벼슬을 얻지만
> 이런 짓 옛 사람들 부끄러이 여겼지.
> 이에 〈역학대도전〉을 쓴다.
>
> ― 박종채 지음. 박희병 옮김 〈나의 아버지 박지원〉 중

당시 사대부들의 출세 수단, 위선과 속물적 타락의 통로로 변질된 과거 시험에 대한 연암의 거부감을 엿볼 수 있다. 연암은 과거 시험을 몇 번 보긴 했지만 그의 의지대로 글을 다 짓지 않고 나와버리거나 고송古松과 괴석怪石을 붓 가는 대로 그리기도 하여 어리석다는 비웃음을 사기도 했다.

연암이 34세이던 1770년에는 감시監試에 응시하여 1차인 초장初場 시험과 종장終場 시험에서 모두 장원을 차지했다. 방이 붙던 날, 영조가 직접 연암을 침전으로 불러 놓고 도승지에게 답안을 읽게 하고는 크게 격려했다. 이로 인해 연암의 명성이 높아지자 시험 주관자들이 2차 시험인 회시會試에서 연암을 합격시켜 자신들의 공으로 삼으려 했다. 하

지만 연암은 또 답안지를 내지 않고 과장에서 나와버렸다. 과거에 뜻이 없으면 시험을 보지 않으면 될 터인데 왜 굳이 시험을 보고 미완성의 답안지를 내고 나왔을까? 이 의문에 대해 연암은 언급하지 않았다. 하지만 이는 연암의 인생 철학이나 기자의 길을 걷는 삶의 방향과 밀접하게 연관될 수밖에 없기 때문에 남은 기록을 근거로 합리적으로 유추해 볼 필요는 있다.

〈과정록〉에는 연암이 과거 시험장에서 지은 고체시가 기이하고 뛰어나 친구들이 특이한 구절을 외어 전했다는 기록이 있다. 연암이 답안을 미완성인 채로 내고 나와버리긴 했지만 친구들이 외워 전할 만큼 연암의 실력은 과거에 합격하고도 남을 만했다는 사실을 방증하는 에피소드이다. 그러므로 연암의 과거 시험 응시는 합격이 목표가 아니라 사회적 부조리에 대한 무언의 항거 수단이었고 그러한 저항을 통해 양반 사회의 이중성과 허위 의식에서 벗어나 스스로를 진정한 선비 정신으로 가다듬고 있었다고 봐도 무방할 것이다.

만약 과거 시험을 보지 않았다면 어땠을까? 연암의 문장력이나 실력이 아무 뛰어나고 여러 사람의 입에 오르내렸다 하더라도 '자신이 없어 과거를 보지 않았으면서 무슨 제도 탓을 하느냐'라는 구설수가 적지 않았을 것이다. 단순히 시험을 거부하는 소극적 방식으로는 자신의 의지나 뜻을 표시하는 데 한계가 있을 수밖에 없다는 건 자명하다.

과거 시험 포기와 관련해 또 하나 빼놓을 수 없는 게 1771년 연암과 절친했던 이희천李羲天의 처형이다. 이희천은 이성계가 고려 말 이인임의 아들이라고 기술한 〈명기집략明紀緝略〉이라는 책을 소지했다는 이유로 죽임을 당했다. 영조도 사건 처리 한 달 뒤 가혹한 처벌을 후회했을 정도로 억울한 죽음이었다.

이 사건 이후 연암의 충격이 얼마나 컸는지는 〈연암집〉 제3권 '이몽 직애사李夢稷哀辭'의 뒷부분에 잘 나타나 있다. 연암은 이때 주변의 경조 사에도 가지 않을 만큼 사람 관계를 끊어버려 실성한 사람으로 지목받 기도 했다. 또 연암은 1771년 이후에는 과거 시험에도 일체 응시하지 않았고 황해도 연암골에 은둔할 뜻도 굳혔다. 연암에게 과거 시험 포기 는 인생의 꽃길을 외면하고 황무지로 들어서는 건곤일척乾坤一擲의 결 단이었다. 벼슬길과 엇갈린 이 황량한 노정은 아무도 모르고 아무것도 확실한 게 없는 어둠과 미지의 인생 항로나 마찬가지다. 그러나 늘 굴 레처럼 옭아매고 있던 과거 시험에 대한 미련을 떨쳐내면서 연암에게 는 새로운 기회의 세상이 열리기 시작했다. 그것은 자유였다.

과거를 포기한 바로 그해 이덕무, 백동수 등과 송도, 평양을 거쳐 천 마산과 묘향산을 유람하고 속리산과 가야산 등의 여러 명승지도 구경 했다. 백동수와는 연암골도 답사했다. 이듬해인 1772년 가족을 경기 도 광주廣州의 처가로 보내고 자신은 전의감동典醫監洞에 있는 집에서 혼 자 지낸다. 이 당시 제자인 이서구李書九가 연암이 사는 집을 방문하고 쓴 '하야방우기夏夜訪友記, 여름 밤 벗을 방문하고 쓴 글'에 당시 그의 생활이 잘 나 타나 있다.

대문에 들어섰더니, 어른은 식사를 못 한 지가 사흘이나 되셨다. 바 야흐로 버선도 신지 않고 망건도 쓰지 않은 채 창문턱에 다리를 걸쳐 놓고 행랑것과 문답하고 있다가, 내가 온 것을 보고서야 드디어 옷을 갖추어 입고 앉아서, 고금의 치란治亂 및 당세의 문장과 명론名論의 파별동이派別同異에 대해 거침없이 이야기하시므로, 나는 듣고서 몹시 신기하였다.

– 〈연암집〉 중

자유인 연암의 생활은 그의 글에도 그대로 나와 있다.

고요히 지내노라면 마음속엔 아무 생각도 없었다. 가끔 시골에서 보낸 편지를 받더라도 '평안하다'라는 글자만 훑어볼 뿐이었다. 갈수록 등한하고 게으른 것이 버릇이 되어, 남의 경조사에도 일체 발을 끊어버렸다. ... 자다가 깨어 책을 보고 책을 보다가 또 자도 깨워 주는 이가 없으므로, 혹은 종일토록 실컷 자기도 하고, 때로는 글을 저술하여 의견을 나타내기도 했다. – 〈연암집〉 중

이때 연암은 행랑아범뿐 아니라 지나가는 땔나무 장수나 참외 장수를 불러 효제충신孝弟忠信과 예의염치禮義廉恥를 주제로 이야기를 나눴다. 땔나무 장수와 참외 장수는 연암같이 명망 있는 선비라면 아예 쳐다보지도 않을 신분인데도 그들과 도덕과 예의를 이야기했다는 건 연암에게 신분적 귀천이나 차별 의식 대신 어느 정도의 평등 의식이 자리 잡아 가고 있었다는 표징과 같다. 사회 모든 인간을 취재 대상으로 하는 기자에게는 신분이나 재산, 집안, 직업, 학력 등에 따른 차별 의

식이 있을 수 없다. 세상 그 누구든 기자에게는 잠재적인 취재 대상자일 뿐이다.

연암은 과거 시험에서 특출한 실력을 발휘하여 왕을 만난 적도 있고 고관대작들 사이에도 그 명성이 자자한데도 권력에 빌붙어 자리나 이익을 탐하지 않았다. 오히려 서얼이나 무사, 땔나무 장수, 참외 장수 등 소외받거나 천대받는 계층에 더 많은 눈길을 돌렸다. 연암의 의식 깊숙이 자리 잡고 있던 기자적 DNA를 숨길 수 없었던 것이다. 연암의 과거 포기는 기자의 길을 걷기 위한 필연적 운명이었는지도 모른다.

제2부

르포르타주 열하일기와
연암의 기자 정신

1. 현장에는 연암이 있었다 - 현장 정신

열하일기 1보, 조선의 출국장

우문현답愚問賢答과 적자생존適者生存. 본래 뜻은 각각 '어리석은 질문에 현명한 답변'과 '환경에 적응하는 자만이 살아남고, 적응하지 못하면 도태된다'라는 말이다. 우스갯소리지만 기자들 사이에서는 각각 '우리의 문제는 현장에 답이 있다'와 '적는 자만이 살아남는다'라는 뜻으로 통한다. 그만큼 기자들의 취재에는 현장과 기록이 중요하다는 말이다. 열하일기에 나타난 연암은 말 그대로 '현장 기자'였다. 하인들과 관련된 일이든 청나라 주민들의 사안이든 현장을 보고 그대로 기록했다. 현장을 보고 들은 대로 쓴 기사는 힘이 있고 생명이 넘친다. 열하일기의 대부분은 현장을 취재한 연암의 기사들이다. 연암의 '현장 정신'은 출국 심사 때부터 등장한다.

조선 사절단이 압록강을 건너는 날은 1780년 6월 24일. 열하일기의 첫 편 '도강록渡江錄'의 기사는 이날부터 시작된다. 사절단이 청나라로 넘어가기 전에 배가 출발하는 용만지금의 의주 구룡정 포구에서 출국 심사가 진행되는데 이 엄격한 과정도 기사에 포함돼 있다. 연암은 출국장 검색 장면을 눈앞에 그리듯이 묘사하고 있다.

바야흐로 사람과 말을 검열하는데, 사람은 이름, 거주지, 나이, 수염과 흉터의 유무, 키의 장단을 적고 말은 털 빛깔을 기록한다. 깃발 세 개를 세워 문으로 삼고 황금, 진주, 인삼 등 국가에서 금지하는 물품을 수색한다. 금지 품목을 합하면 수십여 종이다.

종들의 옷을 풀어헤치고 바지의 가랑이를 더듬어보기도 하고, 비장이나 역관의 행상을 풀어서 살펴보기도 한다. 이불 보따리와 옷꾸러미를 강 언덕에 풀어헤치고 가죽 상자와 종이 문갑이 풀숲 여기저기 낭자하게 흩어져 있다. 사람들은 앞을 다투어 각자 짐을 챙기며 서로 힐끔거리며 돌아보곤 한다.

하인들에게는 가랑이까지 더듬을 정도로 엄격하나 양반 신분의 수행원들에 대한 검색 기록은 없는 점으로 미뤄 체통을 감안해 그냥 통과시켜 주는 관례가 있었던 것으로 보인다. 검색에 걸리면 조리돌림하고 최대 효수까지 할 정도로 출국 심사 규정이 엄정하다. 그러나 사절단을 따라가는 용만의 장사치들은 출국 날짜에 앞서 강을 몰래 건너간 사실도 내비쳐, 뇌물이 오고 가며 형식적으로 이뤄지는 출국 심사의 다른 단면도 넌지시 암시하고 있다.

청나라 입국장, 여기는 책문柵門

연암 일행은 압록강을 건넌 지 사흘 만인 6월 27일 책문柵門에 도착한다. 여기서 청나라 입국 심사가 진행되니 사실상 책문은 청나라 입국장이다. 압록강 구룡정이 조선의 출국장이고 압록강에서 100리 정도 떨어진 책문이 청나라 입국장이니 압록강에서 책문까지의 땅은 무인 지대이다. 1627년 조선과 청이 맺은 회맹에 따라 청이 사람이 살지 않는 봉금封禁 지대로 설정해 놓았기 때문이다.

책문에 이른 연암 기자의 풍경 스케치는 '양과 돼지가 산에 즐비하고 아침밥 짓는 연기가 푸르게 감돌았다'로 시작한다. 축산이 번성하여 먹거리가 풍성하고 집집마다 식량이 넉넉하여 삶이 풍족하다는 메시지를 조선에 던지려는 의도일 수도 있고 청나라의 발전된 문물과 제도를 소개하기 위한 도입부 역할일 수도 있다. 실제로 연암은 책문에 들어가기도 전에 그 발전상에 압도당한다. 그날의 책문 기사에는 복잡한 단상이 그대로 스며들어 있다.

책문 밖에서 안을 바라보니 여염집들이 모두 대들보 다섯 개가 높이 솟았고 집의 등마루가 하늘까지 높다. 대문과 창문들이 정제되고 길거리는 평평하고 곧아서 먹줄을 튕긴 듯 반듯하다. 담장은 벽돌로 쌓았다. 수레와 마차가 길을 종횡무진 누비며 진열된 살림살이 그릇은 모두 그림을 그린 도자다. 모양이 결코 촌티 나지 않는다.

책문은 중국 동쪽의 끝인데도 이와 같다. 앞으로 계속 길을 나아가자니 기가 꺾여 되돌아갈까 하는 생각도 들고 몸이 부글부글 끓는 것 같다. 나는 반성한다. 질투하는 마음이라고 평소 질투하는 마음이 없었는데 아마도 나의 견문이 좁아서 이런 망령된 생각이 들었으리라.

책문 풍경에 연암의 마음이 왜 끓어올랐을까? 낙후되고 가난한 조선의 현실에 대한 안타깝고 답답한 마음에서 나오는 한탄이다. 연암은 이를 '질투하는 마음' '견문이 좁은 탓'으로 돌리고 하인 장복에게 죽은 뒤에 중국에 태어나게 해 준다면 어떻겠는지 묻는다. 이에 장복은 "중국은 되놈의 나라입니다. 소인은 싫습니다"라고 대답한다. 조선의 오랑캐 사상이 얼마나 뿌리 깊게 박혀 있었던지 천대받는 하인까지도 청나라를 '되놈의 나라'라고 한다.

득룡의 살위봉법

연암의 청나라 현장 취재는 여기서부터 본격적으로 시작된다. 책문에서 입국 절차를 밟으려 할 때 시냇가에서 다투는 소리가 들린다. 중국어로 싸우기 때문에 연암은 한 마디도 알아들을 수 없다. 그래도 사건이 있으면 기자는 본능적으로 현장으로 가서 직접 살펴야 한다.

시냇가에서 떠들썩하니 다투는 소리가 나는데, 말하는 소리가 새 소리인지 벌레 소리인지 한 마디도 알아들을 수 없었다. '급히 달려가 보니' 득룡이 되놈들과 예물이 많으니 적으니 하면서 다투고 있었다. 대체로 예단禮單을 나눠줄 때는 전례를 따르는데, 봉성의 간교한 되놈들은 반드시 명목을 부풀려 숫자를 더해주기를 요구한다.

양반의 체통도 아랑곳하지 않고 옷자락을 휘날리며 뛰어가는 연암의 모습이 눈에 선하다. 아무리 오랑캐의 나라 이국땅이라고는 하나 엄격한 양반 사회에서 온 사절단에서는 웃음거리가 됐을 수도 있다. 하지만 현장으로 뛰는 연암의 기자적 본능과 취재 열정 앞에 어떤 체면도 우선할 수는 없었다. 이런 연암의 현장 정신이 낳은 기사가 '마두 득룡의 살위봉법殺威棒法'이다. 조선 사신단의 여정을 실질적으로 책임지는 사람들이 누구인지 보여주는 살아 있는 기사이기도 하다.

청나라 입국장 책문에서부터 사행단은 수레를 세내어 짐을 운반하는데 으레 청인들과 예단 시비가 붙는다. 예단을 담당하는 사람은 상판사의 마두. 마두 상삼象三이 예단을 나눠주려는데 청인 한 명이 예단이 적다며 상삼에게 욕을 퍼붓는다. 중국말이 서툰 마두가 으레 싸워보지도 않고 들어주는 관행이 있어 한 번 해보는 수작이다. 노련한 마두 득룡이 이를 모를 리 없다. 득룡이 눈을 부릅뜨고 튀어나가 욕을 하는 청인의 가슴을 틀어쥐고 주먹으로 때릴 듯하며 고함친다. "이 뻔뻔한 놈이 왕년에 우리 어른의 쥐털 목도리를 훔쳤고 내 허리칼을 뽑아서 주머니를 자르려다가 호된 주먹맛을 보고서야 정신을 차렸지. 이 쥐새끼 같은 놈은 봉성장군에게 넘겨야 돼."

그러자 청인들이 일제히 풀어주길 권하고 어떤 노인이 득룡에게 화를 풀라고 달랜다. 득룡이 못 이기는 척 그만두면서 소란이 진정된다. 소란을 쭉 지켜보며 취재한 연암이 판사 조달동에게 재미있는 구경거리였다고 얘기하니 그게 바로 상대방의 덜미를 먼저 잡는 십팔기 무술인 살위봉법이란다. 말 그대로 '죽일 것처럼 위협하여 상대를 제압하는 수법'인데 말이 통하지 않는 청나라에서 없던 일을 있었던 것처럼 강하게 덮어씌워 기선을 제압하는 마두들의 노련한 비책이었다.

사실 득룡은 털목도리나 칼을 잃어버린 적이 없다. 살위봉법으로 야료를 부리는 사람을 미리 꺾어놓아야 나머지의 기세가 수그러든다. 이렇게 하지 않으면 사흘이 걸려도 책문에 들어갈 수 없다고 한다. 열하일기에는 봉성어사와 주객사, 만주장경, 몽고장경, 세관갑군 등 예단을 줄 노합 102명의 직책을 비롯해 두터운 종이 156권, 담배 800봉, 부채 288자루, 대구 74마리 등 예물과 그 양도 모두 기록돼 있다.

간드러진 목소리를 찾아서

기자를 현장으로 이끄는 요인은 사건 사고의 발생이나 특정 현안에 대한 취재 목적이 대부분이지만 때때로 호기심의 작동도 빼놓을 수 없다. 연암이 중국 땅에 들어선지 이레째. 큰비가 내려 사절단은 숙소에서 머무르고 무료함을 달래기 위해 술 내기 투전판이 벌어지는데 솜씨가 서툰 연암은 끼워주지도 않는다. 이때 숙소의 벽 사이로 간드러지고 애교 있는 부인의 말소리가 들리자 연암의 본능적 호기심이 발동한다. 목소리가 제비와 꾀꼬리의 울음 같아 절세가인이라고 상상한다. 담뱃대에 불을 붙이러 간다는 핑계로 슬쩍 빠져나와 부엌에 들어간 연암. 그 현장에서의 느낌을 진솔하게 남겨놓고 있다.

나이 오십 이상 되어 보이는 한 부인이 창 앞의 걸상에 앉았는데,
얼굴이 아주 험상궂고 못생겼다. 나를 보고는,
"아주버님, 복 많이 받으세요" 하기에 나도,

"덕분에요. 주인께서도 홍복을 누리세요"라고 대답했다.

나는 일부러 오랫동안 재를 뒤적거리면서 부인을 곁눈으로 흘깃흘깃 훔쳐보았다.

글의 행간에서 연암의 실망감과 당혹감을 웃으며 읽어낼 수 있다. 그 와중에서도 연암은 불을 붙이는 척하며 부인을 찬찬히 살핀다. 이 짧은 순간에 청나라 여인의 용태와 의상을 눈으로 취재하고 다음과 같이 기록한다.

묶은 머리에는 온통 꽃을 꽂았고, 금팔찌와 옥 귀걸이에 붉은 분까지 얇게 발랐다. 몸에는 흑색의 긴 옷을 걸쳤는데, 옷에는 은 단추를 빼곡하게 달았고, 발에는 화초와 벌과 나비를 수놓은 신발을 신었다. 대개 만주 여성은 발을 작게 하기 위해 피륙으로 발을 감지도 않고, 전족纏足을 하는 가죽신도 신지 않는다.

그 찰나의 순간에 얼마나 민첩하게 관찰했기에 이렇게 그림을 그리듯 세밀하고 정확하게 묘사할 수 있는지 놀라울 따름이다. 이날 현장에서 확인한 만주족 여성의 발은 나중에 한족 여성들의 전족을 취재하는 계기가 된다. 현장에 가게 되면 또 다른 취재 아이디어를 얻는 경우가 종종 있는데 연암이 열하에서 취재한 전족 기사도 이날 현장을 보고 얻게 되는 아이디어인 셈이다.

발의 재액災厄, 전족纏足

연암의 전족 취재는 북경을 거쳐 열하에 도착한 다음 날인 8월 10일, 열하의 태학관에서 만난 곡정 왕민호와 학성이라는 두 거인擧人, 청나라에서 과거시험을 준비하는 선비과 필담을 나누면서 진행된다. 당시 한마디 한마디를 다 열하일기에 기록했기에 인터뷰나 다름없다. 연암은 과거 제도와 관혼상제冠婚喪祭부터 삼종지도三從之道의 문제점, 효자와 충신열사, 여성의 의복 제도 등을 놓고 이들과 장시간 심층 인터뷰를 이어간다. 연암의 학식과 고전 지식이 깊고 풍부하기에 가능한 취재였다. 이날 인터뷰에서 전족의 유래와 고질적 병폐를 듣고 이를 고스란히 전할 수 있었다.

곡정 : 귀국의 부인들도 전족을 합니까?
연암 : 안합니다. 한족 여자들의 궁혜宮鞋, 전족을 하는 가죽신 신은 모습은 눈 뜨고 볼 수 없습니다. 발꿈치로 걸어가는 것을 보면 바람이 안 불어도 넘어질 것 같으니 그게 무슨 꼴입니까?

여성의 의복 제도를 이야기하다가 이렇게 전족으로 화제가 넘어간다. 주로 연암이 질문하고 왕민호가 답한다. 이 인터뷰를 통해 연암이 기록한 전족의 유래와 문제점을 요약한다.

전족의 유래는 송나라로 거슬러 올라간다. 남당南唐 시절에 작은 발로 춤을 추어 왕의 마음을 녹였던 장소랑張宵娘이란 여자가 송나라에 포로로 잡혀 오자, 궁녀들이 앞 다투어 그녀의 작고 뾰족한 발을 흉내내어 가죽과 천으로 발을 꽁꽁 얽어매더니 이게 풍속이 되었다.

원나라 때에는 한족 여자들이 전족을 하여 몽고 여자와 다르다는 표시를 했다. 명나라에서는 법으로 전족을 시키는 부모를 처벌했고, 청나라에서도 법령으로 아주 엄하게 금지하고 있었다. 그래도 없어지지 않는 것은 한족 여자들이 청나라 법에 순종하지 않는 탓이다. 한족 여자들은 만주족 여자와 구분 없이 함께 섞이는 것을 수치로 여긴다. 그래서 죽어도 안 바꾼다고 한다. 한족 여자들의 그릇된 우월감, 민족 차별 의식 때문에 전족이 없어지지 않는다는 말이다.

연암은 왕민호가 이 필담을 나눈 뒤에 글을 지운 행위까지 그대로 기록해 놓았다. 한족과 만주족이 섞여 사는 청나라에서 민족 문제가 예민한 현실이며 특정 민족을 비하할 경우 자칫 큰 사단이 될 수 있다는 점을 에둘러 알려주고 있다.

사절단의 무례에 얼굴 붉힌 연암

현장 취재는 '있는 그대로의 정확한 기록'을 전제로 한다. 취재진의 일원이나 가까운 인물이 불미스러운 일에 관련돼 있다 하더라도 취재와 기록을 회피하지 않아야 현장 취재의 의미가 살아난다. 연암은 열하일기 곳곳에 사절단 주변에서 벌어지는 불미스러운 사안이나 낯 뜨거운 일도 가감 없이 넣어놓고 있다. 이런 정직한 취재 기록이 현장감을 더욱 실감나게 살리면서 정보를 전달하는 데 감초 역할을 하고 있다. 7월 25일 사절단이 무령현을 지나 서학년徐鶴年이라는 진사의 집에 들렀을 때 일어난 사단도 그런 사례 중의 하나다.

조선의 명필 백하白下 윤순尹淳이 북경 사행길에 서학년을 만나 흉금을 열고 사귄 것을 계기로 서 진사의 이름이 매년 조선 사행단의 입에 오르내리게 됐고 서학년의 집을 방문하는 게 관례로 되었다고 한다. 연암이 서 진사의 집에 갔을 즈음에는 서학년은 이미 세상을 떠났고 둘째 아들이 집을 지키고 있었다. 문제는 조선 사절단의 예의와 교양이었다. 연암은 조선의 비장들이 남의 집 물건을 마구 다루는 모습을 보고 다음과 같이 기록한다.

서가 위에 비치한 서화들은 비단으로 표지를 하고 옥으로 두루마리 축을 만들어 질서정연하게 배열하여 꽂아 놓았다. 부사와 서장관의 비장들이 후당에서 시끌벅적 떠들며 함부로 서화들을 뽑아선 빙 둘러서서 다투어 펼쳐 보기를, 마치 조보朝報를 보듯, 옷감을 재면서 접었다 폈다 하듯 마구 다룬다. 거칠 것 없이 제멋대로 설쳐대는 품이, 적군의 성을 무너뜨리고 진영을 함락하여 장수의 목을 치고 깃발을 낚아채듯 한다. … 서쪽 벽 아래에서 갑자기 갑옷을 두른 말의 소리, 북소리, 징소리 등 아연 전쟁 소리가 나기에 깜짝 놀라 되돌아가서 보니, 여러 사람이 솥, 술잔, 호리병 등의 골동품을 제멋대로 덜거덕거리며 보고 있었다. 나는 민망함을 견디지

못하고 바삐 걸어서 문을 나와버렸다

서학년의 집을 나온 뒤 연암이 여러 번 사행을 다녀온 주부 조명회趙明會에게 취재해 덧붙인 내용의 개략이다.

서학년은 본시 손님을 좋아하여 윤순을 처음 만나 흉금을 열어 관대하게 대접하고 소장하던 서화를 꺼내 보여주었다. 그로부터 사행 길에 서학년의 집 방문이 관례가 되었다. 사신단이 출입할 때는 수십 명의 하인이 소리를 지르고 무리로 마루에 오르게 되니 차츰 대접이 못해지고 서학년이 죽은 뒤로는 조선 손님을 괴로워했다고 한다. 매번 우리 사행이 오면 귀한 골동품을 감추고 너절한 품목만 남겨둠으로써 옛날의 체통만 지키려고 할 뿐이다. 지금 서학년의 이웃집들이 피하고 숨은 까닭은 서씨 집 짝이 날까 봐 미리 조심하는 것이다.

가십성 기사 '첩妾찍기'

연암은 성품이 소탈해 아랫사람들과 스스럼없이 어울리는 데다가 허물없이 이야기를 주고받으며 사행 길의 현장에서 수많은 기삿거리를 취재할 수 있었다. 이른바 가십성 기사이긴 하나 '첩 찍기'도 이렇게 나왔다. 이러한 성품과 자세는 기자로서 중요한 덕목 중의 하나이다. 그래서 '기사는 기자가 쓰는 게 아니라 현장에서 만나는 사람들이 쓴다'라는 말도 있다.

요동에 들어온 뒤부터 마을이 끊이지 않고 길의 폭도 수백 보로 넓다. 매번 마을이 가까워지면 군뢰들에게 재촉하여 나팔을 불게 하고, 마두 네 명에게 권마성勸馬聲을 외치게 한다. 집집마다 뛰어나온 부인네들이 미어터지도록 구경을 한다. 서로 어깨를 비비며 빽빽이 들어서서는 손가락질하며 요염하게들 웃는다. 한족漢族 여자는 처음 보는데 전족용 가죽신을 신었다. 미모는 만주족 여성보다 못하다. 만주족 여성은 화용월태花容月態의 미녀가 많다.

비장과 역관들은 말 위에 앉아 마주치는 한족이나 만주족 여성을 골라 각기 첩으로 정한다. 남이 먼저 정해서 차지하면 겹쳐 정하지 못하는데 피하는 법이 엄중하다. 말로만 정하는 것이므로 구첩口妾이라고 한다. 때때로 시샘도 하고 웃고 욕하며 조롱하고 떠들기도 한다. 긴 여정에서 심심풀이로 시간을 보내는 한 방법이다.

연이은 낙타 낙종落種, 낙타를 찾아라

기자에게 현장 취재는 기본이고 필수이기에 현장을 못 가거나 놓쳤을 때는 취재와 기사 작성에 큰 흠결이 생길 수밖에 없다. 언론사 간 또는 기자 간 경쟁이 치열한 요즘에는 더더욱 그러하고 타사 기자들만 현장에 갔을 경우에는 마음까지 쓰리고 아프다. 이럴 경우 현장 용어로 '물 먹었다'라는 표현을 쓴다. 연암도 취재 여정 중에 소위 물을 먹은 경험을 했다. 이 사례를 반면교사로 연암은 현장을 직접 보는 취재가 얼마나 중요한지를 강조하고 있다.

7월 12일 사절단이 심양을 출발하는데 연암은 이틀간의 낮과 밤을 심양의 상인들과 필담 인터뷰를 하느라 잠을 제대로 자지 못했기에 말을 타고 가면서도 하인들에게 의지해 졸았다. 한숨 푹 자고 나니 정신은 맑아지는데 장복이 연암에게 찬물을 끼얹는 말을 한다.

장복이 "아까 몽고 사람이 약대낙타 두 필을 끌고 지나가더이다" 하기에 내가 야단을 치며, "어째서 고하지 않았더냐?" 하니 창대가 나서서, "그때 천둥처럼 코를 골고 주무시느라 아무리 불러도 대꾸를 안 하시니 어찌하란 말입니까? 소인들도 처음 보는 것이라 그게 무엇인지는 몰랐습니다만, 속으로 약대려니 그저 짐작만 했습니다" 하기에 내가, "그래, 모습은 어떻게 생겼더냐?"

연암의 취재진인 하인들이 물을 먹인 셈이다. 아쉬운 대로 연암은 창대를 상대로 낙타의 모습을 간접 취재해 그대로 옮겨놓는다. 이후에는 처음 보는 사물이 있으면 잠자거나 먹을 때라도 반드시 고하라고 단단히 일러두는 것도 잊지 않았다. 그러나 또 낙타를 놓치는 일이 벌어진다. 7월 18일 소릉하小凌河를 지날 때 큰바람이 불어 연암이 잠시 피신했을 때였다.

큰바람이 불기에 나는 급히 말을 몰아 먼저 점포에 들어 잠시 눈을 붙였더니 뒤미처 정사가 쫓아 들어와서는, "낙타 수백 마리가 쇠를 싣고 금주로 들어가더군" 한다. 나는 공교롭게도 낙타를 보지 못한 것이 벌써 두 번째다.

이번에는 정사가 일러주었기에 뭐라고 말하지도 못하고 자신이 '물 먹은 사실'만 기록하고 있다. 연암이 낙타를 처음 목격한 때는 8월 18일 열하에서 북경으로 돌아오는 길에서다. 수천, 수백 마리씩 떼를 지어 짐을 싣고 가는 낙타를 본 것이다. 그날 연암이 본 낙타들의 모습이다.

대서 낙타는 하나같이 크기가 일정하고 모두 옅은 흰색에 야간 누 런색을 띠었다. 털은 짧고, 머리는 말처럼 생겼는데 작으며, 눈은 양과 같고 꼬리는 소와 같다. 가려고 할 때는 반드시 목을 움츠렸 다가 목을 드는데, 그 모습이 마치 나는 백로와 같다. 무릎은 두 마 디이고 발굽은 양 갈래이다. 걸음걸이는 학처럼 발을 떼고, 거위와 같은 소리를 지른다.

결국 낙타를 목격하고 취재를 했다. 낙타를 보고 기사를 쓸 수 있는 기회가 감격스러웠던지 연암은 고려 태조 때 거란이 바친 낙타 40마 리를 다리 아래 묶어 굶겨 죽인 이야기와 개성 낙타교의 사연까지 곁 들였다.

2. 술을 부어 먹을 갈다 – 기록 정신

기록은 기억이다

연암은 사실 전달을 위해 '본 대로, 들은 대로 최대한 자세하게' 기록하여 이른바 적어야 산다는 '적자생존'의 원칙에 지극히 충실했다. 한밤중의 작은 소동까지 정확하게 기록해 놓고 나중에 재미있는 에피소드 형식으로 의미 있는 메시지를 던지는 글의 재료로 활용했다. 1780년 7월 1일부터 비가 많이 내려 조선 사절단은 통원보通遠堡의 숙소에서 닷새를 머문다. 7월 5일 밤, 연암은 여러 사람과 술 몇 잔을 마시고 시간이 이슥해서야 돌아와 눕는다.

정사와는 캉炕, 중국식 구들을 마주하였는데 중간에 장막을 쳐서 막았다. 정사는 이미 깊은 잠에 빠져 있었다. 막 담뱃대를 물고 정신이 몽롱해지는데 머리맡에서 갑자기 발자국 소리가 났다. 내가 놀라서, "거기 누구냐?" 하니 "도이노음이요搗伊鹵音爾么"라고 하는데, 발음과 목소리가 우리와 다르고 수상쩍었다. 다시 고함을 질러, "네놈이 누구냐?" 하니 큰소리로, "소인 도이노음이요" 하고 대답한다. 시대와 상방의 비복들이 일제히 놀라 일어나고, 이어서 뺨을 치는 소리가 나더니 문 밖으로 에워싸 나가는 것 같았다.

숙소에 무단 침입한 장본인은 청나라 갑군甲軍인데 이날 현장의 소동 기사는 두 가지 측면에서 볼 가치가 있다.

첫째, 청나라에서 조선 사절단이 입국한 이후부터 철저하게 동태를 감시하고 있었다는 점이다. 연암은 갑군이 매일 밤 일행의 숙소를 순검하고 일행의 숫자를 셌는데 사람들이 곤히 잠을 자는 야심한 시각에 왔다 가기 때문에 그동안 아무도 몰랐다고 기록하고 있다.

둘째, 조선의 지독한 배청 의식이 청나라 현지에서도 언행으로 옮겨져 청나라 갑군까지 '되놈'이라는 말을 할 정도라는 점이다. 물론 청나라 갑군은 '되놈'이 자신들에 대한 비칭卑稱이나 멸칭蔑稱이 아니라 조선인이 그냥 청나라 사람을 부르는 일반 명칭으로 인식하고 있었을 것이다. 청나라 갑군이 어색한 발음이지만 스스로를 '도이노음이요', 즉 '되놈이요'라고 답한 것은 조선 사회의 배청 의식이 얼마나 뿌리가 깊으며 얼마나 널리 퍼져 있었는지를 짐작할 수 있는 대목이다. 연암은 갑군이 스스로를 '도이노음'으로 칭한 것은 정말 포복절도할 일이라고 기록하면서 조선인들의 배타적인 존명배청 의식을 은근히 도마 위에 올려놓고 있다.

열하일기에서 충실한 사실 기록의 대표적인 사례는 북경에 도착한 다음 날인 8월 2일 사절단에게 지급된 식자재 목록이다. 직위별로 지급된 모든 품목을 무게와 수량까지 빠뜨리지 않았다. 정사에게 지급된 품목 등 일부를 옮겨본다.

정사에게 매일 지급되는 관의 식자재로는 거위 한 마리, 닭 세 마리, 돼지고기 다섯 근, 생선 세 마리, 우유 한 동이, 두부 세 근, 메밀가루 두 근, 황주黃酒 여섯 병, 김치 세 근, 녹찻잎 넉 냥, 오이지 넉 냥, 소금 두 냥, 맑은 간장 여섯 냥, 단간장 여덟 냥, 식초 열 냥, 참기름 한 냥, 후추 한 돈, 등유燈油 세 그릇, 초 세 자루, 연유 석 냥, 고운 가루 한 근 반, 생강 다섯 냥, 마늘 열 통, 능금 열다섯 개, 배 열다섯 개, 감 열다섯 개, 말린 대추 한 근, 포도 한 근, 사과 열다섯 개, 소주 한 병, 쌀 두 되, 땔나무 서른 근, 사흘마다 몽고 양 한 마리이다. 부사와 서장관에게는 매일 두 사람 몫으로 양 한 마리, 거위 각각 한 마리, 닭 각각 한 마리, 생선 각각 한 마리 … 상을 탈 자격이 없이 따라온 이백스물한 명에게는 매일 고기 반 근, 김치 네 냥, 식초 두 냥, 소금 한 냥, 쌀 한 되, 땔감 네 근을 지급한다.

연암의 기록을 바탕으로 도표를 만들어보았다. 이 기록 분류를 통해 다음과 같은 내용들을 알 수 있다.

- 직위별로 전체적인 지급 품목과 물량에서 엄격한 차등을 둔다.
- 정사에게만 지급되는 품목이 있다. 이를 통해 당시 청나라에서 귀하게 여기는 식자재나 손님에게 예우하는 물품을 알 수 있다.
- 부사와 서장관의 차이는 땔나무에서만 난다.
- 청국의 경제력과 물산, 고관들의 식습관과 메뉴, 식자재를 알 수 있다.
- 최하층민의 가장 기본적인 식단을 알 수 있다. 매일 돼지고기를 먹는다. 조선인들이 놀랄 만한 식단이다.

〈청나라 지급 사절단 식자재 목록〉

품목(단위)	정사	부사/서장관	통역 등 24명	상賞 대상 30명	외 221명
거위(마리)	1	1			
닭(마리)	3	1	1		
돼지고기(근)	5	1.5	2	1.5	0.5
생선(마리)	3	1			
우유(병)	1	0.5			
두부(근)	3	2	1		
메밀가루(근)	2	2	1	0.5	
황주(병)	6	6	2	6(서른 명당)	
김치(근)	3	3	1	2(냥)	4(냥)
녹찻잎(냥)	4	1	5(돈)		
오이지(냥)	4	4			
소금(냥)	2	1	1	1	1
맑은 간장(냥)	6	6	2		
단간장(냥)	8	6	4		
식초(냥)	10	10	(?)	(?)	2
참기름(냥)	1	1	4(돈)		
후추(돈)	1	1	5(푼)		
등유(그릇)	3	1(종지)	1(종지)	6(종지, 서른 명당)	
초(자루)	3				
연유(냥)	3				
고운 가루(근)	1.5				
생강(냥)	5				
마늘(개)	10				
능금(개)	15	7.5(닷새당)			
배(개)	15	7.5(닷새당)			
감(개)	15				
말린 대추(근)	1	5(닷새당)			
포도(근)	1	5(닷새당)			
사과(개)	15	7.5(닷새당)			
소주(병)	1				
쌀(되)	2	2	1	1	1
몽고 양(마리)	1(사흘당)	1(두 명당)			
땔나무(근)	30	17/15	1	4	4

- 생강, 마늘이 농산물인데도 귀한 물건이다.

- 반찬, 과일, 땔나무까지 정확하게 목록과 지급량을 정한다.

- 외국 사신들에 대한 식자재 공급과 관리 방식이 철저하다. 등등.

상세한 사실 기록은 이렇게 다각적 시각에서 다양한 방법으로 당시 청국의 상황을 분석하는 자료가 될 수도 있다. 바로 사실 기록의 힘이다. 연암은 이 식자재를 어떻게 했을까? 8월 3일자 기사에는 주방에서 지급하는 하루치 식자재를 돈으로 바꾸게 하여 시대와 장복을 데리고 선무문宣武門 쪽에 있는 유리창으로 갔다고 돼 있다.

실수나 잘못의 기록도 정보가 될 수 있다

연암이 심양의 상인들이나 열하의 선비들과 나눈 필담을 보면 마치 대화 내용을 녹음한 뒤 작성한 녹취록으로 착각할 정도로 자세하게 기술돼 있다. 열하에서 청나라 선비들과 나눈 대표적인 필담 기록인 '망양록忘羊錄'과 '곡정필담鵠汀筆談'은 연암 자신이 실수한 행동까지도 고스란히 실어 놓았다. 필담 도중 양고기를 씹어 먹던 곡정이 연암에게 권했는데도 연암이 누린내가 싫어 떡과 과일만 먹자 곡정이 "선생께서는 제나라나 노나라같이 큰 나라들은 별로 즐기지 않으시네요?"라고 농담을 건다. 이에 연암은 "큰 나라에는 노린내가 나니까요"라고 말하는데 곡정이 부끄러운 기색을 한 것이다.

조선 사람들이 청나라를 노린내 나는 오랑캐라 부르는 것을 곡정이 모를 리가 없어 안색이 변한 것이고 연암도 무심결에 아차 실수를 했다는 사실을 깨달았다. 연암은 먹으로 '노린내' 글자를 지우고 곡정에게 사과했지만 먹으로 지운 내용까지 열하일기에는 고스란히 기록했다. 그런 대화가 오고 간 사실과 서로의 반응 자체가 현실을 그대로 반영하고 있고 이런 내용을 독자들도 그대로 알아야 할 가치가 있다고 판단한 것으로 보인다.

곡정이 "주자朱子 편을 들어줄 사람이 한족 중에는 드물다"라고 말한 후 예민한 내용이라 이 부분을 찢어 불내워버리는데 이 역시 연암의 붓끝에서 벗어나지 못했다. 한족 출신인 곡정의 그러한 행동에서 청나라의 민족 간 감정에 대한 현실과 실상을 파악할 수 있기 때문이다. 이렇게 연암은 자신의 가치 판단으로 별도로 편집하지 않고 필담 내용과 행동을 있는 그대로 기록으로 옮겨 독자들이 생각하고 판단할 수 있도록 했다. 연암이 실수하거나 곡정이 필담 내용을 숨기기 위해 불태우는 행위 자체가 실상을 전달하는 데는 다른 설명보다 더 실감나는 장면이다. 연암은 이를 본능적 기자 감각으로 알고 있었다.

열하일기에는 '앙엽기盎葉記'가 있는데 앙엽이란 감나무 잎에다 글자를 써서 항아리 안에 넣어 두는 것으로, 이런 글들을 나중에 모아서 하나로 정리한 기록이 '앙엽기'이다. '앙엽기' 서문에도 하나라도 더 기록하기 위한 연암의 분투가 잘 나타나 있다. 외국인들이 들어가기 쉽지 않은 북경의 사찰이나 도교 사원에 문지기와 다투면서 들어가기도 했지만, 시간이 너무 총총하여 겨우 비석 하나 읽는데 시간이 훌쩍 흘러버린다. 연암의 표현대로 자개와 구슬 같은 궁궐 구경도 그저 문틈으로 달리는 말을 내다보는 격이다. 이런 와중에서도 얼마나 취재와 기록에 몰입했는지는 다음 문장에 고스란히 담겨 있다.

이 때문에 다섯 감각 기관인 눈, 귀, 코, 혀, 피부는 모두 피로한 상태이고, 베껴 적으려다 보니 문방사우가 모두 초췌하다. 항상 꿈속에서 무슨 예언서를 읽는 것 같고, 눈에는 신기루가 어른거려서 뒤죽박죽 섞이고 희미해져서 이름과 실제의 사적이 헷갈리는 것이 대부분이다. 귀국한 뒤에 기록했던 작은 쪽지를 점검해보니 종이는 나비 날개처럼 얇고 자그마하며, 글자는 파리 대가리처럼 작고 까맣다. 모두가 총중에 비석을 읽고 조급하게 베낀 것이라 엉성하기 짝이 없다.

연암이 비석까지 베낀 것은 혹시 그 속에서도 가치가 있는 정보가 있을 수 있다는 가능성을 염두에 뒀기 때문이었다. 외국 취재 때 새로운 현장이나 내용이 있을 경우, 힘들더라도 일단 취재는 하고 보는 게 원칙이다. 먼저 취재를 해놓고 사용하지 않으면 문제될 게 없지만 취재를 해놓지 않고서 나중에 기사로 쓰려고 하면 문제가 생기기 때문이다. 그래서 연암은 작은 글자 하나라도 놓치지 않기 위해 문방사우가 초췌해질 정도로 발로 뛰었던 것이다.

별빛 아래 술로 쓴 글

북경에서 열하로 가는 길목에 만리장성의 고북구古北口가 있다. 역사적으로 군사적, 전략적 요충지여서 칼과 창이 부딪히는 소리가 그치지 않은 곳이다. 역사에 조예가 깊은 연암이 이 역사적 현장을 그냥 지나칠 리 없다. 만리장성 관문으로 나가 장성에 이름을 써놓으려고 작은 칼로 성벽의 이끼를 깎아내린다. 붓과 벼루를 꺼냈으나 사방에 벼룻물을 구할 곳이 보이지 않자 말안장에 매달아 둔 술을 벼루에 쏟아 먹을 간다. 바로 손주마묵噀酒磨墨, 술을 부어 먹을 간다는 뜻이다. 별빛 아래 붓을 적셔 큰 글자로 수십 자를 썼다. 술로 쓴 글이다.

乾隆四十五年庚子八月七日夜三更, 朝鮮朴趾源過此건륭사십오
년경자팔월칠일 야삼경, 조선 박지원 과차(건륭 45년 경자 8월 7일, 조선 박지원 이
곳을 지나다)

군인은 언제든지 총을 들고 싸울 준비를 해야 하듯이 기자는 언제든 취재할 준비를 갖추고 있어야 한다. 항상 펜이나 마이크, 카메라를 챙기지 않는다면 언제 일어날지 모를 돌발적인 상황에 대처할 수 없다. 그러나 때때로 펜이나 카메라를 놓고 움직일 수도 있다. 그렇다고 돌발 사건이 터졌을 때 그러한 사정을 이해하는 게 기자 사회가 아니다. 없으면 빌리거나 만들어서라도 기자의 역할을 수행해야 한다. 이런 측면에서 연암의 손주마묵은 기자의 자세와 기록 정신을 보여주는 살아 있는 사례라고 할 수 있다. 연암이 만리장성에 남긴 글은 열하일기에도 그대로 기록됐다. 연암이 술을 붓고 먹을 갈아 쓴 글은 곧 어떠한 일이 있더라도 기자는 기사를 써야 한다는 기자 정신을 상징하는 행위이다. 그러므로 손주마묵은 기자 연암의 기록 정신을 대변하는 사자성어로서 손색이 없는 말이다.

3. 한 점 의혹도 남김 없다 – 탐사 정신

탐사 정신은 '기자 정신의 꽃'이라 해도 과언이 아니다. 열하일기에는 연암 기자의 끈기 있는 탐사 정신이 곳곳에 배어 있다. 연암의 풍부한 학식과 역사 지식, 치밀한 자료 준비, 노련한 취재 기법, 탁월한 논리력의 뒷받침도 빛나는 탐사보도물이 탄생하는 데 빼놓을 수 없는 요소였다.

'요동은 조상의 땅', 고토를 논증하다

6월 28일 연암은 만주 봉황성鳳凰城을 지나면서 봉황성의 옛 지명을 하나하나 따져본다. 역대의 역사서와 지리서를 근거로 봉황성의 옛 지명이 평양이고, 옛날 중국에서 기자箕子가 머물던 곳을 평양이라고 불렀으므로 평양은 지금의 평양만이 아니라 봉황성을 비롯해 요동 지역 곳곳에 있었다고 논증한다. 따라서 한4군漢四郡이 설치된 평양 지역은 지금의 평양이 아니라 압록강 밖에 있었다는 사실을 논리적으로 설파한다. 연암은 먼저 봉황성을 안시성이라고 하는데 이게 틀렸다고 역사서를 근거로 제시한다.

당서唐書를 살펴보면 "안시성은 평양과의 거리가 500리이고, 봉황성은 또한 왕검성王儉城이라 부른다" 했고 지지地志에는, "봉황성은 평양이라고 부른다" 했으니, 이는 무엇을 가지고 이름을 붙였는지 모르겠다. 또한 지지에, "옛날 안시성은 개평현蓋平縣 동북쪽 70리에 있다" 했다. 개평현에서 동쪽으로 수암하秀巖河까지가 300리, 수암하에서 동쪽으로 200리가 봉황성이 되니, 봉황성을 옛 평양이라고 한다면 당서에서 말한 500리와 서로 맞아떨어진다.

연암의 논증을 그림으로 설명하면 더 쉽게 이해할 수 있다.

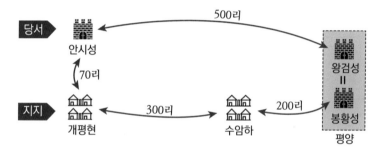

연암은 당서 〈배구裴矩열전〉의 기록을 인용하며 고(구)려가 본래 고죽국孤竹國인데 고죽국 땅은 지금 중국 영평부永平府에 있으므로 영평부가 고구려의 영토였음을 주장한다. 이 땅에 주나라는 기자를 봉했고 한나라는 4군으로 나누었다고 되어 있으므로 한사군은 요동에 있었다는 것이다. 또 중국 광녕현廣寧縣에 기자의 사당이 있었고, 광녕 사람들이 이곳을 평양이라고 부른다고 하며 〈금사金史〉와 〈문헌통고文獻通考〉에도 광녕, 함평咸平은 모두 기자가 봉해진 땅이라고 되어 있으므로 영평부와 광녕현 사이가 하나의 평양일 것이라고 추론한다.

연암은 또 〈요사遼史〉를 인용해 기자箕子의 평양성이 발해 현덕부顯德府가 된 뒤 다시 요나라가 동경東京으로 고쳤는데 이곳이 지금의 요양현遼陽縣이므로 요양현도 하나의 평양이라고 논증한다. 이를 근거로 한나라가 요동에 두었던 낙랑군의 관청 소재지는 지금의 평양이 아니라 바로 요양의 평양이라고 밝힌다. 또한 기자箕子가 처음 영평과 광녕 사이에 살다가 뒤에 연燕나라 장수 진개秦開에게 쫓겨 땅 2천 리를 잃고 동쪽으로 옮겨 가며 머물렀던 곳을 모두 평양으로 일컬었고 지금 대동강 가의 평양도 그중의 하나라고 주장한다.

이와 같은 논증을 근거로 연암은 조선 선비들이 요동에도 평양이 있었다는 사실을 모른 채 지금 평양만 평양인 줄 알고 한사군의 위치를 압록강 안으로 끌어들이는 행위를 옛 영토를 전쟁도 하지 않고 줄어들게 만드는 격이라고 질타한다.

아! 후세에 땅의 경계를 상세하게 알지 못하고서 한사군의 땅을 모두 함부로 압록강 안으로 한정해 사실을 억지로 끌어다 합치시키고 구구하게 배분하고는, 그 안에서 패수浿水가 어디인지 찾으려 하였다. 압록강을 패수라 말하기도 하고, 청천강을 패수라 말하기도 하며, 대동강을 가리켜 패수라 말하기도 한다. 이는 조선의 옛 영토를 전쟁도 하지 않고 줄어들게 만든 격이다. 이렇게 된 것은 무슨 까닭인가? 평양을 어느 한 곳에 고정시켜 놓고 패수의 위치를 사정에 따라 앞으로 당기기도 하고 뒤로 물리기도 한 까닭이다.

연암은 〈한서지리지漢書地理志〉를 근거로 한사군 땅에는 요동뿐 아니라 마땅히 여진女眞 땅도 들어간다고 생각했다. 진번, 임둔은 한나라 말년에 부여夫餘, 읍루挹婁, 옥저沃沮에 편입되었고, 부여는 다섯 부여로, 옥저는 네 개의 부여로 되어, 물길勿吉, 말갈靺鞨, 발해渤海, 여진으로 차차 변하였다. 발해 무왕武王인 대무예大武藝가 일본 성무왕聖武王에게 보낸 국서에 "고구려의 옛터를 회복하고 부여가 남긴 풍속을 가졌다"라는 구절로 미뤄 한사군의 반은 요동에 있었고 반은 여진에 있었다는 것이다.

　연암은 평양이 요동 여러 곳에도 있었고 한사군이 압록강 안쪽이 아니라 요동과 여진 땅에 있었다는 사실을 입증하기 위해 방대한 역사서의 내용을 검토하고 각 지역의 거리까지 계산해 깊이 있고 논리적인 접근 방식을 사용했다. 한사군의 실체와 위치는 앞으로도 역사학계를 중심으로 깊이 있게 탐구하여 역사적 진실을 천착해 나가야 할 과제이다. 당시 주나라나 한나라의 수도를 기준으로 지도를 보면 지금의 평양은 동떨어져도 너무나 동떨어져 마치 기린 목 뺀 듯이 험난하고 기나긴 동선을 형성하고 있다. 두 나라의 변방으로부터 가까운 광활하고 기름진 요동과 만주 벌판을 내버려두고 어떻게 산악 지역인 한반도로 들어오고자 했겠는가?

　평양平壤은 평평한 땅이라는 뜻이다. 요동 만주 지역에는 평평하고 광활한 벌판이 하늘처럼 퍼져 있다. 그래서 그곳을 평양이라고 불렀을 것이다. 지금의 대동강변 평양은 요동에 비하면 평평한 땅이라고 할 수는 없다. 이런 점에서 연암의 이 기사는 조선 선비들의 사대주의적 역사관에서 벗어나 옛 역사서의 기록을 근거로 평양과 한사군의 지리적 위치를 고증하며, 우리 민족, 우리 조상의 역사적 무대를 바로 잡으려는 탐사 정신의 본보기가 되기에 충분하다.

중국 '짝퉁 골동품'의 베일을 벗기다

조선 사절단은 심양에 들러 사흘을 머문다. 연암은 도착 첫날 낮에 이미 골동품 가게인 예속재藝粟齋와 비단 가게인 가상루歌商樓에 들러 특유의 친화력으로 가게 주인들과 저녁에 만나기로 약속을 잡았다. 그리고 가상루에서 닭이 홰를 칠 때까지 필담을 진행하며 심양의 첫날 밤을 보낸다. 다음 날 저녁에도 연암은 하인에게 "누가 찾으면 측간에 갔다고 둘러대라"라고 일러두고 몰래 숙소를 빠져나가 상인들과 약속한 예속재에서 심야 필담을 이어간다. 이렇게 '속재필담粟齋筆談'과 '상루필담商樓筆談'이라는 두 편의 철야 심층 인터뷰 기사가 탄생한다.

이 필담은 골동품 장수, 비단 장수와의 격의 없고 능수능란한 대화로 깊이 있고 진솔한 답변을 이끌어내는 연암의 취재 기법과 궁금한 점을 끝까지 파고드는 탐사 정신이 그 바탕이 되었다. 그 덕분에 청나라 상인들의 상인 정신과 물류 유통, 골동품 위조 방식, 무조건 값싼 물건만 찾는 조선 상인 등에 대한 진솔하고 생생한 실상을 고스란히 담을 수 있었다. 모두가 한 편씩의 탐사보도물이라 해도 과언이 아니다. 이 가운데 가짜나 모조품을 만들어내는 정교한 기법과 기술을 취재한 내용이 특히 눈길을 끄는데 요즘도 소위 '짝퉁'이라 불리는 모조품이 뉴스의 도마 위에 오르기 때문일 것이다.

연암이 사건 기자의 자세로 이틀 밤을 새워가며 심층 취재한 중국 짝퉁 골동품의 세계를 들여다보자. 연암이 심양에서 사귄 골동품상인 전사가田仕可는 골동품 감식 능력이 뛰어나다. 짧은 시간이지만 서로 흉금을 터놓고 사귄 연암에게 서로를 저버리는 일을 할 수 없다며, 짝퉁 골동품 만드는 법을 자세하게 알려준다. 이렇게 연암이 짝퉁 골동품을 고발하는 기사가 탄생했다. 먼저 연암의 인터뷰 기사를 집약해 현대식으로 재구성해 보자.

전사가의 예속재에서 골동품을 감상하는데 주나라, 한나라의 관지款識가 있으나 최근 남경이나 낙양에서 만든 것이라고 한다. 명나라 선덕宣德 연간에 만들었다는 인장이 있는 화로도 가짜라고 한다. 오래된 그릇이 흙에 들어가면 청색이 되고 물에 들어가면 녹색이 된다. 무덤에서 나온 부장품은 수은의 색을 띠는 게 많은데 상고 시대에 수은으로 죽은 사람을 염했기 때문에 수은이 흘러 부장품에 배인 것이다. 연도가 오래된 것은 그릇 속까지 배어 이것으로 진짜와 가짜를 구분한다. 흙 속에 오래 묻혀 있을수록 푸른색, 연두색, 붉은색이 점점이 반점을 이뤄 지초 버섯의 얼룩이나 구름가의 햇무리나, 함박눈 조각 같기도 하다. 땅 속에서 천 년 정도 묵지 않으면 이런 모양이 나올 수 없는데 이게 진짜 최상품이다. 하품 짝퉁 – 그릇을 만든 뒤에 칼로 문자와 문양을 새기고 땅에 구덩이를 파 소금물 몇 동이를 붓는다. 물이 마른 후 그릇을 넣고 몇 년 파묻어 두면 오래된 때깔이 난다. 이는 하품下品을 만드는 졸

렬한 방법이다.

상품 짝퉁 – 붕사 등의 광물질 가루를 소금물과 섞은 뒤 붓으로 골고루 바르고 마르기를 기다렸다 다시 씻어 붓으로 바르기를 서너 차례 한다. 땅 구덩이에는 뜨거운 숯을 넣어 진한 식초를 뿌린 뒤 마르면 그릇을 넣고 밀랍으로 두터운 덮개를 씌우고 흙을 두텁게 덮는다. 사나흘 뒤에 그릇을 꺼내어 대나무 잎을 태운 연기를 쏘이면 색은 더 푸르게 되는데 여기에 밀랍 등으로 문지르고 닦고 하면 고색창연한 빛깔이 돈다. 여기에 일부러 그릇의 귀를 하나 뗀다든지 몸통을 찌그러뜨리거나 상하게 하여 은殷, 주周, 진秦, 한漢대의 물건을 만든다.

전사가는 연암에게 골동품 위조 기법을 알려준 뒤 북경 유리창의 상인들이 모두 멀리서 온 장사치들이므로 어리벙벙하다가 비웃음을 사서는 안 된다고 당부한다. 이로도 모자랐든지 전사가는 연암이 심양을 떠날 때 자신이 당한 경험담까지 편지로 써주며 주의를 환기시킨다. 그 편지 내용의 일부다.

소주에서 올라온 사기꾼과 잡상인 떼가 벼룩처럼 날뛰고 이처럼 들러붙어, 유리창 여기저기서 불쑥불쑥 튀어나와 값을 함부로 불러 가격을 열 배 이상으로 만들었을 뿐 아니라 갖은 감언이설로 사람의 마음을 아주 녹이기까지 했습니다.

저는 지난번 걸음이 초행인 관계로 어지럽고 허겁지겁 어쩔 줄을 몰라, 눈과 귀와 입이 달아나고 오장육부가 뒤집히는 것 같았습니다. 그들에게 털끝만한 덕을 보기는커녕 도리어 더 어리석어져 돌아왔습니다. 가만히 이 일을 생각해 보면 문득문득 머리카락이 곤두설 정도로 분노가 생기는 것은 무슨 까닭이겠습니까?

변방의 비루한 곳에서 나고 자라서 신중하고 성실하며 허심탄회한 것이 본래의 토속적 성격인지라, 기왓장이나 다를 바 없는 돌덩이를 보배로 여기지 않나, 혹은 물고기 눈알과 구슬도 분별 못 할 정도로 어리석었으니 그렇게 될 수밖에 없었습니다.

전사가의 이 편지는 중국의 모조품 제조 기술이 얼마나 뛰어난지를 압축적으로 보여준다. 중국 현지 상인도 이럴진대 조선인들이 바가지를 쓰고 봉이 되는 건 뻔한 이치다. 중국은 지금도 짝퉁 천국이다. 중국의 이러한 짝퉁 상품 제조가 뿌리 깊은 역사와 전통을 갖고 있으며 정교한 기술 또한 면면이 이어지고 있다는 사실을 연암의 기사를 통해 알 수 있다. 연암의 가짜 골동품 취재는 바로 짝퉁 고발 기사의 원조라고 볼 수 있다. 탐사 보도는 한 면만 봐서는 안 되고 다양하고 입체적인 측면에서 원인과 영향을 파고들어야 한다. 연암은 청나라의 짝퉁 골동품이 조선과 어떤 관련이 있는지도 상세하게 취재하여 기록했다. 필담 인터뷰에서 전사가가 밝힌 내용이다.

귀국(조선)의 값진 물건을 다루는 방법이 우리 중국과 다른 듯합니다. 언젠가 귀국의 장사치가 비록 약간의 차와 약을 구입했지만 물건 품질이 좋은지는 따지지 않고, 값이 헐한 것으로 사려는 것을 본 적이 있습니다. 그러니 물건의 진짜 가짜인들 어찌 따지겠습니까? 차나 약 같은 물건뿐 아니라 이런 골동품들은 무거워 싣고 가기가 어려우므로 변방 국경에서 사가지고 돌아갑니다. 때문에 북경의 장사꾼들은 미리 내지의 질 낮은 가짜를 거두어들여 국경으로 실어 가서 서로 속이고 속고 하여서 약삭빠른 모리배 짓을 합니다.

전사가의 이야기는 조선 상인들처럼 짝퉁을 찾는 수요가 있으니 짝퉁을 만들어도 장사가 된다는 얘기와 같다. 조선 상인들은 중국산 짝퉁을 가장 헐값으로 수입해 가장 비싼 값으로 속여 파는 수법으로 이윤을 극대화한다. 소비자나 상도의는 생각하지 않고 오로지 이문만 많이 남기면 된다는 악덕 상혼이다.

연암, 진정한 상인 정신을 캐다

연암이 심양의 상인들을 대상으로 깊이 있게 파고든 또 다른 관심사는 그들의 '상인 정신'이다. 그들이 상업을 시작한 동기와 상업에 대한 생각, 목표 등이 궁금하지 않을 수 없다. 연암은 이틀 밤이라는 짧은 시일에 처음 만난 심양 상인들로부터 어떻게 융숭한 환대를 받고 진귀한 기삿거리를 깊이 있게 취재할 수 있었을까?

심양 상인들에게 연암이 외국인이라는 호기심도 있었겠지만 무엇보다도 연암이 학식과 문장에 뛰어난 데다 소탈한 성격과 좌중을 즐겁

게 하는 유머로 인간적인 매력을 발산했기 때문일 것이다. 밤새 술과 고기를 아끼지 않는 환대와 진솔한 필담에 연암이 바로 〈시경詩經〉을 인용하여 "이미 술에 취하고 또 덕으로 배부르게 한다既醉以酒 又飽以德"라며 격조 높은 감사를 표시하니, 그들이 어떤 질문엔들 입을 다물겠는가? 장사를 하는 이유와 목적도 그렇게 나왔는데 촉蜀 땅에서 온 상인 이구몽李龜蒙의 설명을 연암의 입장에서 요약 정리한다.

오吳 땅과 촉蜀 땅 사람들이 심양까지 와서 장사를 하니 고향 생각도 절실하다. 조그만 이익을 다투느라 모친을 마을 어귀에서 기다리게 만들고 젊은 아내를 독수공방하게 만드니 어떤 때는 정신이 나가고 머리털이 센다. 달 밝은 밤, 낙엽 지는 가을, 꽃 피는 춘삼월이면 더욱 견딜 수가 없다. 그래도 이들은 장사꾼이 벼슬아치보다는 낫다고 자부한다.

그들의 고향 선비 중에 나물국, 소금 반찬을 먹어가며 공부한 사람이 많다. 이렇게 벼슬을 얻어도 만 리 밖에서 벼슬살이를 하니 고향을 떠나기는 마찬가지이고 타향에서 부모님이 돌아가시지 않을까, 파직되지는 않을까 걱정하기는 매한가지다. 더러는 처신을 잘못해 장물을 추징당하고 짧은 공적을 엎어버리기도 하니 사형장으로 끌려가며 자식의 손을 잡고 탄식한들 무슨 소용이 있겠는가? 장사꾼이 점포에서 물건을 파는 걸 인생의 하류라고 말하지만 장사란 하늘이 극락 세계 하나를 연 것이고 땅이 지상 낙원을 만든 것이다. 사방으로 돌아다녀도 간섭받지 않고 도회지나 고을의 즐거운 곳이 우리 집이다. 좋은 집에서 몸과 마음이 편하여 춥거나 덥거나 내 마음대로 지낸다. 부모님께도 공손하고 처자의 원망도 사지 않으니 누이 좋고 매부 좋은 꼴이다. 농사일과 벼슬아치에 견주어 어느 것이 더 낫겠는가?

우리는 벗에 대해 지극한 정성을 갖고 있다. 사람이 나서 평생 친구를 사귀지 못하면 도대체 재미난 흥취가 없을 것이다. 잘 입고 잘 먹는 것만 밝히는 자들은 이런 맛을 모른다. 벼슬아치들이 장사치와의 혼인을 금지하며 벼슬을 가장 깨끗하다고 여기는데 한 번 생원生員이 되면 온 집안이 빛나지만 사방 이웃들은 해를 입는다. 벼슬도 못하고 글을 가르치지도 못하는 생원은 생계를 꾸릴 방도가 끊겨 남들에게 빌붙을 수밖에 없으니 세상에서 가장 염증 나는 사람이다. '남에게 구하는 것이 자신에게 구하는 것보다 못하다'라는 속담처럼 물건을 사고파는 상인들은 이런 괴로운 경우는 없다.

북학파이자 중상주의 실학자인 연암 기자, 그가 이틀 밤을 꼬박 새우는 철야 인터뷰와 탐사 정신으로 조선의 독자들에게 던지고자 했던 핵심 내용은 염증 나는 벼슬아치들의 위선이 아니라 세상을 이롭게 하는 상인 정신이 나라를 발전시키는 원동력이라는 메시지일 것이다.

벽 위의 기이한 문장, '호질虎叱'을 찾아내다

7월 28일 오후 연암은 북경을 앞두고 있는 옥전현玉田縣에 도착하여 성안을 거닐다가 정 진사와 함께 피리와 노랫소리가 들리는 점포로 들어간다. 젊은이 대여섯 명이 행랑채 아래에 앉아 생황과 현악기 등을 연주하고 있다. 주인과 인사를 하고 가게 안을 둘러보는 연암 기자의 눈에 벽 위 액자에 적혀 있는 한 편의 기이한 문장이 들어온다. 다가가 읽어 보니 세상에 둘도 없는 기이한 글이라는 생각이 든다. 기이하거나 색다르거나 희귀한 물건이나 현상은 당연히 기자들의 관심 대상이다.

연암은 곧바로 취재에 들어간다. 주인에게 누가 지었는지 물었지만 모른다고 한다. 주인이 지었다고 생각하는 연암에게 주인은 "글자도 모르는 자신이 어떻게 지을 수 있겠냐"라며 부근 계주薊州 장날에 샀다고 말한다. 연암은 베껴 가도 좋다는 주인의 허락을 받고 저녁 식사 후 정 진사와 함께 다시 가 자신은 처음부터 베끼고, 정 진사에게는 중간부터 베끼게 한다. 글을 베껴서 무엇에 쓰려는지를 묻는 주인에게 연암은 귀국해서 우리나라 사람들에게 읽히려고 한다며 취재 보도가 목적임을 분명하게 밝힌다. 그러면서 "모두 배를 잡고 웃다가 뒤집어져 입안에 있던 밥알이 벌처럼 뿜어 나올 것이고 갓끈이 썩은 새끼줄처럼 끊어질 것"이라고 말한다. 연암은 이미 보도를 작정하고 고국에 있는 독자들의 반응까지 예상한다.

숙소로 돌아와 살펴보니 정 진사가 베낀 곳은 잘못 쓰거나 빠진 글귀가 많아 도무지 문장이 되지 않는다. 연암은 자신의 생각으로 띄엄띄엄 땜질해서 글 한 편을 만든다. 본래 제목이 없었는데 본문에 있는 '호질虎叱'이라는 두 글자를 따서 제목으로 삼으니 〈호질〉이 세상에 빛을 보는 순간이다.

〈호질〉은 고교 교과서에도 실릴 만큼 작품성이 뛰어나 그 내용을 모르는 사람이 없다. 뛰어난 구성과 기교로 양반과 정절녀의 위선과 이중성을 신랄하게 풍자하는 재미 만점의 소설이기 때문이다. 이런 내용이 조선 시대 양반 사회의 위선과 꼭 들어맞기에 조선 후기 사회의 부조리와 모순을 질타하는 연암 박지원의 한문 단편 소설이라는 데 아무도 이의를 제기하지 않는다. 〈호질〉이 연암이 저술한 열하일기에 포함돼 있고 이를 통해 처음으로 대중에게 알려졌기에 연암을 저자라고 할 수도 있다. 그러나 연암이 스스로 중국에서 베껴 썼다는 사실과 베껴 쓴 날짜와 경위까지 자세히 밝히고 있는 데다가 직접 썼다는 다른 근거가 없는 상태이기 때문에 이를 연암의 작품이라고 규정하는 데 한번쯤 이의를 제기해 볼 필요는 있을 것 같다.

기자의 관점에서 볼 때 연암은 중국 옥전현 성안의 한 점포에서 기이한 문장을 발견하고 기자의 본능적 감과 촉으로 소위 '이야기가 된다(기사 가치가 있을 때 쓰는 기자들 사이의 관용어)'라는 판단을 했을 것이다. 이 소설을 조선에 소개하면 큰 반향을 일으킬 것이라는 생각을 했었기에 그대로 베껴 옮겼을 뿐이지 자신이 직접 창작한 내용은 아니라는 말이다. 따라서 연암은 기자로서 중국의 기이하고 통쾌하며 재미있는 소설을 발견하여 전문을 있는 그대로 최초로 알림으로써 소설 〈호질〉이라는 명작의 존재를 특종 보도했다고 보는 게 정확하다고 본다.

연암이 '호질'이라는 제목을 붙였다고 해서 연암의 작품이라고 주장해서도 안 된다. '호질'은 소설 내용에서 뽑은 제목이라고 연암 스스로 밝혔는데, 기사의 제목을 붙이는 건 기자들의 가장 기본적인 역할의 하나일 뿐이다. 제목을 붙였다고 작품을 지었다고 보는 데는 무리가 따른다. 또한 뒷부분을 스스로의 생각대로 조금 고치고 가필했다고 해서 작품의 맥락이나 주제가 크게 달라지지는 않았기에 이 역시 창작의 이유로 들기에는 궁색해 보인다.

일각에서는 연암이 스스로 소설을 창작해 놓고 양반 사회의 반발과 비난을 의식해 중국 작품을 베껴 쓴 것처럼 가장했을 수 있다고 주장한다. 이 주장은 연암이 열하일기에서 밝힌 〈호질〉의 구체적인 발견 과정과 옮겨 쓴 경위에 대비시켜 볼 때 신빙성이 훨씬 떨어진다. 또한 〈호질〉의 판타지성이나 전개 형식 등에 대한 분석은 문학가나 학계의 영역이긴 하나 기자적 시각으로 봤을 때도 연암의 기존 소설과는 내용이나 전개 방식, 형식면에서 큰 차이가 나기에 연암의 창작물로 보기에는 과한 느낌이다.

〈호질〉이 조선 시대 양반의 위선과 이중성을 날카롭게 풍자하고 있고 연암도 양반 사회의 부조리와 모순을 비판적 소재로 다루었다는 공통점을 연암의 작품으로 보는 근거로 들기도 한다. 그러나 중국이든 유럽이든 당시 어느 사회든 귀족이나 족벌 세력, 권력층의 위선이 거의 비슷한 형태로 존재했고 생리 또한 비슷한 양상을 보였기에 이 또한 견강부회牽強附會로 간주할 수 있다.

판첸라마의 정체를 밝히다

열하일기는 첫 장부터 마지막 페이지까지 연암의 땀과 고뇌, 세상을 이롭게 하겠다는 깊은 뜻이 담겨 있지 않은 글자가 없고 독자들의 눈길을 끌지 않는 내용이 없다. 이 가운데서도 열하일기라는 제목처럼 그

하이라이트는 연암이 열하에서 취재한 기사들일 것이다. 특히 티베트의 2인자 판첸라마는 청나라에서 신비에 싸여 있는 존재였고 조선에서는 더더욱 생소한 인물이었기에 독자들의 호기심을 자극하기에 충분했다. 기자적 기질과 본능을 지닌 연암이 이런 호재를 놓칠 리 없다. 연암은 열하일기에서 '찰십륜포札什倫布', '반선시말班禪始末', '황교문답黃敎問答' 등 세 편의 장을 할애해 라마교와 판첸라마에 대한 정밀하고도 방대한 취재 내용을 그대로 옮겨 놓았다. 신통력을 지녔다는 신비의 인물이면서 청나라에서는 함부로 거론할 수 없었던 존재, 판첸라마의 실체를 연암이 어떤 취재 과정을 거쳐 밝혀냈을까?

연암과 판첸라마와의 인연은 열하에 도착한 지 이틀째인 8월 10일 청나라 군기대신이 "서번西番의 성승聖僧을 만나보라"라는 황명을 전하면서부터 시작된다. 서번은 지금의 티베트이고 성승은 판첸라마를 가리키는데, 열하일기에서는 반선班禪, 활불活佛 등으로도 호칭한다.

숭유억불의 나라 조선의 사신으로서는 만나자니 조선의 법도에 어긋나고 만나지 않으려니 황제의 명이라 청나라의 압력이 만만치 않을 것이라 진퇴양난에 빠진다. 그러나 연암은 이 때부터 벌써 판첸라마에 대한 취재에 들어갔다. '반선시말' 후기에 취재 동기가 기록되어 있다.

오랑캐 승려의 술법과 잘못된 도와 이단의 학설에 대해 황제가 몸소 굽히고 들어가는 것을 부끄럽게 여기지 않음은 무슨 까닭인가? 내가 지금 그 일을 목격했거니와, 저 반선이란 자는 과연 어진 사람인가? 황금 지붕으로 된 집은 지금 천자도 능히 거처할 수

없는 집이건만, 반선은 도대체 어떤 인간이기에 감히 태연하게 차
지하고 있는가?

연암은 먼저 판첸라마가 서번의 승왕僧王으로 중국 사람들이 모두
존경하여 살아 있는 부처라고 일컫고 있고, 당시 나이는 마흔셋으로 마
흔두 번이나 세상에 태어났다고 스스로 말하고 있으며, 이미 5월 20일
황자가 직접 그를 열하로 맞이해 와서 별궁에서 스승으로 섬기고 있다
는 기초적 사실을 취재했다. 또한 청나라가 달라이 라마가 사는 서장西
藏을 침범하는 부족들을 물리치고 도와준 역사적 내력 등도 파악했다.
판첸라마의 정체를 알기 위해서는 필수적인 사전 취재라고 할 수 있다.
　판첸라마의 정체를 정확하게 밝히기 위해서는 기초적 내용을 취재
한 뒤 현장에 가서 판첸라마를 만나는 것이 최선의 방법이다. 그렇게
만 된다면 머리를 싸매고 취재 방법을 고민할 필요가 없겠지만 문제는
판첸라마가 청나라의 황실이나 황제의 최측근이 아니면 만날 수 없는
존재라는 점이다. 이 때문에 치밀하고 입체적이며 끈질긴 탐사가 요구
되는 것이다. 연암이 판첸라마를 봤다는 언급은 '황교문답' 편에서 청
나라 관리인 기려천과의 대화 과정에서 나온다.

여천이 먼저, "황제의 조서를 받들고 가셨으니 응당 성은에 절을
한 거겠지요" 하고는 또다시, "존형尊兄, 연암께서도 활불에게 절을
하셨나요?"라고 묻기에 나는, "단지 멀리서 보았을 뿐입니다"라고
했더니, 여천은 '멀리서 바라보았다'라는 두 글자를 가리키며, "멀

리서 바라보았다, 이건 이미 활불에게 아첨을 한 거네요. 존형께서는 황제의 조서를 받은 것도 아닌데, 어째서 허겁지겁 버선발로 뛰어가셨나요?"라고 하는데 나도 모르게 부끄러운 생각이 들었다.

판첸라마의 인상과 조선 사신이 그를 만나는 모습은 '찰십륜포' 편에 나와 있는데 연암의 평가는 매우 인색하여 혹평에 가깝다.

차를 몇 순배 돌린 뒤에 반선은 소리를 내어 조선 사신이 온 이유를 물었다. 그 목소리가 전각 안을 울려 마치 항아리 안에서 외쳐 부르는 것 같았다. 엷은 미소를 띠며 머리를 구부려 좌우를 둘러보는데, 눈썹 사이에 주름이 생기며 동자가 반쯤 튀어나왔다. 눈을 얇게 뜨고 깊이 이리저리 굴리는 품이 흡사 근시안처럼 보였으며, 눈알 아래는 더욱 하얘지고 흐리멍덩해져서 더더욱 정채가 없다.

글의 형식으로 봐서는 연암도 직접 판첸라마를 접견한 것처럼 보이나 여러 정황으로 볼 때 삼종형인 정사나 접견에 참여한 통역관으로부터 전해 들은 인상을 그대로 옮긴 게 맞는 것 같다. 이날 조선 사신과 판첸라마의 만남에서 인상적인 장면은 통역이다. 판첸라마가 조선 사신이 온 이유를 묻자 라마가 말을 받아 몽고 왕에게 전한다. 그런 다음 몽고 왕이 청나라 군기대신에게 전하고, 군기대신이 청나라 통역관 오림포에게 전해서 우리 통역관에게 전하게 했으니, 다섯 차례나 통역을 거쳤다는 것이다.

판첸라마 → 라마승 → 몽고 왕 → 군기대신 → 청국 통역관 → 조
선 통역관 → 조선 사신

이런 복잡한 통역 과정을 거쳤으니 통역이 제대로 됐을 리가 없다.
조선 사신이 뭐라고 대답했는지는 기록이 없다. 라마승이 양탄자와 금
불상 등의 선물을 각 사신들에게 나눠준 뒤 이날 만남은 끝났다.

판첸라마가 머물고 있는 찰십륜포판첸라마가 거주하는 '타쉬룬포'의 한자 표기
의 이모저모를 취재한 다음 연암은 만나는 사람마다 판첸라마에 대해
묻는다. 판첸라마에 취재의 초점을 맞춘 것이다. 판첸라마가 황실 사
람들과 황제의 최측근들만 만날 수 있는 존재인지라 연암의 질문에 대
부분은 그의 신적인 위상과 신통력을 인정하고 있다. 연암이 취재한 판
첸라마의 신통한 술법들의 사례다.

  – 사람의 내장 속을 훤히 들여다보는 오색 거울을 지니고 있다. 간
    사하고 음탕한 사람을 비추면 거울에 푸른색이 돌고, 충성스럽
    고 효성스러운 사람과 부처를 공경하는 사람이 이르면 거울은
    붉은 노을 띠에 누런빛을 띤다.
  – 절을 하는 사람이 머리를 조아렸을 때, 판첸라마가 손으로 이마
    를 어루만지고 웃음을 머금으면 크게 복을 받고, 웃음을 머금지
    않으면 복이 크지 않다.
  – 판첸라마가 열하로 오는 길에 신통한 일이 많았다. 지나가는 길
    에 있는 서번 왕 중에는 몸뚱이를 불사르고 이마를 태우는 사

람도 있었고 어떤 불효자는 활불을 본 뒤 자비심이 생겨 옆구리를 째고 간을 잘라내어 아비에게 바쳤는데, 아비의 병이 즉시 나았다고 한다.

- 남의 몸을 빌려서 환생하는 투태탈사投胎奪舍로 태어난다.
- 활불은 맨발로 물을 밟아도 물결이 복사뼈 이상까지 올라가지 않는다.
- 어느 날 활불이 황제와 차를 마시다가 남쪽을 향해 찻물을 뿌렸다. 그때 북경 유리창에서 큰 불이 나 사람의 힘으로 끌 수가 없었는데 찻물을 뿌린 그 시점에 하늘이 구름 한 점 없이 맑았는데도 사나운 빗줄기가 동북 방향에서 불어와 즉시 불을 껐다고 한다.

청나라 관리들이나 학자들이 판첸라마의 신통력을 믿는다고 말해도 기자인 연암이 곧이곧대로 믿을 수는 없다. 하지만 황제가 받드는 판체라마의 신통력을 부정하거나 그의 신변에 대해 함부로 말했다가는 큰 화를 당할 수 있기에 취재원들의 입단속이 철벽같다. 이때부터 연암은 판첸라마의 실체에 슬슬 접근해가는데 아슬아슬한 장면도 적지 않다. 필담한 종이를 즉시 찢어서 불 속에 넣거나 심지어 민감한 내용을 말한 것을 보고는 찢은 종이를 입에 넣고 씹기까지 한다. 추사시라는 인물이 판첸라마를 서번의 도굴범인 양련진가楊璉眞加라는 사람에 비유하자 지정이란 인물이 놀라서 한 행위다.

추생이, "양련진가가 세상에 다시 태어났답니다"라고 말하자 왕군의 얼굴색이 바뀌더니 서로 말싸움을 할 기세였다. 그게 무슨 말인지는 모르겠으나, 두 사람의 기색이 좋지 않은 것으로 봐서는 왕군이 추생을 책망하는 것 같았다. 그즈음에 지정이 돌아와 필담한 종이를 보더니 급히 손으로 찢어서 입에 넣고 씹으면서 추생을 노려보며 한동안 아무 말이 없다. 지징은 내가 보지 않는 틈을 타서 입을 오므려 나를 가리키고, 추생에게 눈짓을 하다가 우연히 내 눈과 마주치자 매우 부끄러워하는 얼굴빛이었다.

청나라 사람들이 겁을 먹고 당황하는 모습이 눈앞에 선하다. 판첸라마의 취재가 얼마나 위험한지 연암도 북경에 돌아와서 깨달았다고 고백하고 있다.

하루는 태사太史 고역생高棫生과 단가루段家樓에서 술을 마시고 있을 때였다. 고 태사가 반선의 일을 말하며 이야기를 막 끄집어내려는데, 자리에 있던 풍생馮生이란 자가 눈짓으로 이야기하지 말도록 하였다. 나는 매우 괴이하게 생각했다. 알고 보니 산서山西 지방 출신의 선비가 황제에게 일곱 조목으로 상소를 하였는데, 그중 한 조목에서 반선의 일을 극렬하게 논하는 바람에 황제가 크게 분노해서 살가죽을 벗겨 죽이는 형벌에 처하라고 했다는 사실을 한참 뒤에 들었다. 우리나라의 마부들 중에는 선무문 밖에서 형벌에 처하는 광경을 본 자가 많다고 한다. 그로부터 나는 감히 반선의 일을 캐물으려고 하지 못했다.

상소를 올린 산서 지방 선비의 처형은 노이점盧以漸이 기록한 〈수사록隨槎錄〉 9월 5일자 일기에서도 확인된다. 노이점은 연암과 함께 사신단으로 따라갔던 인물이다.

아침에 들으니, 사신의 행차가 밀운에서 조회 갔다가 성으로 돌아온다고 한다. 때문에 아문에서 수십 보 되는 곳까지 나아가서 맞이해 함께 돌아왔다. 들어보니, 산서에서 여섯 조항으로 진술해 상소를 올렸던 사람을 정양문 밖에서 처형한다고 한다. 반선을 지나치게 예우했다는 것이 이 상소의 한 가지 조항이다. 먼저 그 장을 도려내고 나중에 목을 자르는데, 이것은 연과법臠剮法, 신체를 잘라 내거나 저미는 형벌으로 청나라에 본래 있던 관습이라고 한다.

― 〈수사록〉, 노이점 지음, 김동석 옮김, 성균관대학교 출판부

연암이 얼마나 위험한 취재를 했는지 알 수 있다. 이토록 치명적인 위험이 있는 줄 모르긴 했지만 연암은 특유의 인화력과 끈질긴 취재력으로 노련한 축구 선수가 공을 몰듯이 자연스럽게 필담을 이끌어가며 판첸라마에 대한 그들의 깊숙한 생각을 이끌어낸다. 추사시라는 인물이 판첸라마를 도굴범에 비유했다는 말은 앞서와 같다. 몽고 출신 관리인 파로회회도破老回回圖라는 사람은 "활불의 술법을 도가의 도사가 하는 것과 같다"라며 "이런 일이 있다고도, 없다고도 할 수 없다"라

고 말한다. 기려천은 조선 사신이 판첸라마 접견을 꺼려한 사실을 추궁하고 염탐하듯이 캐물은 인물인데, 결국에는 연암에게 진심을 토로하고 만다.

"그 활불이란 중의 생김새가 어떻던가요?"라고 묻는다. 내가 "석가여래의 상을 닮았습디다"라고 답하니 여천은, "응당 살이 쪘겠지" 하고는 탐욕스럽다는 탐貪 자를 크게 쓰면서, "구하지 않는 게 없고 긁어모으지 않는 게 없답니다"라고 하기에 나는, "출가한 승려 같지도 않던데 뭐 그리 계율을 지키겠습니까?"라고 하니 여천은, "즐겨 먹지 않는 게 없답니다. 말, 소, 낙타, 양, 개, 돼지, 거위, 오리 등 모두 먹어치운답니다. 당나귀를 통째로 먹기 때문에 살이 찐다고 합니다"라고 했다.

황제가 받드는 판첸라마를 탐욕스런 인간으로 혹평한 말로, 극형을 당할 수도 있는 발언이다. 몽고인 경순미敬旬彌라는 인물도 활불의 신통력을 부정한다. 연암은 북경에 돌아와서도 판첸라마의 내력과 신통력에 대한 취재를 멈추지 않았는데 왕성王晟이란 학자로부터는 명나라 시절부터 판첸라마를 활불로 불렀고, 활불이 환생한다는 믿음의 진위를 단정할 수 없다는 말을 듣는다.

연암은 처음부터 활불의 신통력을 믿지 않았겠지만, 그냥 자신의 생각과 논리로 이를 주장하는 게 아니라 청나라 현지인들에 대한 취재를 통해 활불의 신통력이 과장되거나 조작된 내용이라는 사실을 독자에

게 알리고 있다. 활불의 정체와 이를 둘러싼 실상을 이보다 더 잘 보여
줄 수는 없을 것이다.

청나라의 관리나 학자들의 활불에 대한 진심이 이럴진대 황제라고
해서 활불의 실체와 능력을 모를 리가 없다. 그럼에도 청나라 황제가
판첸라마에게 황금 궁전을 지어주고 스승으로 모시는 배경과 이유를
밝혀내는 것이 이 탐사 취재의 핵심 목적이다. 청나라가 판첸라마를 극
진히 모시는 이유를 알아내기 위해 연암은 역대 중국의 왕조와 서번과
의 관계까지 다 취재했다.

서번은 당나라 중엽에 이르러 토번吐蕃이라는 대국이 되어 중국의
근심거리가 되었으나 아직 불교를 받들 줄은 몰랐다. 원나라 초에
불교가 전파되었는데 토번에 승려가 있어서 파사팔巴思八로 불렸
다. 파사팔이 신통력을 갖고 있었기에 원나라는 그를 황제의 스승
으로 삼고 대보법왕大寶法王에 봉했다.
명나라도 서번의 여러 나라로부터 조공을 받고 사신을 환대했다.
그러나 실상은 그들을 넉넉하게 예우함으로써 어리석게 만들고,
널리 봉호를 하사하여 그들이 중국에 스스로 조공을 바치고 조회
를 오게 만듦으로써 그들의 세력을 은밀히 분산시키려는 속셈이
었다. 서번 사람들은 이를 깨닫지 못하고, 그들 역시 중국에서 내
리는 하사품을 탐내어 중국에 조공을 바치는 것을 유리하게 생각
했다.

참으로 고개가 끄덕여지는 취재 결과가 아닐 수 없다. 연암은 이로부터 청나라가 판첸라마를 융숭하게 대접하고 받드는 이유도 밝혀낸다.

황제는 서번의 승왕을 맞이하여 스승으로 삼고 황금 전각을 지어 거처하게 하고 있다. 천자는 무엇이 괴로워서 이런 격에 넘치고 사치한 예우를 하는가? 명목은 스승으로 모시면서 기실은 황금 전각 속에 그를 감금해두고 세상이 하루하루 무사하기를 빌고 있는 것이다.

연암, 천하 형세를 보다 – "몽고가 가장 무섭다"

당시 서번은 청나라를 위협할 만큼 강성한 존재는 아니었다. 그렇기에 엄청난 인력과 돈을 들여가며 판첸라마를 모시는 보다 더 궁극적인 이유가 있었을 것이다. 이 이유에 대한 해답은 연암이 열하에서 천하의 형세를 살피는 취재 결과에 나온다. 먼저 황제가 열하에서 피서를 하는 이유다. 연암의 취재 결과 황제는 단순히 여름 피서를 위해 황량한 열하에 머무는 것이 아니다. '황교문답' 서문의 일부이다.

황제는 해마다 열하에 잠시 머무는데, 열하라는 곳은 곧 만리장성 밖의 황량한 벽지이다. 천자는 무엇이 괴로워서 이런 변방의 쓸쓸한 벽지에 와서 거주하는 것일까? 명분으로는 피서를 위한 것이라 하지만, 그 실상은 천자 자신이 몸소 나서서 변방을 방어하려는 목적이다. 그렇다면 여기서 몽고의 강성함을 알 수 있겠다.

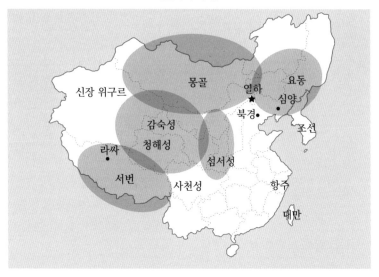

〈열하의 지세〉

신장 위구르
몽골
열하
요동
심양
북경
조선
감숙성
청해성
라싸
섬서성
서번
사천성
항주
대만

　그렇다면 왜 열하인가? 여기서 연암은 열하의 지정학적 중요성까지 파악하고 있다. 바로 열하가 몽고의 숨통을 조이는 요지이기 때문이다. 그렇다면 왜 몽고인가? 계속 '황교문답' 본문의 일부이다.

　지금 중국 천하의 형세를 살펴보건대, 그들이 가장 두려워하는 대상은 항상 몽고에 있지, 다른 오랑캐에 있지 않음은 무슨 까닭인가? 강하고 사납기로 친다면 서번이나 회족만한 종족도 없겠지만, 그들의 문화 문물이나 국가의 법률 제도 등은 도저히 중국과 겨룰 수가 없다. 다만 몽고는 중국과 백 리도 안 되게 붙어 있고, 가깝게는 흉노와 돌궐의 통치에서 멀리는 거란에 이르기까지 모두 큰 나라들의 영향 아래 있었다.

몽고가 중국과 가까이 있어 가장 위협적인 나라이기 때문에, 몽고의 숨통에 해당하는 열하에 황제가 머물러 숨통을 조이고 있다는 것이다. 또한 열하의 황금 전각에 판첸라마를 모시며 온갖 예우를 다하는 것도 몽고의 여러 부족이 황교黃教, 즉 티베트 불교인 라마교를 숭상하고 있기 때문이다. 물리적 힘과 함께 정신적으로도 몽고를 달래겠나는 외교식 셈법을 읽을 수 있다. 황제가 연하에 머물면서 판첸라마를 왜 스승으로 모시고 있는지, 결론과 같은 기사가 '황교문답' 마지막에 기록되어 있다.

지금 열하의 지세를 살펴보니 열하는 천하의 두뇌에 해당하는 지역이다. 황제가 북으로 열하에 연이어 가는 것은 다른 특별한 이유가 없다. 두뇌를 깔고 앉아서 몽고의 숨통을 조이려는 것일 뿐이다. 그렇게 하지 않았다면 몽고가 이미 매일같이 출몰하여 요동을 흔들어 놓았을 것이다. 요동 지방이 한번 흔들리면 중국 천하의 왼쪽 팔뚝이 잘려나가는 것이다. 천하의 왼쪽 팔뚝이 잘려나가면 중국의 오른쪽 팔뚝인 청해성靑海省 지방만 가지고는 움직일수 없을 것이다. 그렇게 되면 내가 본 서번의 여러 오랑캐가 슬슬나오기 시작해서 감숙성甘肅省과 섬서성陝西省 지방을 엿볼 것이다.

이렇게 연암은 약육강식이라는 국제 정치의 냉혹한 현실을 정확하게 인식하고, 청나라의 황제가 왜 변방인 서번의 판첸라마를 우대하는지 조선 독자에게 전달하고 있다. 즉 몽고와의 역학 관계가 무너지는 순간 주변국들이 가만히 있지 않고 정글의 맹수들처럼 달려들어 물어뜯을 것이라는 이치를 알고 있기에, 대국 청나라 황제도 나라를 지키기 위해 변방의 종교 지도자에게 머리를 숙이는 실리적 외교 정책을 펴고 있다는 메시지이다. 이러한 메시지를 전하기 위해 연암이 얼마나 치열하고 파고들었는지는 처남 이중존의 서평에도 잘 나타나 있다.

활불의 술법이나 내력을 갈고리로 후벼파내고 더듬어서 찾아낼 수 있을 뿐 아니라 연암이 만나서 이야기한 사람들의 성격이나 학식 및 용모와 말버릇까지 모두 펄펄 살아서 뛸 듯 환하게 드러난다.

판첸라마 탐사 보도는 기자들이 평소에 어떻게 사고해야 하고 어떻게 취재 방향을 정해야 하며 어떻게 취재해야 하는지를 보여주는 교과서적인 사례이다.

판첸라마의 선물, 세 개의 불상

열하의 판첸라마 취재에서 또 하나 빼놓을 수 없는 관심사는 판첸라마가 준 불상 선물이다. 판첸라마는 조선 사신단을 접견하고 난 뒤 세 개의 불상을 정사와 부사, 서장관에게 각각 하나씩 나눠 주었다. 열하일기 '행재잡록行在雜錄'에 기록된 불상의 모양새는 다음과 같다.

이른바 구리 불상이란 높이가 한 자 남짓 되는 것으로, 몸에 지니

고 다니는 호신용 불상이다. 중국에서는 먼 길을 떠나는 사람에게
서로 불상을 기증하는데, 반드시 이를 지니고서 아침저녁으로 음
식을 공양한다. 서장의 풍속에는 연례적으로 조공을 바칠 때 부처
한 좌座를 으뜸 토산품으로 여긴다. 이번 구리 불상도 반선이 우리
사신을 위해 먼 길을 무사히 가도록 빌어 주는 폐백이지만, 우리
나라에서는 한 번이라도 부서에 괴계되는 일을 겪으면 평생 누가
되는 판인데, 하물며 이것을 준 사람이 바로 서번의 승려임에랴.

이 불상을 어떻게 할 것인지를 두고 조선 사신단은 또 하나의 고민
에 휩싸인다. 이 또한 연암 기자에게는 의미 있는 취재 대상이 아닐 수
없다. 숭유억불의 나라, 조선의 사신으로서 불상 선물은 받을 수도 없
고 안 받을 수도 없는 애물단지다. 그런데 황금 전각을 나온 조선 사신
단 주변에는 서번 사람들과 한족 구경꾼들이 담처럼 늘어서 있다. 그
중에는 이마에 수정을 달거나, 푸른 깃을 단 벼슬아치들이 섞여 있었
는데, 궁중의 환관들이 몰래 염탐하고 있다는 사실을 조선 일행은 미
처 깨닫지 못하고 있다. 당시 현장을 목격한 연암 기자가 '찰십륜포' 편
에 기록한 상황이다.

주위를 둘러보니, 전에 황제의 조서를 전했던 소림素林이란 자가
내 등 뒤에 서 있었다. 그러자 소림은 무리 틈에서 빠져나와 말에
올라 재빠르게 갔다. 또 무리 중에 두 사람이 말에 올라 빠르게 가
는데, 자세히 보니 모두 작은 환관 나부랭이들이다.

조선 사신과 역관들은 그제야 황제의 측근들이 와서 엿보고 갔음을 눈치챈다. 그러나 아직 판첸라마에게 선물로 받은 불상을 어디에 둘지 조치를 취하지 못했기에 모두들 돌아가지도 못하고 묵묵히 앉아 있다. 결국 정사는 거처하고 있는 곳이 태학관이니 불상을 가지고 들어갈 수 없다며 역관들에게 불상을 놓아둘 곳을 찾아보라고 지시했다고 한다.

열하일기 '행재잡록'에는 사신이 북경으로 돌아와 판첸라마로부터 받은 물건을 역관들에게 다 주었고 역관들은 이를 똥이나 오줌처럼 자신들을 더럽힌다고 여겨 은자 90냥에 팔아서 마두들에게 나누어 주었으며, 마두들도 이 은자를 가지고는 술 한 잔도 사서 마시지 않았다고 기록돼 있다. 그러나 구체적으로 불상을 어떻게 처리했는지는 적시돼 있지 않은데 연암은 '피서록' 편 깊숙한 곳에 다시 불상에 대한 취재기를 살짝 넣어놓고 있다.

내가 밤중에 정사에게, "불상을 처리할 좋은 계책이라도 마련하셨습니까?" 물으니 정사가 말했다.

"이미 수역관에게 작은 궤짝을 하나 짜라고 일러두었다네."

"잘하셨습니다."

"잘했다니, 그게 무슨 뜻인가?"

"그까짓 것 강물에 띄워 버리려고 하는 것이겠지요?"

그 말에 정사가 웃기에, 나도 웃어버리고 말았다. 그 불상을 가는 길에 있는 사찰에다 버리거나 방치하자니 청나라의 분노를 살까 두렵고, 그렇다고 그 물건을 가지고 귀국하면 말썽을 불러일으킬 것이 뻔한 노릇이다. 그러니 우리와 저들이 마주하는 경계인 중간 지점에서 물에 띄워 보내어 바다로 내버릴 수밖에 없을 터이니, 그런 장소로는 압록강만큼 좋은 곳도 없을 것이다.

그러니까 불상을 팔았다는 건 사실이 아니고 사신단은 청나라의 감시망 때문에 어쩔 수 없이 불상을 숙소까지 가지고는 갔다. 연암은 궤짝을 짜라고 했다는 말을 근거로 청나라와 조선의 경계인 압록강에서 물에 띄워 바다로 내버릴 것으로 추정하고 있다. 연암은 '행재잡록' 다음 단락에서 사신단의 진심을 해학적으로 떠보고 있다.

내가 또 "지금 이 불상이 불행하게도 나무로 된 부처에 도금을 한 것이기 때문에 모두들 이단이라고 물리쳐서 깨끗이 포기하지만, 만약 정말 금부처라면 이단을 물리치자는 논의는 쏙 들어갈 것이고, 응당 다시 의논해 보자고 할 것입니다"라고 하여 서로 뒤집어질 정도로 웃었다.

열하일기에서 판첸라마 불상들의 행적은 여기서 끝이다. 그 이후 이 불상들은 어떻게 됐을까? 〈조선왕조실록〉 정조실록에 정조 4년인 1780년 11월 8일, 성균관 유생 등이 청나라에서 금불상을 받아 온 사신을 비난했다는 내용이 나온다.

태학 유생 등이 권당捲堂하고 소회를 적어 올리기를,

"이번에 돌아온 사신이 금불상을 받아온 일이 있었습니다. 우리나라는 본래 유도儒道를 숭상하여 중국의 존경을 받아왔습니다. 그런데 이번 사신의 행차에 사특하고 더러운 물건을 가지고 왔으니, 우리 국가에 수치를 끼칠 뿐만 아니라, 또한 장차 천하 후세의 치소거리가 될 것입니다. 신 등은 외람되이 성인을 존숭하는 자리에 있으면서 부처를 받드는 일을 목격하고 마음에 매우 놀라워 의리상 침묵을 지키기 어려웠습니다. 그래서 일전에 상소하여 배척하자는 논의가 제기되었으나, 나중에 가서 의견이 엇갈린 바람에 시일이 덧없이 지나가 상소를 올릴 기회가 없었습니다. 그러다가 이내 각자가 인책하여 모두 스스로 처신하였기 때문에 염치에 관계되어 감히 무릅쓰고 식당食堂에 들어갈 수 없습니다" 하였다. 대사성이 이를 아뢰니, 들어가도록 권유할 것을 명하였다.

이로 미루어 볼 때 판첸라마가 선물로 준 불상들은 압록강에서 바다로 떠내려가는 신세를 모면하고 무사히 조선 땅으로 입국한 것으로 보인다. 성균관 유생들이 자신들의 뜻을 관철시키기 위해 식당에 들어가지 않는 권당까지 하며 사신을 탄핵했지만 정조는 대사성에게 유생들이 식당에 가도록 권유하라고만 명했다.

이 이후 불상의 행적은 알 수 없으나 청나라와의 관계 등을 의식해 깨부수거나 버리지는 않았을 것으로 추정된다. 청나라 사신이 와서 불상의 행방을 물어볼 수도 있기에 별도로 보관했거나 한양 도성 안의 사찰에 기증했을 수도 있을 것이다. 판첸라마 불상의 운명을 추적하는 임무는 연암 기자의 후배들인 2000년대 기자들의 몫으로 남아 있다.

4. 취재 과정과 취재원은 비밀이 아니다
 – 투명성의 정신

연암, 모든 취재원을 공개하다

현실 생활에서 당신이 무엇을 알고 있는가에 대해 사람들과 진실한 관계를 원하면, 당신은 당신의 취재원과 취재 방법에 대해서 최대한 알려줘야 할 의무가 있다. 당신은 지금 알고 있는 것을 어떻게 아는가? 당신의 취재원들은 누구인가? 그들이 사건에 대해 갖고 있는 지식은 얼마나 직접적인가? 그들은 어떠한 편견을 가질수 있는가? 혹시 충돌하는 증언은 없는가? 당신이 모르는 것은 무엇인가? 이러한 것을 '투명성의 정신'이라 부르자. 우리는 이 생각이 더 나은 사실 확인의 규율을 만들어 내는 데 가장 중요한 한 가지 요소라고 생각한다.

 – 〈저널리즘의 기본 원칙〉, 빌 코바치. 톰 로젠스틸, 한국언론진흥재단

열하일기에는 수많은 인물이 등장한다. 사절단에 소속된 조선인들뿐만 아니라 청나라 통관들, 연도에서 만난 사람들, 숙박하는 동네에서 만난 사람들까지 다 기록되어 있다. 그중에서 가장 자세하게 기록

된 취재원은 심양에서 만난 상인들과 열하에서 만난 청나라 관리와 학자들이다. 심양에서 만난 상인들은 '속재필담'에, 열하에서 만난 인터뷰이interviewee들은 '경개록傾蓋錄'이라는 별도의 장을 마련해 신상과 됨됨이 등의 인물 정보를 전하고 있다. 먼저 심양의 예속재와 가상루에서 만나 이틀간 철야 필담 인터뷰를 했던 인물들의 인적 사항을 소개한 '속재필담' 첫머리를 살펴보자.

전사가田仕可의 자字는 대경代耕 또는 보정輔廷이고, 호號는 포관抱關으로 하북성 무종無終 사람이다. 스스로 말하길, 위魏나라 때 문인인 전주田疇의 후손이며, 집은 산해관에 있고, 태원太原 사람인 양등楊登과 함께 여기에서 점포를 열었다고 한다. 나이는 스물아홉이고, 신장은 7척이다. 이마가 넓고 코가 길며 풍채가 빛난다. 골동품의 내력을 많이 알고 남에게 다정하다.

연암은 전사가의 인상뿐 아니라 골동품 전문가라는 사실을 기록해 골동품에 대한 그의 인터뷰가 믿음을 얻을 수 있도록 했다.

다음으로 인터뷰이에 대한 상세한 정보 그 자체가 기사의 좋은 구성 요소가 된다는 점이다. 그런 정보로부터 또 다른 사실을 알 수 있기 때문이다. 외국 취재의 경우 더더욱 그러하다. 전사가의 경우 29세의 젊은 나이에 산서성 태원에서 머나먼 심양까지 상업을 하러 왔다는 사실 자체도 재미있지만 그의 이력으로부터 중국의 상업 활동과 상품 유통이 전국적으로 활발하게 이뤄지고 있다는 사실도 알 수 있다.

취재원에 대한 자세한 기록의 이점은 또 있다. 기자들이 취재 과정에서 만나는 사람은 적지 않아 긴 취재를 마치고 막상 기사를 정리하려 할 때 해당 인물과 관련된 기억이 가물가물해지거나 중요한 내용이 생각나지 않을 경우가 종종 있다. 이럴 때 인터뷰이에 대한 일반적 신상 내용뿐 아니라 기자의 개인적인 인상이나 느낌, 에피소드까지 기록해 놓으면 시간이 흐르더라도 취재 당시의 상황을 쉽게 떠올릴 수 있고 현장감 있는 기사 작성에도 용이하다. 연암도 이마가 넓고 코가 긴 전사가의 인상 기록이 인터뷰 당시의 상황을 회상하며 기사를 작성하는 데 큰 도움이 됐을 것이다.

'속재필담'에서 연암이 밝힌 인터뷰이들을 정리하면 다음과 같다.

- 전사가田仕可(29세, 신장 7척, 자는 대경代耕 또는 보정輔廷, 호는 포관抱關, 하북성 무종無終 출신). 골동품 내력을 많이 알고 다정한 성격
- 이구몽李龜蒙(39세, 신장 7척, 자는 동야東野, 호는 인재麟齋, 촉 땅 금죽錦竹 출신). 얼굴이 희고 목소리 낭랑
- 목춘穆春(24세, 자는 수환繡寰, 호는 소정韶亭, 촉 땅 출신). 눈썹은 그려 놓은 듯하고 글을 모름
- 온백고溫伯高(31세, 자는 목헌鶩軒, 촉 땅 성도成都 출신). 글을 모름
- 오복吳復(41세, 자는 천근天根, 호는 일재一齋, 절강성 항주杭州). 시문은 모자라나 온화하고 진중함
- 비치費穉(35세, 자는 하탑下楊, 호는 포월루抱月樓, 혹은 지주芝洲, 가재稼齋, 하남성 대량大梁 출신). 자식 여덟 명 둠, 글씨 그림 담론에 능함

- 배관裵寬(47세, 신장 7척 넘음, 자는 갈부褐夫, 하북성 노룡현盧龍縣 출신). 수염이 좋고 술을 잘 마심. 착하고 나이든 기풍이 있음
- 나머지 몇 사람은 그저 장사치이기에 이틀 밤을 함께 지냈으나 이름조차 기억 안 남

이름과 신상 정보가 없는 나머지 몇 사람까지 직시할 정도로 연암은 취재원의 투명한 정보 공개에 정직했다. 이로써 필담 인터뷰에 적지 않은 사람이 동참했지만 나머지 몇 사람은 그저 자리만 차지하고 있어서 큰 역할을 하지 않았다는 사실을 알 수 있다. 이어 연암은 상인들과의 자연스러운 대화 과정과 내용도 그대로 기록했다. 세세하게 공개된 취재 과정을 통해 독자들은 마치 자신들이 현장에 있는 듯한 느낌까지 실감할 수 있다.

내가 비공費公, 비치에게 물었다.
"비공은 언제 촉 땅을 떠났습니까?"
"이른 봄에 떠났습니다."
"촉 땅에서 여기까지 몇 리나 됩니까?"
"응당 5천여 리는 될 겁니다."
"자제 여덟 명은 모두 한 어머니에게 나서 젖을 먹었는가요?"
비공이 미소만 지으니 배관이 나서서,
"두 분 작은 마나님이 더 있는데, 좌우에서 끼고 도와드렸답니다.
나는 여덟 아들이 부러운 게 아니라, 한 남자가 세 여자를 거느렸

다는 게 더 탐납니다"라고 하여 온 방 안이 한바탕 웃었다.

만약에 위 내용에서 취재 과정과 취재원을 제대로 밝히지 않으면 어떤 기사가 될까?

"촉 땅에서 왔다는 한 상인은 봄에 심양으로 왔다고 했다. 촉 땅에서 심양까지는 5천여 리나 된다고 한다. 그는 또 자녀가 여덟으로 두 명의 작은 부인이 양육을 도왔다고 했다."

앞의 내용에 비해 현장감이나 사실감이 훨씬 떨어질 뿐만 아니라 기사의 신뢰성도 덜할 수밖에 없다. 그만큼 취재 과정을 소상하게 알리고 취재원을 정확하게 밝히는 투명성이 기사 신뢰도를 높이는 요체라고 할 수 있다. 취재를 하다 보면 불가피하게 취재원의 신상 정보를 놓칠 수도 있다. 그러면 부득이 그 취재원은 익명으로 처리할 수밖에 없다. 익명으로 처리하면 그만큼 구체성과 현실감이 떨어진다. 이 때문에 연암은 취재 기록과 관련된 인물의 정보를 제대로 파악하지 못할 때는 스스로 자책하는 글도 함께 남기고 있다. 그만큼 연암이 취재원의 투명성에 철두철미했다는 반증이기도 하다. 연암이 심양을 떠날 때 철야 인터뷰를 하며 사귄 상인들이 작별을 아쉬워하며 포도를 주는 장면이다.

목수환은 손에 포도 한 광주리를 든 소년을 데리고 오는데, 아마도 소년이 나를 보기 위해 포도를 예물로 가지고 오는 것 같았다. 소년은 나를 향해 엄숙하게 읍을 하고 앞으로 와서는 내 손을 잡는데 마치 오래 사귄 사람처럼 군다. 하지만 갈 길이 바빠서 손을 들어 작별을 고하고 점포를 나와서 말을 타니, 소년이 말머리로 다가와서 두 손으로 포도 광주리를 받쳐 든다. 나는 말 위에서 소년을 위해 한 송이를 쥐고 손을 들어 고맙다고 말하고 출발했다. 고개를 돌려 보니 여러 사람이 아직도 점포 앞에 서서 내가 가는 것을 바라보고 있다. 갈 길이 총망해서 소년의 이름을 물어보지 못한 것이 못내 애석하다.

연암이 스스로 소년의 이름을 취재하지 못한 사실을 고백함으로써 소년의 이름을 기록한 것 못지않은 믿음을 주고 있다. 진솔한 태도와 마음은 기자의 기본이다.

'경개록' – 취재원 인명록

열하일기의 '경개록'은 독특하게 연암이 열하에서 만난 청나라 관리와 학자 등 취재원들을 소개하는 내용으로만 구성되어 있다. 한마디로 취재원 인명록이라 해도 지나치지 않다. '경개록'이라는 제목은 서문에 밝혔듯이 '백두여신白頭如新 경개여구傾蓋如舊'라는 고사가 출처다. '흰머리가 날 때까지 오래 만나도 새로 만난 것 같은 사람이 있고, 길 가다 잠시 일산日傘을 기울여 얼굴을 처음 봤는데도 오랜 친구 같은 사람이 있다'라는 뜻이다. 열하에서 만난 중국의 취재원들이 사귄 기간은 짧지만 말과 마음이 통하여 아주 오래된 친구같이 정이 들었다는 뜻으로 '경개록'이라고 했다는 말이다. 참으로 깊이 있고 매력적인 제목이다.

'경개록'에서 눈길을 확 끌어당기는 부분은 인물들의 출신 민족을 기록하고 사람 됨됨이나 주변 이야기를 매우 상세하게 기록했다는 점이다. 황제가 열하에서 피서를 하고 판첸라마를 스승으로 섬기는 진정한 내심을 취재해야 하고, 이런 민감한 문제에 대한 출신 민족별 입장 차이를 독자에게 전달하기 위한 방편이 필요했기 때문일 것이다. 독자들 입장에서는 각 인터뷰이의 출신 민족을 알고 있다면, 각 민족별 입장 차이와 민족 갈등의 숨은 이면을 더욱 쉽게 이해할 수 있다. 취재원에 대한 정보를 충분하고도 투명하게 제공함으로써 기사의 의미를 쉽고도 깊게 파악할 수 있도록 하고 기사의 신뢰도까지 높여 준다는 데서 '경개록'의 가치를 찾을 수 있다.

'경개록'의 취재원들을 간략하게 소개한다.

- 왕민호王民皞 : 호는 곡정鵠汀 강소江蘇 사람 54세. 사람됨이 순진하고 질박하며 꾸밈이 없음. 거인擧人 자격으로 태학에서 공부하고 있음. 나이가 많다며 과거 시험에 응시하지 않음
- 윤가전尹嘉銓 : 호는 형산亨山 하북성河北省 사람, 70세. 통봉대부通奉大夫 대리시경大理寺卿 역임. 황제와 동갑으로 특별히 총애, 황제와 시를 주고받는 친구. 성격이 화락和樂함
- 경순미敬旬彌 : 자는 앙루仰漏 몽고 사람, 39세. 강관講官 벼슬. 하얀 피부에 잘 생김. 엿새 동안 한 번도 필담 자리에 끼지 않음. 한족 만주족 모두 화목하게 지내는데 유일하게 오만함
- 추사시鄒舍是 : 산동 사람. 거인擧人으로 왕민호와 태학에서 공부하고 있음. 비분강개를 잘하고 성품이 직선적임. 예스럽고 괴상

하게 생겼으며 행동이 과격하고 거침. '미친놈'이라고 하며 싫어
하는 사람이 많음

- 기풍액奇豐額 : 자는 여천麗川, 만주 사람, 37세. 귀주안찰사. 선조
가 조선 출신으로 본래 성은 '황씨'로 기억함. 하얀 얼굴에 아름
다운 자태, 박학다식하고 문장력이 좋음. 인간됨이 교만하고 잘
난 체를 잘해 세상이 안중에 없음. 북경에서 다시 만나 귀주로
떠날 때 작별 인사를 했음

- 왕신汪新 : 자는 우신又新, 절강 사람. 광동안찰사. 기려천과 같이
보고는 오래 만난 사람처럼 푹 빠져 마음을 주고받음. 얼굴빛이
검고 못생겨 위엄은 없으나 억지로 꾸미지 않음

- 파로회회도破老回回圖 : 자는 부재孚齋, 호는 화정華亭, 몽고 사람, 47
세. 강관講官 벼슬. 강희황제의 외손. 얼굴이 깡마른 데다 누렇고
광대뼈가 나옴. 학문이 깊고 넓음. 술집에서 만났는데 점잖은 기
품이 있음. 비복 30여 명, 의복, 모자, 말 안장과 말이 호사스러
워 무관을 겸한 듯

- 호삼다胡三多 : 열하의 한인 어린이, 12세. 매일 아침 곡정에게 글
을 배움. 맑고 수려하여 속세의 티가 없음. 예절과 몸가짐이 의
젓하고 행동거지가 찬찬하고 우아함

- 조수선曹秀先 : 자는 지산地山, 강서 사람, 60세 정도. 예부상서禮部
尚書. 사신을 따라갔다 대기실에 만남. 늙고 못생겨서 위엄이 있
는 자태는 아님. 사람됨이 화락하고 남에게 친절함. 북경에서 중
국의 사대부들도 많이 칭찬함

- 왕삼빈王三賓 : 복건 사람, 25세. 윤형산의 청지기 아니면 기려천의 비복. 얼굴이 잘 생기고 글씨를 이해하며 그림을 잘 그림

이렇게 연암은 예부상서 같은 고위 관리에서부터 윤가전, 왕곡정 같은 학자뿐 아니라 학동이나 청지기까지 이름과 생김새, 나이, 자나 호, 인상, 성품 등을 자세하게 기록해 놓고 있다. '투명성의 정신'을 보여주는 모범적 사례로 볼 만하다.

출처없는 고발 기사 - 중국 어선 서해 불법 조업

열하일기 '동란섭필'에는 청나라 어선들이 조선의 서해에서 불법 조업을 하는 실태를 고발하는 한 편의 글이 포함되어 있다. 기사를 보면 연암이 마치 조선에서 들은 내용과 청나라에서 본 보고서를 종합하여 쓴 글 같기도 하다. 기사 내용은 너무나 놀랍다. 중국 어선들이 우리나라 서해 연안에서 불법 조업한 역사가 청나라 시절로 거슬러 올라간다는 사실 때문이다. 기사 한 부분을 보자.

서해 연안인 황해도 장연長淵과 풍천豐川 해변에 고기를 잡는 커다란 청나라 배는 모두 각화도覺華島에서 왔다. 해마다 5월 초에 몰려왔다가 7월 초에 돌아가는데 바닷가에 나는 방풍防風이라는 한 약재와 해삼 등을 채취해 간다. 더러는 육지에 올라 양식을 구걸하기도 한다.

조선에서 강희 54년1715년 조업 금지를 요청하자 청나라는 산동,

강남, 절강, 복건 등지의 지방관에게 문서를 보내 조업을 엄하게 금지하도록 신칙하였다. 조선의 변경에서 어로 활동을 하거나 밀항하다가 조선 수병에 체포되는 자는 엄중히 치죄하겠다고 했다. 또 조선에도 이런 무리가 있으면 체포하여 압송해달라고 하였다.

더더욱 놀라운 것은 불법 조업에 대한 조선의 조치이다. 입만 열면 북벌을 외치면서도 청나라 측이 자국 어민의 불법 조업을 단속하면 엄하게 치죄하겠다고 했는데도 아무런 대응을 하지 못한다. 한심하기 이를 데 없는 조선의 실상을 고발하는 기사이다.

그런데 지금도 중국의 배가 서해 연안에 오면 아전들이나 장교들이 지방 관헌에게 보고는 하지만 막을 방법이 없다. 그래서 알면서도 모른 척하고 있다가, 그들이 떠날 무렵 멀리서 닻을 올리는 날짜를 물어보고는 비로소 수영水營의 절도사에게 보고하는데 마치 그날 중국 배가 들어온 것인 양 꾸민다. 수영에서는 조정에 보고하고 해당 지방관에게는 그날로 즉시 쫓아보내라고 엄히 신칙하니 실상은 '눈 가리고 아웅' 하는 격이다. 우리나라의 변방 관리가 이렇게 한심하다.

이 기사가 열하일기 다른 기사와 다른 점은 어떻게 이런 내용을 알게 됐는지 취재원이나 출처를 밝히지 않고 있다는 사실이다. 자칫 출처를 밝히면 취재원이 불이익을 당할 수 있는 가능성을 염두에 둔 것으로 보인다. 예외 없는 법칙 없듯이 투명성의 원칙도 취재원을 보호하기 위한 책무 앞에서는 예외가 인정된다.

5. 취재에는 차별과 피아彼我가 없다
– 불편부당 정신

　연암은 열하까지 다녀오는 동안 다양한 현장을 누비고 밤을 새워가면서까지 수많은 인물을 만나고 취재했다. 연암의 취재 가운데 특기할 만한 사항은 하인이나 말몰이꾼, 군뢰 등 사절단의 하층민과 관련된 기사가 열하일기 곳곳에 적지 않게 자리 잡고 있다는 점이다. 사절단의 우두머리인 정사나 부사, 서장관에 관련된 내용보다도 오히려 이들의 이야기가 훨씬 더 많다. 그만큼 연암이 신분적 차이에 얽매이지 않고, 중립적이고 객관적인 위치에서 오로지 뉴스로서의 가치를 기준으로 취재하고 기사를 쓰는 기자 정신에 투철했다는 증거이다.

　사절단 내부에서뿐만 아니라 조선 사절단과 청나라 관리들 사이에서 일어나는 여러 가지 갈등과 현안에 대해서도 연암은 제3자로서 냉정한 자세를 견지한다. 취재 또한 객관적, 중립적으로 진행됐고 기사도 주관적 감정이나 가치 판단 없이 오로지 중립적이고 객관적 관찰자의 입장에서 사실들을 중심으로 냉정하게 써놓았다. 즉 불편부당不偏不黨한 정신으로 기사를 쓴 것이다. 그 사례들을 살펴본다.

하인들의 행패

6월 27일 사절단이 청나라 입국장이 있는 책문으로 다가가는 길. 연암 일행은 나귀를 타고 국경 경비를 하러 가는 청나라 사람 다섯 명을 만났는데 너무나 볼품없고 남루하며 쇠잔한 모습이다. 이때 갑자기 사절단 말몰이꾼들이 청인들에게 나귀에서 내리라고 호통을 친다. 앞선 두 명은 내려 갓길로 비켜섰으나 뒤의 세 명은 성난 눈을 치켜뜨며 "너희 상전이 우리와 무슨 상관이 있느냐?"라고 대든다. 그러자 마두가 곧바로 채찍을 빼앗아 그들의 맨다리를 후려치며 우리 상전들이 만세야萬歲爺, 황제 어전에 올릴 물품을 받들고 가는 것도 몰라본다고 으름장을 놓는다.

그제야 그들은 나귀에서 내린 뒤 땅바닥에 엎드려 죽을 죄를 지었다고 하거나 마두의 허리를 끌어안고 만면에 웃음을 지으며 화를 풀라고 애걸복걸한다. 기세가 오른 마두들이 머리를 박고 사죄하라고 꾸짖자 이들은 진흙에 엎드려 사죄하느라 이마에 진흙 칠갑을 했다. 이를 본 연암이 마두들에게 시끄러운 사단을 일으킨다고 나무라며 다음부터는 장난으로라도 시끄러운 짓을 하지 말라고 타일렀다. 마두들은 이런 먼 길과 긴 날에 이런 장난이라도 치지 않으면 시간을 보낼 수 없다고 대꾸한다.

7월 10일 사절단이 심양을 목전에 두고 있을 때 몽고 수레들이 벽돌을 싣고 심양으로 들어가고 있다. 몽고인의 옷과 모자가 남루하고 얼굴에는 먼지와 때가 가득하다. 이때 또 조선 사절단 말몰이꾼들이 순박한 몽고인들에게 이유 없이 장난을 시작한다.

우리나라 말몰이꾼들은 해마다 몽고인들을 보아서 그들의 성정을 잘 알기 때문에 항상 버릇없이 장난을 친다. 채찍 끝으로 모자를 벗겨 길옆에 던져버리거나 혹 공인 양 발로 차기도 하지만, 몽고인들은 화내지 않고 웃으며 두 손을 내밀어 고분고분한 말로 돌려달라고 사정한다. 말몰이꾼들이 더러 뒤에서 모자를 벗겨 발 가운데로 뛰이가며 일부러 쫓기는 척하다가 홱 돌아서서 그의 허리를 부여잡고 발로 딴죽을 걸면 고꾸라지지 않는 몽고인이 없다. 가슴에 걸터앉아 입에 흙을 집어넣으면 지나가던 되놈들도 수레를 멈추고 일제히 웃는다. 고꾸라진 자도 웃으면서 일어나 입을 닦고 모자를 쓰지만, 다시 싸우려고 하지는 않는다.

연암은 조선 말몰이꾼들의 도를 넘은 장난과 이유 없는 행패를 객관적·관찰자적 자세로 기록했다. 감정이입 없이 있는 그대로 담담하게 서술만 해놓아도 독자는 조선 말몰이꾼들의 행패가 너무 지나치며 몽고인들이 참으로 순박하다는 느낌을 바로 받는다. 판단은 독자가 하는 것이다. 그런데 왜 조선 하인들은 멀쩡한 몽고인들에게 이해할 수 없는 행패를 저질렀을까?

구경거리가 된 하인들

열하일기에는 하인들의 무례한 행동과 함께 비참하기 이를 데 없는 그들의 실상도 적나라하게 기록해 놓고 있다. 하인들은 한 달 이상 걸어서 북경으로 가야하는 데도 짚신조차 제대로 지급되지 않았다. 입은 옷도 남루하기는 마찬가지여서 연암의 기록을 보면 차라리 누더기를 겨우 걸쳤다는 표현이 더 맞을 듯싶다. 7월 28일 소낙비를 피하려 들어간 한 점포에서 벌어진 말몰이꾼의 알몸 소동도 그중 하나다. 연암이 들어갔을 때 노인과 젊은 부녀자들이 붉은 부채를 물들여 처마 아래 말리고 있던 중이었다.

그때 말몰이꾼 하나가 벌거벗은 몸으로 뛰어 들어왔다. 머리에는 달랑 부서진 벙거지 하나만 덮어쓰고, 허리 아래는 겨우 헝겊 한 쪼가리로 가렸을 뿐이어서 사람인지 귀신인지 몰골이 흉악망측했다. 집 안 부녀자들이 집이 떠나가도록 소리를 지르더니 염색하던 부채를 집어던지고 달아난다. 점포 주인의 얼굴이 벌겋게 달아오르더니 단번에 뛰어나가서 말몰이꾼의 뺨을 한 대 후려갈겼다. 말몰이꾼이 "내 말이 허기가 져서 밀기울을 사려고 왔는데, 어째서 사람을 치는 거냐?"라고 하자, 주인은 "너희는 예절도 모르느냐. 어떻게 벌거벗고 뛰어 들어올 수 있느냐?"라고 한다.

말몰이꾼이 뛰어나가자 분이 덜 풀렸는지 주인이 빠르게 뒤쫓는다. 그때 말몰이꾼이 몸을 홱 돌려서 크게 욕을 하고는 점포 주인의 가슴을 잡고 한 방 갈긴 뒤 진흙탕에 메다꽂는다. 그리고 다시 한 발로 가슴을 짓밟고는 달아나버린다. 점포 주인은 한참 만에 일어나 절름거리며 오는데 성난 눈으로 나를 노려본다. 나는 시선을 아래로 깔고 얼굴색을 씩씩하고 늠름하게 하여 감히 건드리지 못하도록 표정을 지었다.

그때 하인의 모습을 묘사한 열하일기 원문이다. '非人非鬼비인비귀, 貌樣兇惡모양흉악'. '인간도 아니고 귀신도 아니다'라는 '非人非鬼' 이 넉 자의 말이 하인들을 가혹하게 부려 먹기만 하는 조선 사회의 경제적 낙후성과 하층민 대우의 비인간적 실상을 압축하고 있다. 매일 그들과 마주 대하는 연암마저 모양이 흉악하다고 했으니 당시 중국인들이 봤을 때는 어떤 느낌이었을까?

그 하인들도 주인을 따라 말로는 중국을 오랑캐라 하고 비린내난다고 하지만, 헐벗고 굶주리는 데다가 짐승만도 못한 대우를 받는 입장에서 절대 진심에서 우러난 말이라고는 할 수 없다. 중국이 오랑캐라는 데 동조하는 태도의 이면에는 '우리도 인간이다'라거나 자신들에게도 오랑캐 이상의 사람 대접을 해달라는 인간적 항변의 심리가 잠재돼 있었을지도 모른다.

북경에 도착한 연암이 8월 3일 이덕무가 소개해 준 당낙우唐樂宇라는 선비의 집에 찾아갔을 때다. 그 집 하인이 말하기를 당낙우의 모친이 중문에 나와서 조선 하인들의 복장을 구경하고 있다고 한다. 이때 연암도 바로 쳐다보기가 민망하여 보지 못한 것처럼 했다고 고백한다.

시대와 장복이, "아까 당씨 집 여러 비복이 우리를 좌우에서 끼고 들어가 뜰 가운데 세우더니 노마님이 우리 옷을 벗겨서 의복의 모양을 보겠다고 하시기에, 쇤네들이 황공하여 감히 올려다볼 수가 없었습니다. 날이 더워 홑적삼만 입었다고 사양했습니다만, 우리를 돌려세우고 모로 세우고 하더니 다시 하인들에게 명을 내려 옷

자락을 헤집게 하고는 보셨습니다. 구경을 하시고는 술과 음식을 내와서 먹이는데, 소인들의 의복이 이처럼 찢어지고 떨어져서 아주 부끄러워 죽을 뻔했습니다."

이러한 조선의 하인들이 구경거리가 아니면 더 우스운 일이 될 것이다. 청나라의 수도 북경 사람들에게는 조선 하인들의 모양새가 조선 사절단이 북경 상방象房에서 코끼리를 구경하는 것 이상으로 신기하고 재미있었을 것이다. 아무런 부끄럼도 모르고 오로지 상전들을 위해 몸과 마음을 다 바쳐 온 시대와 장복이지만 동물원 구경거리처럼 된 다음에야 어찌 낯이 뜨겁지 않을 수 있었겠는가? 또 연암의 글을 읽는 독자들은 어떤 생각과 감정을 가졌을 것인가?

사절단을 따라가는 하인들도 외교 사절의 일원으로 봐야 하는데도 타고 가는 말은 고사하고 신발이나 의복조차 제대로 지급하지 않은 조선 정부의 궁핍한 재정과 극심한 신분 차별의 실태를 알리고 싶었던 게 연암의 속마음이었는지도 모른다.

하인들의 종속 스트레스[4]

연암은 왜 조선 하인들의 이런 무례한 행패와 처참한 실상을 가감 없이 그대로 기록해 놓았을까? 글쓴이의 의중과 뜻, 고심처를 헤아리는 독서를 주창한 연암이었기에 단순한 사실 기록 이상의 메시지를 던지려고 의도했을 것으로 보인다. 신분 사회의 문제와 신분 차별에 대해 늘 비판적 시각으로 들여다보고자 했던 연암이 갑갑하고 엄혹한 신분적 제약 속에서 억눌려왔던 조선의 하인들이 자신들보다 약자로 보이는 청인들이나 몽고인들을 화풀이 대상으로 삼는 심리를 깊이 있게 궁구하고 따져봐야 한다는 의제를 던지고자 했을 가능성도 높다.

하인들에 대한 기사의 메시지는 두 방향에서 접근해 찾아볼 수 있다. 첫째는 마두들의 입장이다. 조선의 철갑 같은 신분 사회에서 비천한 마두들의 일상은 양반 사대부들로부터 온갖 멸시와 천대를 받고도 울분을 속으로만 삼켜야만 하는 삶이었다. 그러한 삶에서 그래도 국경 밖으로 나오면 그들의 위상은 조금 달라진다. 사절단의 행차가 전적으로 그들에게 의존하기에 내부적으로 어느 정도 목소리를 낼 수 있는 데다 하인들도 사절단의 일원이고 외국인이기 때문에 공식적으로 청국 정부의 보호를 받는다. 그런 만큼 청나라의 일반 주민들도 함부로 대하지 못할 것이다. 하물며 제3국에서 온 몽고인은 어떨 것인가?

조선 말몰이꾼들은 이런 위세를 이용해 시시콜콜한 트집을 잡아 볼품없는 청인들과 몽고인들을 괴롭히며 조선에서 그들의 가슴에 알게 모르게 쌓인 분노의 응어리를 엉뚱하게 풀었다. 다시 말해 평소에 겪었던 멸시와 천대에 대한 '앙갚음' 심리가 제3의 약자에게 폭발하는 것이다. 청인들을 '되놈'이라 부르는 조선의 풍속에 의지해 가슴속에 울화처럼 치밀어 있던 신분적 피해 의식이나 열등 의식을 자신들보다 더 못나고 약한 자로 인식되는 청인들에 대한 학대와 멸시로 보상받으려는 심리가 작용했을 법하다. 만만한 청인들과 몽고인들만 엄혹한 조선 사회 신분제도의 뜬금없는 희생양이 된 셈이다.

그런 행패를 부린 뒤에야 하인들은 인간으로서 최소한의 존재 가치를 확인이라도 하는 양 우쭐해한다. 비열하기 짝이 없는 호가호위狐假虎威이지만, 늘 개돼지만도 못한 대우를 받아온 하인들에게는 그나마 자신들도 다른 사람을 억누를 수 있는 힘이 있는 존재라는 사실을 체감하며 인간의 본능인 '자존감'을 느끼는 순간이기도 할 것이다. 연암의 나무람에 이런 장난이라도 치지 않으면 시간을 보낼 수 없다는 마두들의 대꾸가 스트레스에 따른 화풀이 본능으로 볼 수 있다. 열하일기 속에 있는 조선 하인들의 삶과 현실이 종속 스트레스 이론과 놀랍도록 일치하는 건 연암 기자의 고심처가 그만큼 깊었다는 방증이기도 하다.

연암도 중국 취재 길에서 마음에 맺힌 울화를 풀었다. 바로 호곡장이다. 좁은 땅에서 진영과 당파로 갈라져 티격태격 싸우고 나라의 살림과 백성의 삶보다는 숭명배청의 헛된 의리론에 얽매여 공리공담을 일삼는 데다 실현 가능성이 거의 없는 허황된 북벌론만 웅얼거리는 조선 사회의 답답한 현실을 드넓은 요동 벌판을 보고 여한 없이 통곡하며 질타하고 싶었을 것이다.

조선의 하인들이 신분적인 종속 스트레스에 시달렸다면 연암은 조선의 박제화된 성리학적 사고와 획일적 문화에 따른 정신적인 종속 스트레스에 괴로워했다고 볼 수 있다. 하인들이 만만한 청인들과 몽고인들을 상대로 스트레스를 풀었다면 연암은 드넓은 만주 벌판을 호곡장으로 삼아 스트레스를 풀었다.

조선 양반들에게 고함

다음으로 조선 마두들의 무도한 행패를 중립적, 객관적 입장에서 그대로 기록한 연암의 의도이다. "장난으로라도 시끄러운 짓을 하지 말라"라고 마두들을 꾸짖는 자신의 나무람까지 기록한 이유는 그에 대한 마두들의 대답을 통해 조선의 양반 사대부들에게 메시지를 던져주기 위해서다.

마두들의 무도한 행위를 보여줌으로써 조선의 양반 사대부들이 평소에 의식하지 못했던 신분 차별이나 멸시, 천대, 심지어 가학적 폭행 등이 얼마나 부질없는 짓인지 한 번 되돌아보도록 하려는 의도가 숨어 있다고 봐야 한다. 따라서 마두들에 대한 연암의 나무람은 하인들의 대꾸를 통해 사실 조선의 양반 사대부들에 대한 나무람으로 이어진다고 볼 수 있다. 마두들의 거친 행패 역시 자신들을 억누르고 천대하는 양반 계급에 대한 무력 시위일 수도 있다. 즉 자신들의 가슴속에 있는 분노를 상전들이 보는 앞에서 제 3자에게 발산하는 방법으로 상전들에게 간접적으로 항변과 경고의 뜻을 던지는 것이다. 양반 자신들을 한 번 되돌아보라는 이런 메시지가 바로 연암의 또 다른 고심처인지도 모른다.

판첸라마 소동과 냉철한 연암

8월 10일 오후 조선 사신단이 묵고 있는 열하 태학관에 군기처 대신이 황제의 명을 받들고 와서 티베트의 성승(판첸라마)을 만나 보겠는지 묻는다. 숭유억불의 나라 조선의 사신은 중국 사람과의 내왕은 무방하지만 다른 나라 사람과 감히 사귀지 않는 것이 작은 나라의 법도라며 완곡하게 거부한다. 사실상 황제의 명령을 거절한 답변이라 모두가 수

심에 가득 차 어쩔 줄 모른다.

잠시 후 군기처 대신이 다시 말을 타고 달려와 "티베트의 성승은 중국 사람과 같으니 즉시 만나라"라는 단호한 명령을 전달한다. 사절단에서는 판첸라마를 만나면 난처한 지경에 빠진다거나 예부에 글을 올려 이치를 따져보자는 말까지 나오며 벌집 쑤신 듯 우왕좌왕하는 분위기다. 그러나 연암은 무심할 정도로 차가운 입장을 견지한다.

나는 한가하게 놀려고 따라온 사람이니, 사신들의 일이 잘되고 못되고 간에 털끝만큼도 간섭할 수 없고, 또 나한테는 한 번도 의견을 묻거나 혹 내가 의견을 낸 적도 없었다.

아무리 사절단에서 직위와 역할이 분명하게 구분돼 있다고 하지만 정사가 자신의 삼종형이고 그 덕분에 중국 취재 길에 오를 수 있었기에 어떻게 보면 연암과 사절단은 운명 공동체나 마찬가지다. 더구나 황제의 명령을 정면으로 거절한 위기일발의 상황이라 무슨 봉변이 닥칠지 모른다. 이럴 땐 한 나라 대표단의 문제이니 일단 모든 지혜와 아이디어를 끌어모아 위기를 넘어가야 한다고 생각하는 게 인지상정이다. 그런데도 연암은 잘 되든 못 되든 털끝만큼도 간섭할 수 없다며 무섭도록 차가운 관찰자의 자세를 잡고 있다.

실제로 연암은 판첸라마 소동의 전말을 전하면서 일체의 편견bias이나 주관적 감정이입empathy없이, 마치 자신은 사신단과 전혀 관련이 없는 국외자인 양 본 대로 들은 대로 기록하고 있다. 모두가 어쩔 줄 모르는 급박한 와중에 도리어 연암은 홀로 기발한 생각을 한다. 이걸 좋은 기회라고 여기고 특종 기사를 쓸 상상에 젖는다.

이때 나는 마음속에 기발한 생각이 들며, "이건 정말 좋은 기회인데" 하기도 하고, 또 손가락을 뾰족하게 하여 허공에 동그라미를 그리며, "좋은 제목이야. 지금 만약 사신이 황제의 밀을 거부한다는 상소를 올린다면 의롭다는 명성이 천하에 울릴 것이고 나라를 크게 빛낼 터이지."

'좋은 제목이야'는 열하일기 원문에 '好題目也호제목야'로 되어 있다. 요즘 언론계 용어로는 '좋은 아이템'이나 '괜찮은 기삿거리' 정도로 볼 수 있겠다. 사신이 황제의 명을 거부하고 판첸라마를 만날 수 없다는 상소를 올린다면 청나라 조정에 난리가 날 것이다. '의롭다는 명성이 천하를 울릴 것이고 나라를 크게 빛낼 것'이라는 생각은 그만큼 시끄러운 큰일이 생긴다는 뜻으로 연암 기자에게는 대단한 특종 거리가 아닐 수 없다.

연암은 판첸라마를 둘러싼 사단이 더 불거질 경우에 취재할 기사를 상상하고 있었다. 기자가 아니고서는 가질 수 없는 생각이고 기자가 아니고서는 이해할 수 없는 행동이다. 연암의 기자적 상상력과 취재 의욕은 갈수록 가관이다. 이 대목에서는 판첸라마 사태를 예사로 보지 않았던 연암이 냉정한 자세를 잃고 감정적으로 흥분했던 상황도 엿보인다.

'사신이 저지른 죄인데 나라에 화풀이하지는 않겠지? 결국 사신을 저 멀리 운남雲南과 귀주貴州 쪽으로 귀양 보낼 테고 나는 의리상 조선으로 돌아갈 수는 없으니, 서촉西蜀이나 강남땅을 장차 밟게 되리라. 내가 놀러갈 일이 어찌 호화찬란하고 낭만적이지 않겠나?' 나는 마음속으로 기뻐 어쩔 줄 몰라 곧바로 달려서 밖으로 나왔다. 동쪽 행랑채 아래에 서서 이동二同, 건량 마두을 불러, "속히 가서 술을 사 오너라. 쩨쩨하게 돈 아까지 말고. 이제 너와도 작별이다" 라고 하였다.

자신의 삼종형인 정사를 비롯한 사신단은 명재경각命在頃刻의 고비에서 사색이 되어 있을 텐데도 연암은 놀러갈 일, 즉 취재 욕심에 완전히 엉뚱한 상상을 하고 있다. 이러한 연암의 생각을 사신단이 알았다면 연암은 아마도 조선으로 귀국하기가 어려웠을지도 모른다. 그러나 기자라면 연암의 이러한 상상을 충분히 이해하고도 남는다. 사건 사고 등을 다루는 초년병 시절의 기자치고 특종이나 단독 욕심에 엉뚱한 상상이나 가상을 해보지 않은 사람이 드물 것이기 때문이다. 그래서 연암 기자의 상상력에 공감을 하면서도 시대를 초월하는 기자들의 심리적 유사성에 놀라움 역시 금할 수 없다.

예부의 재촉에 조선 사신단은 결국 황제의 명을 받들기로 결정한다. 그러나 일행이 판첸라마를 접견하러 가는 길에 너무 늦었다며 다른 날을 기다리도록 하라는 황제의 조칙이 떨어졌다. 물론 강남으로 취재 가는 연암의 기대, '강남일기江南日記'의 꿈은 물거품이 됐다.

판첸라마의 이중적 가치

여기서 판첸라마를 둘러싼 입장이 조선 사신과 기자 연암의 사이에서 극명하게 엇갈린다는 사실이 드러난다. 서로의 목적이 다르기 때문이다. 조선 사신단의 입장에서는 숭유억불 정책이 조선의 건국 이념이고 자신들이 나라를 대표하고 있기에 판첸라마를 꺼릴 수밖에 없다. 기자 연암은 입장이 다르다. 그의 말대로 연암은 '한가하게 놀러온 사람', 즉 자유인으로 실질적으로는 스스로 기자의 역할을 수행하고 있다.

대중에게 알려지지 않은 새로운 사실이나, 기이하거나, 또는 큰 뉴스거리가 되는 내용과 인물은 제1의 취재 리스트다. 티베트라는 나라의 존재도 그렇거니와 황제가 받드는 판첸라마 같은 인물을 이런 기회에 취재하지 못하면 기자로서의 자격을 논할 수조차 없을 것이다. 사절단에게는 판첸라마가 꺼리고 기피해야 할 인물이지만 연암 기자에게는 반드시 만나야 할 인물인 것이다.

조선의 이념을 따라야 할 사신단과 기자 정신을 지켜야 할 연암. 서로의 역할과 정신에 투철했기에 판첸라마를 둘러싼 희비는 쌍곡선으로 엇갈릴 수밖에 없었고 판첸라마는 이중적 가치를 지니는 존재가 된 것이다. 당연히 조선 사신단은 청나라의 눈치를 보며 최대한 소극적으로 판첸라마를 대했고 연암은 그와 관련된 구석구석을 취재하고 다녔다. 판첸라마와 라마교, 판첸라마가 거처하는 찰십륜포를 비롯해 청나라 황제가 판첸라마를 지극하게 예우하는 이유 등을 상세하게 전하고 있다.

열하일기에서 라마교에 대한 문답인 '황교문답', 판첸라마의 내력을 기록한 '반선시말', 사신단이 판첸라마를 만나는 내용을 중심으로 한 '찰십륜포' 등 세 개의 장을 별도로 할애해 심층적인 보도를 한다. 이어 티베트와 몽고를 포함한 천하의 형세를 살펴 국방과 외교적 책략을 구사하는 청나라의 정책을 통찰력 있게 분석함으로써 열하일기의 백미를 장식하고 있다. 연암이 중립적이고 객관적인 기자적 자세를 유지하고 냉정한 관찰자의 역할을 하였기에 남길 수 있었던 역사적 기사이다.

6. 부조리 질타에는 성역이 없다 – 비판 정신

　신분의 지위 고하를 막론하고, 조직이나 단체의 영향력에 관계없이 언론의 감시와 비판의 잣대는 합당하고 공정해야 한다. 언론은 인간사의 정리에 거슬러 올라가는, 때로는 역린逆鱗도 거스르는 용기를 가져야 한다. 약한 데는 약한 대로, 강한 데는 강한 대로, 비판과 견제에 힘을 쏟아야 한다.

　그렇지만 동서양을 막론하고 전제 군주제가 주류였던 18세기에 이같은 잣대를 요구하고 들이대는 건 상대주의적 관점에서 볼 때 매우 불합리한 측면이 강하다. 그럼에도 18세기를 살았던 연암은 오늘날의 기준을 충족하고도 남을 비판 정신을 함양했고, 기사로서 그 정신을 증명하고 있다. 연암은 지위 고하나 정치 세력에 관계없이 부조리나 모순, 문제점에 대해서는 사심 없이 비판의 날의 세웠다. 조선 양반 세력의 이중성과 무지몽매에서부터 사신단의 관행적 부조리, 청나라 관리의 부패에 이르기까지 꺼리거나 눈치 보는 성역은 없었다.

　또 하나 빼놓을 수 없는 언론인의 요건은 자기 관리와 성찰이다. 남을 비판하기에 앞서 먼저 자신의 허물을 돌아보아야 한다. 나를 먼저 살피고 알아야 한다는, 언론인으로서 자기 관리에 철저한 연암의 자세를 보여주는 대표적인 글은 연암이 속해 있던 조선 선비 사회에 대한 비판이다.

조선 선비의 다섯 가지 망령

열하일기 '심세편'은 '형세를 깊이 살핀다'라는 말 그대로 연암이 열하에서 이뤄지는 청나라의 통치술과 외교, 문화 정책을 취재하고 분석한 뒤, 천하의 형세를 조망하며 쓴 명문이다. 천하 형세를 살피기에 앞서 연암은 먼저 중국을 유람하는 조선인의 망령된 의식과 자세를 따끔하게 질타하는데, 오래된 망령에서 벗어나지 않으면 천하를 제대로 볼 수 없다는 비판적 메시지이다. 중국을 방문하는 조선 선비의 다섯 가지 망령된 생각을 요약하면 다음과 같다.

〈조선 선비의 오망五妄〉

(1) 조선의 관향貫鄕을 가지고 중국의 명문세족을 업신여김.

(2) 중국 예법, 풍속, 문물 제도가 뛰어난 데도 한 줌 상투로 제일
   잘난 척하기.

(3) 중국에서 뻣뻣하고 거들먹거리는 태도를 고상한 운치로 여기
   는 사신들의 무례함.

(4) 과거 답안식의 시문詩文으로 중국에 제대로 된 문장이 없다는
   흰소리하기.

(5) 북경의 현실을 비분강개하여 노래를 부르는 인사가 없다고 탄
   식하는 행위

연암이 꼽은 다섯 가지 망령의 기저에는 그 당시 조선 사대부들의 숭명배청 사상이 뿌리깊이 사무쳐 있다. 마음속으로만 청나라를 무시하고 깔본 게 아니라 실제 행동과 태도에서도 배청 행위가 적나라하게 드러나고 있다. 무엇보다 사신단은 한 나라를 대표하는 외교 사절인데도 공식 석상에서 절하고 예를 갖추는 걸 부끄럽게 생각하고 공손하고 겸손한 태도를 치욕으로 여겼다고 한다. 그러니 외교의 역할은 도외시한 채 오로지 귀국 이후의 자신들의 체면과 명리名利만 생각하는, 꽉 막힌 사고의 세계를 다시금 생각해보지 않을 수 없다.

연암은 삼종형의 배려로 중국을 방문하는 기회를 얻긴 했지만 공연히 허세를 부리고 시대의 흐름을 읽지 못하는 조선 사절단에 대해 우호적 시각을 철저하게 배제하고, 오직 객관적 관찰자의 입장에서 냉정하게 평가하고 있다. 자신이 속해 있는 사절단을 대상화對象化하여 꼬집을 건 꼬집고 비판할 건 차갑게 비판하는 역할에 충실했던 것이다.

열하일기 '피서록'에는 '별단別單'이라는 기사가 있다. 별단은 사신단이 조선 임금에게 올리는 정식 보고서인 장계狀啓와는 달리, 공식 보고서에 첨부하는 비공식 보고서이다. 요즘으로 치면 일종의 '정보 보고'인 셈이다. 장계는 공식적인 행사나 회동, 방문 경과나 결과 등을 보고하는 것이기에 크게 문제될 게 없다.

그러나 비공식 보고서인 별단은 다르다. 연암은 사절단의 일원이면서도 중국 정보 장사꾼의 농간에 놀아나 엉터리로 별단을 작성하여 보고하는 사신단의 관행을 냉정하게 비판한다. 아무리 기자 정신이 투철하다 해도, 오랜 기간 생사고락을 함께 한 사절단 동료들의 잘못된 관행을 지적하는 건 쉽지 않은 일이다. 연암이 별단 작성 과정을 취재하여 부조리한 관행을 비판한 기사의 요약이다.

별단의 작성자는 서장관書狀官으로, 중국 방문 중에 자신이 보고 들은 내용 가운데 정보 가치가 있는 이야기들을 추려서 작성한다. 그러나 서장관들이 중국의 현실과 물정을 잘 모르고 정보를 얻을 만한 인맥이 없기에 비교적 중국 사정을 잘 아는 역관들에게 의존한다. 역관들이 의지하는 정보원들은 대개 각 관아의 하급 문관이거나 외국 사신을 접대하는 기관의 하급 관리인 서반序班이다.

문제는 이들 하급 관리들의 생활이 매우 궁핍하여 사신단에게 서책이나 지필묵 등 물건을 중개하여 이문을 뜯어먹거나 정보 장사를 한다는 사실이다. 중국의 비밀스러운 일을 알고 싶어 하는 역관들에게 황당한 거짓말을 하거나, 듣도 보도 못한 해괴망측한 말을 가지고 쌈짓돈을 우려낸다.

가령 정치에 관한 이야기는 좋은 내용은 싹 감추고, 잘못되거나 쭉정이 같은 내용만을 부풀려 지어내는 식이다. 심지어 있지도 않은 천재지변이나 요괴한 인물들의 일을 끌어모으기도 하고, 변방의 침략으로 일시 소란했던 상황을 극도로 과장하여 나라가 망할 화가 금방이라도 닥칠 것처럼 장황하게 나열하기도 한다. 이런 황당한 내용을 역관에게 주면 서장관에게 보고되고, 서장관은 자신이 보고 들은 것처럼 보고서를 만들어 임금에게 보고하는 것이다. 이런 관행이 100년이 됐다고 한다.

열하일기 '구외이문口外異聞' 편에는 실제로 엉터리 정보를 바탕으로 별단을 작성하는 사례까지 공개했다. '나약국서羅約國書'라는 정보 자료인데, 역관 조달동趙達東이 청나라 서반에게 얻어 별단으로 작성하다가 연암에게 보여준 국서다. 1779년 12월 나약국羅約國이라는 나라의 가달假㺚이 청나라 황제에게 올린 글로서, 중국이 현재에 만족하지 않고 자신의 땅을 넘보면 가만있지 않겠다는 내용이다. 자신도 강대공이나 손자 같은 전략이 있으니 중국에 양보만 하지 않고 전쟁을 하자면 할수 있다는 내용도 있다. 사실상 한번 붙어보자는 협박성 포고문이다.

조달동은 이 국서를 그대로 믿고 '세상이 아주 겁나게 돌아가고 있다'라며 별단을 작성하고 있는데, 연암이 보니 자신이 20년 전 유사한 문건을 본 기억이 났다. 당시는 황극달자黃極㺚子로 칭하는 자가 쓴 글이었다. 그때와 작성자만 다를 뿐 내용은 거의 그대로다. 나약국은 있지도 않는 나라인데도 정보 장사를 하기 위해 청나라 하급 관리들이 국서까지 위조했던 셈이다. 간사한 서반배가 오래 전에 써먹은 가짜 정보를 조선 사신들이 모를 거라고 생각되는 시점에 다시 꺼내어, 공금인 은화를 빼먹는 수작을 부린 것이다. 조선 역관들이 청나라 서반들에게 속아 바보놀음을 하고 있다는 연암의 지적에 서장관이 놀라 역관에게 주의를 주고 엉터리 별단 사건은 마무리되었다.

보통 통치자들은 공식적인 보고보다는 정보 보고로 전달되는 기밀성 내용에 더 큰 관심을 가지기에, 장계보다 별단이 국정에 더 큰 영향을 미칠 수도 있다. 조선의 허황된 북벌론이 멈추지 않았던 현실에는 이러한 엉터리 정보 보고가 영향을 미쳤을 가능성을 배제할 수 없다.

그런데도 중국의 하급 관리들이 돈을 노리고 꾸며낸 이야기가 백 년 이 래 계속 임금에게 엉터리 보고서로 들어가는 형국이었으니, 연암이 눈 을 감고 있을 수만은 없었을 것이다.

역관과 하급 관리에게 놀아나는 사신

청나라에서 조선 사신이 행사에 참석하고 떠나는 모든 일정을 예 부禮部가 관리한다. 예부에 소속된 주객사主客司가 사신을 맞이하고 접 대하는 일을 맡고 있다. 문제는 사신과 예부와의 뜻이 서로 맞지 않을 경우에 일어난다. 사신은 조선 역관을 통하고, 조선 역관은 중국 통관 에게 얘기하고, 중국 통관은 다시 예부의 중간 벼슬아치들에게 보고하 는 과정을 거쳐 상부에 보고가 되니 일이 제대로 진척될 리 만무하다. 이럴 때마다 사신은 역관에게 일의 성사를 독촉하고 역관은 상대인 중 국 통관이나 하급 관리인 서반에게 '뇌물'이라는 비책을 쓸 수밖에 없 다. 연암의 열하일기 '행재잡록' 편 기록이다.

사신이 의심이나 분노를 항상 역관에게만 퍼붓는 까닭은 대개 말 이 서로 통하지 못해 피차가 역관의 혓바닥에만 의존하기 때문이 다. 사신은 자신이 속지 않았나 의심을 품고, 역관은 이를 밝히기 어려워 항상 원망하게 되니, 상하의 사정과 처지가 막혀서 서로 통 할 수 없다. 사신이 역관에게 책임을 독촉하면 할수록 서반과 통 관의 농간이 더욱더 심해져, 일이 되고 안 되고 혹은 빠르고 더딤 이 처음부터 그들의 수중에 놀아나게 되어 있다. 그래서 걸핏하

면 뇌물을 찾게 되고 해가 갈수록 점점 증가하게 되어 이제는 아
주 관례가 되었다.

연암의 걱정은 위급한 일로 사신이 파견될 상황이다. 그때도 사신
은 숙소 깊숙이 앉아 서반이 하는 일이나 쳐다보게 되어, 그들이 예부
와 관련된 모든 일에 공공연히 농간을 부릴 것이라는 염려이다. 이어
연암은 중국을 오랑캐라고 여기고 모든 일을 역관에게 맡겨버리는 조
선 사신단의 편협한 관행을 질타한다.

청나라가 일어난 지 140여 년이 지났건만 우리나라의 사대부들은
중국을 오랑캐라고 여겨 수치스럽게 생각한다. 사신의 일을 받들
고 가면서도 문서를 주고받는 일이나 청나라 정세의 허실에 관해
서는 일체 역관에게 맡겨버린다. 지나는 길 2천여 리 사이에 있는
지방 장관이나 관문의 장수들을 만나 보지 않을 뿐 아니라, 그 이
름조차 알지 못한다.
이로 말미암아 통관들이 공공연히 뇌물을 요구해도 우리 사신은
그들의 조종을 달게 받으며, 역관은 허둥지둥 명을 받아 거행하기
에 급급하고, 마치 그 사이에 무슨 크고 중요한 일이라도 항상 숨
겨져 있는 듯이 행동한다. 이는 사신들이 함부로 우쭐거리고 자기
편한 대로만 하려는 잘못에서 나온 것이다.

조선 사신단과 중국 하급 관리들 사이의 고질적 관행은 연암이 중

국 여정 중에 친밀해진 역관들이나 마두들로부터 취재한 것으로 보인다. 자칫 취재원을 밝힐 경우 그들이 받을 불이익을 생각해 취재원 공개는 생략한 것으로 추정된다. 대신 연암 자신이 비판과 함께 대책까지 촉구하고 있다.

> 사신이 역관에게 일을 맡기면서 지나치게 의심을 하는 것은 사람으로서 할 정리가 아니고, 그렇다고 지나치게 믿는 것 역시 옳지 않다. 만약 하루아침에 무슨 걱정거리라도 생긴다면 삼사三使, 정사, 부사, 서장관는 묵묵히 서로 얼굴만 쳐다보고 한갓 통역관의 입이나 올려다보고 말 것인가? 사신된 사람은 불가불 이에 대한 대처 방법을 강구하지 않을 수 없을 터이다. 연암은 쓰노라[연암지, 燕巖識].

이런 따끔한 충고를 연암 기자가 아니면 누가 할 수 있었을까? 마지막에는 연암 자신의 의견임을 밝히는 바이라인까지 붙여 놓았다.

중국 예부도 비판하다

당시 조선 사신단은 모든 일정을 관리하는 예부와 충돌을 빚은 적이 적지 않았다. 판첸라마의 접견을 두고도 버티는 사신과 예부상서 간에 고성이 오갔으며 접견 절차와 판첸라마의 불상 선물을 두고도 신경전이 오고갔다. 8월 15일 조선 사신단이 열하를 떠나는 아침, 조선 사신단이 황제에게 올린 글을 예부에서 마음대로 고쳐 올린 사실이 알려져 사신단에 또 비상이 걸렸다.

세 사신이 논의하기를, "지금 북경으로 돌아갈 상황인데, 예부에서는 우리에게 통지도 하지 않고, 우리가 올린 글을 몰래 고쳐서 황제께 올렸습니다. 이 일은 비단 지금 당장에도 크게 해괴한 일이거니와, 이를 알면서도 바로 잡지 않는다면 장래에 큰 폐단이 될 것입니다. 마땅히 예부에 다시 글을 올려서 몰래 고친 일을 따진 뒤에 출발해야 합니다"라고 하고는, 드디어 담당 역관을 시켜서 예부에 글을 올리게 하였다.

그러나 예부는 조선 사신단의 글은 말뜻이 애매하고, 고마워하고 머리를 조아리는 내용이 없어 사신단을 위해 글을 영광되게 고쳐주었다며 물리쳤다. 그러고는 조선 사신단에게 빨리 열하를 떠나라고 재촉했다. 연암이 목격하고 취재한 예부의 그릇된 행실은 이것뿐만이 아니다. 황제가 사신에게 특별한 은전을 베푼 것이 있으면 예부에서는 황제에게 감사의 글을 올리라고 독촉했다. 연암의 눈에는 예부의 이런 행태가 대국의 체통보다는 황제에게 아첨만 하는 부조리로 보였다.

사신이 머리를 조아리고 사례를 할 것인지는 사신의 자유다. 대국의 체통으로 보더라도 비록 외국의 사신이 개인적으로 감사하다는 글을 올려 황제에게 아뢰어달라고 요청하더라도 마땅히 번거롭고 자잘하며 소란을 떤다는 이유로 물리쳐야 할 것이다.
그런데도 지금은 그렇게 하지 않고, 오직 황제에게 올리는 글이 뒤처질까, 제 때에 황제에게 아뢰지 못할까 걱정을 하며, 심지어는 우리 사신에게 묻지도 않고 몰래 글귀를 고치기까지 하였다. 큰 체통은 돌아보지 않고, 단지 일시적으로 황제를 기쁘게 할 거리나 찾음으로써 스스로는 윗사람을 속이는 죄과를 범하고 외국의 멸시를 달게 취하고 있다. 예부가 이 모양이니 다른 부서야 짐작할 만하다.

대국에서 어찌 그리도 천박하고 속이 보이는 짓을 하는지, 예부에서 본받을 만한 게 없다고 질타한다. 황제를 기쁘게만 하려는 예부의 미봉책을 사신되는 사람은 마땅히 살펴야 한다는 충고도 잊지 않았다.

7. 취재의 궁극적 목적은 '공공의 선' – 공공 정신

역사가와 소설가, 그리고 기자

〈사기史記〉의 저자 사마천이 역사적 현장을 취재했듯이 역사가는 역사적 사실을 밝혀내기 위해 취재를 한다. 현시대의 현장이 아니라 주로 과거의 역사적 현장이나 자료가 취재 대상으로, 역사적 가치와 중요성이 취재 기준이다. 소설가의 취재는 현장과 제재 취재에 과거나 현재를 가리지는 않지만 오로지 소설의 구성과 관련된 현장이나 재료가 대상이며 나중에 취재 사실은 허구와 뒤섞여 소설의 스토리를 구성하는 한 요소가 된다. 따라서 개연성 있는 허구적 구성에 유용한 정도가 소설가의 취재 기준이다. 기자들이 있지도 않았거나 사실 확인을 제대로 거치지 않은 소문 등을 기사로 쓸 때 흔히 "소설 쓰고 있네"라는 말을 하는 이유도 이 때문이다.

기자가 취재하는 현장이나 재료 역시 소설가와 마찬가지로 시대를 초월한다. 다만 기자에게는 대중에게 뉴스 가치가 있는 현장이나 제재가 취재를 하고 글을 쓰는 대상이 된다. 그러므로 기자의 취재에는 대개 대중the Public에게 새로운 사실이나 정보를 전달하기 위한 목적이 있다.

이처럼 역사가는 역사적 사실을 기록하기 위해, 소설가는 허구적 구성을 위해, 기자는 현시대에 뉴스 가치가 있는 사실을 알리기 위해 취재를 한다는 점에서 당장의 표면적 목적은 분명히 다르다.

하지만 역사가나 소설가나 기자나 취재의 근본 목적을 따져 들어가면, 두 평행선이 소실점消失點에서 만나 듯, '인간의 삶에 도움이 되도록 한다'라는 한 점으로 모아진다. 역사를 연구하고 소설을 쓰고 기사를 쓰는 이유는 전문 영역에서 각자의 취미나 개인적 만족을 위해서가 아니라 대중과 사회에 유용한 수단과 재료를 제공하기 위한 점이라는 데서 그 궁극적인 지향점은 동일하다. 또한 현시대가 흐르면 과거가 되고 현시대의 역사적 사건이나 소설, 기사도 모두 과거의 존재와 사실로 되어 똑같이 역사의 재료가 된다는 점에서 장기적으로는 같은 운명의 길에 오른다. 이처럼 궁극적 운명도 같고 궁극적 목적도 같기에 모든 취재 행위는 '공공公共의 선善'에 맞닿아 있다고 볼 수 있다.

부민강국富民强國의 꿈, 열하일기

연암은 소설을 쓰기 위해서 취재를 하기도 했고, 기사를 쓰기 위해 취재하기도 했다. 〈민옹전〉의 주인공인 불우한 선비 출신 민유신 등 당시 조선 사회 이야기꾼들이나 하층민들을 만나 이야깃거리를 취재하여 조선 사회의 모순을 질타하는 소설들을 썼고 중국 열하까지 다녀오면서 조선인들에게 세상을 알리는 기사들을 남겼다. 소설이나 기사의 궁극적 목적은 조선 사회의 개혁과 부민강국이었다. 열하일기가 처음 필사본 형태로 조선 사회에 유통될 당시에는 내용 하나하나가 모두 유익한 뉴스였다. 연암이 기자의 자세와 정신으로 현장을 취재하고 어떤 편견도 없이 사실을 보도하고 할 말을 했기 때문이다.

열하일기에는 취재의 궁극적 목적이 분명하게 적시돼 있다. 바로 "천하대세를 보고 천하지우를 근심한다"라는 내용이다. 당시 선진국인 청나라가 발전된 문물과 제도, 실리적 외교를 바탕으로 동북아 질서를 잡아가는 큰 형세를 살펴본 뒤 우물 안 개구리 격인 후진국 조선이 안고 있는 문제점과 부민강국의 방법을 고뇌하며 조선에서의 공공선을 추구했다. 열하일기에서 구체적 목적으로 가장 자주 등장하는 주제는 이용후생이다. 유득공柳得恭이 쓴 것으로 보이는 열하일기 서문에도 목적이 그대로 나와 있다.

중국의 노래나 가요에 관한 것, 풍습에 관한 기록도 사실은 나라의 치란治亂에 관련된 것들이고, 성곽과 궁실에 관한 묘사라든지, 농사짓고 목축하며 도자기 굽고 쇠를 다루는 것들에 대한 내용은, 그 일체가 기구를 과학적으로 편리하게 사용하여 민생을 두텁게 하자는 이용후생의 길이 되는 내용으로 모두 열하일기에 들어 있다. 그리하여 열하일기라는 책은 글을 써서 교훈을 남기려는 취지에 어긋나지 않게 되었다.

"가난하여 죽고 싶다"라는 우리 백성들을 구제하겠다는 꿈을 지녔던 연암. 그의 취재와 논평들을 간략하게 훑어봐도 취재 목적이 무엇이었는지를 알 수 있다.

비록 외양간, 돼지우리라도 널찍하고 곧아서 법도가 있지 않은 것이 없고, 장작더미나 거름구덩이까지 모두 정밀하고 고와서 마치 그림과 같았다. 아하! 제도가 이렇게 된 뒤라야만 비로소 이용利用이라 말할 수 있겠다. 이용을 한 연후라야 후생厚生을 할 수 있고, 후생을 한 연후라야 정덕正德을 할 수 있겠다. 쓰임을 능히 이롭게 하지 못하고서 삶을 두텁게 할 수 없다. 삶이 두텁지 않으면 어찌 자신의 덕을 바로 잡을 수 있겠는가?

벽돌을 예찬한 것도 이용후생을 위한 연암의 취재 목적을 확실히 말해준다.

집은 오로지 벽돌로만 짓는데 흙으로 구워 벽돌을 만든다. 길이는 한 자, 폭은 다섯 치이고, 가지런히 포개면 네모반듯하고 두께는 두 치이다. 하나의 틀에서 찍어내지만, 벽돌귀가 떨어지거나 모서리가 닳아빠지거나 몸체가 휜 것은 사용하지 않는다. 이상이 있는 벽돌은 자귀로 깎고 숫돌로 갈아 가지런하게 만드니 만장의 벽돌이라도 모양이 똑같다. 한 장이라도 불량품을 사용하면 집 전체를 망친다.

벽돌로 담을 높이 쌓고 실내외와 넓은 뜰까지 모두 벽돌로 까니 모두 반듯반듯 바둑판과 같다. 집이 벽에 기대어 위는 가볍고 아래는 완전하며 기둥은 벽 속에 있어 비바람을 겪지 않는다. 불이나 좀도둑을 겁낼 필요 없고 참새와 쥐, 뱀, 고양이도 염려할 필요 없다.

정중앙의 문을 닫아걸면 성벽의 보루가 되어 방 안의 물건들은 마치 궤짝 속에 감춰둔 것과 같아진다.   – 6월 28일, 봉황성을 지나며

도처에 관운장의 사당이 있으며 몇 집만 모여도 반드시 큰 가마가 한 채씩 있어 벽돌을 구웠다. 틀에서 찍어내 볕에 말리고 구운 벽돌을 산더미처럼 쌓아놓았다. 대개 벽돌이 일용 물건 중에서 가장 긴요하기 때문이다.   – 6월 29일, 삼가하를 지나며

한심한 목축 7대 실상

연암은 조선의 목축에 대한 문제점을 다음과 같이 꼽았다. 요즘의 신문 사설이나 논설, 칼럼과 비교해도 손색이 없을 정도로 체계적이고 과학적이며 논리 정연한 실태 비판이다.

내가 연암골에 살게 된 까닭은 일찍부터 목축에 뜻을 두었기 때문이다. 연암골이 첩첩산중인 데다 물과 목초가 아주 좋아 소, 말, 노새, 나귀 수백 마리를 키우기에 충분했다. 나는 우리나라가 목축의 요령을 제대로 얻지 못해 이토록 가난하다고 일찍부터 말해왔다. 우리나라의 가장 큰 목장은 탐라제주도에 있는데 이곳 말들은 모두 원나라 세조가 방목한 이후 400~500년 동안 종자를 바꾸지 않았다. 우수한 준마들도 결국 조랑말인 과하마果下馬나 느림뱅이 관단마款段馬가 되고 마는 건 필연적 이치이다.
그런데 이 느림뱅이 조랑말을 궁궐을 지키는 장수들에게 내주고

있다. 고금 천하에 장수가 느림뱅이 조랑말을 타고 적진을 향해 달리는 꼴이 있을까? 이것이 첫째로 한심한 일이다. 임금부터 장수들까지 타는 말들을 대부분 요동이나 심양에서 사들이고 있다. 요동과 심양의 길이 끊어진다면 장차 어디서 말을 구할 것인가? 이것이 둘째로 한심한 일이다. 임금이 거동할 때 조정의 백관들은 대부분 말을 빌려 타거나 나귀를 타고 따른다. 이런 모습으로 제대로 위의를 갖출 수 없으니, 이것이 셋째로 한심한 일이다. 옛날 중국에는 100리 강토에 불과한 나라라도 대부쯤 되면 수레 열 대는 가졌는데 우리나라 대부의 집에는 수레 몇 대도 없으니, 이것이 넷째로 한심한 일이다. 병졸 100명을 거느리는 삼영三營 군관들이 가난하여 탈 말이 없고 군사 조련에는 임시로 삯말을 내어 타니, 이것이 다섯째로 한심한 일이다. 한양에 장수가 이럴진대 팔도에 두고 있는 기병도 이름만 있고 실상이 없을 것이니, 이것이 여섯째로 한심한 일이다. 국내 역말들은 한 번 손님을 태우고 나면 짐을 잔뜩 실은 탓에 너무 힘들어 죽지 않으면 병이 드니, 이것이 일곱째로 한심한 일이다.

여기에 다른 이유는 없다. 말을 다루는 방법이 틀렸고, 말을 먹이는 방법이 옳지 못하고, 좋은 종자를 받을 줄 모르고, 목축을 맡은 관원이 목마牧馬에 무식하기 때문이다. 그런데도 채찍을 잡고 말 앞에 나서서 국내에는 좋은 말이 없다고 떠들어댄다. 이런 한심한 일은 하나하나 손으로 꼽을 수도 없다.

연암은 청나라 사람들이 말을 몰고 달리는 비체법飛遞法을 인상 깊게 살폈다. 앞에 있는 사람이 노래하듯 소리를 지르면 뒤에 있는 사람은 그 소리에 응해 마치 범을 경계하듯 큰 소리를 질러 메아리가 언덕과 골짜기에 진동한다. 그러면 말이 일시에 말발굽을 내달아 바위, 계곡, 시냇물, 숲, 덩굴을 가리지 않고 뛰어오르고 내달린다. 이렇게 나는 듯이 말을 달리고 교대로 바꾸어 타는 기마 방식이 비체법이다.

반면 조선에서는 쇠잔한 쥐새끼 같은 과하마를 탈 때도 반드시 견마牽馬를 잡히고 옆에서 끌어안아 떨어질까 걱정하니 비체법으로 탈 수가 없다. 옷소매가 넓고 견마를 잡히는 문제, 마부가 말의 길을 막는 문제, 말에 대한 학대, 거추장스러운 마구, 말의 재갈 등 조선 기마의 위험성을 조목조목 나열한다. 연암이 그 실례로 든 임진왜란 때의 한 사례다.

임진왜란 때 이일李鎰 장군이 상주에 진을 쳤는데, 멀리 숲 덤불 속에서 연기가 나는 것이 보여 군관 한 사람을 보내 살펴보게 하였다. 군관은 좌우에서 말을 몰게 하여 거들먹거리며 가다가, 생각지도 않게 다리 아래에 숨었던 왜놈 둘이 갑자기 튀어나와 칼로 말의 배를 찔렀는데 군관의 목은 이미 잘려나갔다. 서애西厓 유성룡柳成龍은 현명한 재상으로 〈징비록懲毖錄〉이란 책을 지어 이 일을 기록해서 잘못됨을 지적하여 비웃은 적이 있다. 그런데도 잘못된 습속은 그런 난리와 어려움을 겪고도 좀처럼 고칠 수가 없다.

연암의 한탄은 말도 제대로 타지 못하는 사람들이 비체법으로 날아 가듯 달리는 청나라를 어떻게 몰아내겠다고 하는 것인지, 허황된 북벌 론 대신 우선 목마 산업부터 제대로 진흥시켜야 한다는 말이다.

8. 양고기를 잊고 취재에 빠지다 – 취재 열정

취재 열정의 상징, '망양忘羊 정신'

기자의 경우 세상의 정보가 심연처럼 깊고 넓어 파고 파도 끝이 없으며, 사회나 대중에게 미치는 영향이 지대하기 때문에, 다른 어떤 직업군의 종사자보다 더 뜨겁고 끝없는 열정을 요구한다. 열하일기에서 이러한 기자적 열정을 보여주는 대표적인 단락이 '망양록'이다. 말 그대로 차려놓은 양고기를 먹는 것도 잊고 취재에 몰두했다는 뜻이다. 열하의 태학관에서 윤가전, 왕민호와 함께 음악을 논할 때인데, 이 제목의 탄생 경위는 '망양록' 서문에 나와 있다.

윤형산은 오로지 나를 위하여 양을 통째로 쪄서 내놓았다. 그때 한창 음악의 악률이 고금에 어떻게 다른가를 논하고 있어서 양을 차려 놓은 지 꽤 오래되었으나 먹으라고 권하지 못했다. 이윽고 윤공이 "양을 아직도 쪄서 내오지 못했느냐?"라고 물으니, 모시는 사람이 "진작 차려 놓았는데 벌써 다 식었습니다"라고 대답했다. 윤공은 나이가 들어 정신이 없다며 나에게 사과했다. 나는 "옛날 공자님께서 순임금의 음악인 소韶를 들으시고는 고기 맛을 잊었다고 하더니, 지금 제가 학식 있는 고매한 이야기를 듣느라 양 한 마리를 통째로 잊은 꼴입니다"라고 했다. 드디어 그 필담한 내용을 차례로 정리하여, '양을 잊었다'라는 뜻의 '망양록忘羊錄'이라고 편의 이름을 짓는다.

연암과 윤가전이 넓고 깊은 식견을 바탕으로 주고받은 대담이 고봉과 준령의 격조와 품위를 우려내고 있다. 연암은 이러한 고품격의 대화로 장시간의 취재를 이어나갔다. '망양 정신'을 가히 기자들의 취재 열정을 상징하는 말로 불러도 전혀 부족함이 없을 것이다.

열하일기의 기록으로 볼 때 연암의 철야 취재는 사흘 동안 이뤄졌다. 심양에서 2박 3일을 머물 때 이틀 연속 심양 상인들과 철야 인터뷰를 진행하며 골동품 위조 방법과 조선에 유통되는 방식을 밝혀낼 수 있었다. 열하에서는 8월 13일자 기사에만 닭이 두 번이나 홰를 치고서야 숙소로 돌아왔다는 기록이 있으나 다른 날에도 대부분 심야까지 필담 인터뷰가 진행된 것으로 보인다.

여기다가 술과 고기가 곁들여지고 연암의 폭넓은 지식과 품격있는 유머까지 가미되었으니 청나라 취재원들이 만주족과 한족의 갈등이나 판첸라마에 대한 마음 깊숙한 생각을 진솔하게 토로할 분위기가 무르익을 수 있었다. 열하의 취재 기록인 '곡정필담'이나 '망양록', '황교문답', '반선시말', '찰십륜포', '심세편' 등 주옥같은 대작 기사들이 바로 이 심야 취재의 산물이다. 물론 낮에도 취재를 쉬지 않았다. 열하에서 곡정 왕민호와 나눈 필담을 기록한 '곡정필담' 서문에 나오는 내용이다. 연암의 취재 열정에 대하여 더 이상 어떤 말도 필요 없는 대목이다.

다음 날 사신은 5경更, 새벽 3~5시에 일어나 조정 반열에 참여하러 갔고, 그 시각에 나도 함께 일어났다. 바로 곡정에게 가 촛불을 밝히고 이야기를 했다. 도사都司 학성郝成도 같이 만났는데, 윤공윤가전은 새벽에 이미 조정에 들어갔다. 밥을 먹으며 필담하느라 종이 서른 장을 갈아 치웠으니, 인시寅時, 새벽 3~5시에서 유시酉時, 오후 5~7시까지 무려 열여섯 시간이었다. 학성은 늦게 참여하다가 먼저 갔기 때문에, 필담의 초고를 정리하고 차례를 정하여 이를 '곡정필담'이라고 하였다.

특종 취재를 위한 고난의 열하 행군

8월 1일, 천신만고 끝에 연암 일행이 북경에 도착했을 때만 해도 취재 여정의 최종 목적지는 북경이었고, 열하는 꿈에도 생각하지 않았다. 연암과 열하와의 인연은 나흘 뒤인 8월 5일 새벽, 황제가 조선 사신단에게 "열하로 오라"라고 했다는 지시가 전달되면서 시작된다. 북경이냐, 열하냐? 연암은 열하 행을 결단한다. 여태껏 조선인 그 누구도 가보지 않았고, 최고의 취재원인 황제가 있는 곳이라 기자로서는 당연한 선택이지만 취재 일정은 완전히 뒤틀려버렸다.

황제의 명에 따라 사신단은 8월 초아흐렛날까지 도착해야 하므로 열하로 가는 길은 말 그대로 고난의 길이었다. 험난한 준령과 좁은 협곡을 지나 만리장성을 넘어야 했고 비가 많이 내려 불어난 강물을 하루에 아홉 번이나 건너야 한 적도 있었다. 하인 창대는 말발굽에 발이 밟혀 큰 상처를 입는 바람에 다리를 질질 끌면서 걸어야 했다. 일정에

쫓겨 강행군을 하느라 무엇보다 쏟아지는 졸음을 참는 게 가장 힘들었다. 연암은 졸음과의 사투를 특유의 필치와 표현력으로 실감나면서도 재미있게 기록하고 있다.

서서 잠을 자다 ― 모두 나흘 밤낮으로 오면서 눈 한번 제대로 붙여 보지 못했으니 하인 중 가다가 잠시 발을 멈추고 있는 자는 모두 서서 잠을 자는 것이다. 나 역시 쏟아지는 잠을 견딜 수 없다. 눈꺼풀이 무거워 마치 구름장이 드리워지듯 자꾸 내리깔리고, 하품은 파도가 밀려오듯 쉴 새 없이 쏟아진다. 어떤 때에는 눈을 뜨고 사물을 보는데도 이상한 꿈속에 있는 것 같고, 어떤 때에는 남들에게 말에서 떨어질 것 같다고 조심을 시키면서도 정작 내 몸이 안장에서 기울어지기도 한다.

수백 명의 첩妾과도 바꾸지 않으리라 ― 비록 고래 등 같은 기와집에 온갖 음식을 상에 그득히 차려 놓고 시중드는 첩이 수백 명 있다 할지라도 결코 바꾸지 않으리라. 차지도 덥지도 않은 적당한 두께의 이불을 덮고, 깊지도 얕지도 않은 적당한 술잔의 술을 마시며 장주인지 나비인지 모를 몽롱한 꿈을 꾸는 황홀한 심경과는 결코 바꾸지 않으리라.

꿈속에서 잠을 꿈꾸다 ― 나는 길옆에 서 있는 바위에게도 맹세했다. 앞으로 연암 골짜기 나의 집으로 돌아가면 일천 하루를 잠 잘 것이다. 그리하여 우렛소리처럼 코를 골아 천하의 영웅들이 모두 젓가락을 떨어뜨리게 만들 것이며, 미인들이 수레를 타고 달아나도록 만들 것이다. 그렇게 하지 않는다면 저 구부정한 바위가 되겠다고. 정신을 차려 보니 이것 역시 꿈이었다.

음식까지 잠으로 보이다 – 숙소에 도착하니 음식을 내왔는데, 심신이 고달프고 피곤하여 숟가락을 드는 것이 천 근 무게를 드는 것 같고, 혀를 놀리는 것이 100근 무게를 움직이는 것 같다. 한 상 가득한 소채와 구이가 모두 잠으로 보이고, 촛불의 불빛이 무지개처럼 퍼지고 빗살이 꼬리별처럼 사방으로 퍼진다.

일천 하루. 천일야화에 나오는 날수와 같다. 천일야화가 조선에 전해져서 연암이 읽었을까? 어쨌든 잠을 못자는 여정이 얼마나 힘든지를 독자들도 함께 체험하는 느낌이 든다. 열정과 의지로 악전고투하며 이러한 난관을 이겨내었기에 단순한 기행문 '연행일기'가 아니라 '열하일기'라는 옥동자를 탄생시킬 수 있었다.

9. 인기 폭발한 조선 청심환 – 철저한 취재 준비

취재 열정은 취재 준비에서부터 나타난다. 중국에 가기 전에 연암이 취재를 염두에 두고 철저한 준비를 했다는 사실은 열하일기 첫 편인 '도강록'에서부터 나온다. 첫날 압록강을 건너는 6월 24일 기록이다.

마부 창대昌大는 앞에서 견마를 잡고, 하인 장복張福은 뒤에서 분부를 받들었다. 말 안장에 달린 두 개의 주머니에는, 왼쪽은 벼루, 오른쪽은 거울, 붓 두 자루, 먹 하나, 작은 공책 네 권, 이정里程을 기록한 두루마리가 들었다. 행장이 이렇게도 가벼우니 국경의 짐 검사가 제아무리 까다롭다 하더라도 염려할 것이 없겠다.

마부 창대와 하인 장복은 취재진, 엄밀하게는 취재를 보조하는 스태프staff이다. 벼루와 붓, 먹은 필기 도구요 공책은 취재 수첩이고 이정록里程錄은 취재 자료다. 취재와 직접적으로 관련 없는 짐은 거울뿐이었다.

치밀한 사전 조사

취재를 위한 인적, 물적 준비 못지않게 필수적인 준비는 취재할 지역이나 인물, 현안 등과 관련된 기초적인 자료와 정보를 충분히 조사하여 습득하는 사전 학습이다. 연암은 사절단 동행이 결정되면서 이전에 중국에 다녀왔던 사람들의 연행록을 대부분 숙지한 것으로 보인다. 열하일기 7월 2일자에 앞서 중국에 다녀온 오성鰲城 이항복李恒福과 노가재老稼齋 김창업金昌業이 모두 벽돌의 이로움을 설명했지만 가마의 제도에 대해서는 논한 게 없어 아쉽다고 한 기록이 이를 뒷받침한다.

또 이미 중국에 다녀와 〈의산문답醫山問答〉을 지은 담헌湛軒 홍대용洪大容은 열하일기 곳곳에 언급되고 있다. 담헌과 연암은 둘도 없는 벗이었기에 취재의 사전 준비를 하는 데 얼마나 도움이 됐을지는 능히 짐작이 간다. 연암은 담헌이 북경에서 사귄 반정균 등을 수소문하기도 했다. 1778년 함께 북경을 다녀온 무관懋官 이덕무李德懋와 초정楚亭 박제가朴齊家와도 매우 친분이 두텁고 자주 교류하는 사이여서 청나라의 문물과 제도, 발전상에 대해서는 이미 충분히 이야기를 들었을 것이다. 실제로 연암은 박제가가 북경을 방문하고 쓴 〈북학의北學議〉의 서문을 쓰기도 했다.

뿐만이 아니다. 북경을 향해 가는 길에서도 어떻게 취재할지를 고민했다. '곡정필담' 부기附記에 학식이라곤 전혀 없는 자신이 맨손으로 중국에 들어갔다가 위대한 학자라도 만나면 무엇을 가지고 의견 교환을 하고 질의를 할 것인지를 생각하니 걱정이 되고 초조했다는 고백이 들어있다. 그래서 예전에 들은 지전설地轉說과 달의 세계 등을 말 고삐를 잡고 안장에 앉아 졸면서 이리저리 생각을 풀어내었다고 했다. 인터뷰 연습까지 했다는 기록도 있다.

무려 수십만 마디의 말이, 문자로 쓰지 못한 글자를 가슴속에 쓰고, 소리가 없는 문장을 허공에 썼으니, 그것이 매일 여러 권이나 되었다. 비록 말이 황당무계하긴 하나, 이치가 함께 붙어 있었다.

자꾸 대담 준비를 하며 연습을 하니 논리가 섰다는 말이다. 말 안장 위에서 한 이런 생각들이 비록 하룻밤을 자고 나면 스러졌지만 다음 날에는 새로운 생각이 샘솟았다고 한다. 가까운 경치가 지나가면 뜻밖에 기이한 경치가 나타나듯 돛을 따라 새로운 세계가 수시로 열리듯, 끊임없는 고민으로 새로운 취재 아이디어를 내내 찾아서 쌓아가고 있었던 것이다. 이런 생각들이 긴 여정에 훌륭한 길동무가 되고 지극한 즐거움이 되었다고 한다.

열하에 갔던 조선 사절단이 북경에 도착한 날 저녁, 역관들이 연암의 방으로 모인다. 여러 사람이 연암의 오른쪽에 있는 보퉁이를 힐끔거리며 쳐다본다. 속에 무슨 선물이 들었나 생각하는 모양새다. 연암은 창대를 시켜 보따리를 풀게 하여 자세히 살펴보게 했다.

특별한 물건은 없고 단지 지니고 갔던 붓과 벼루뿐이었으며, 두툼하게 보였던 것은 모두 필담을 하느라 갈겨 쓴 초고와 유람하며 적은 일기였다. 그제야 사람들은 궁금증이 풀렸다는 듯 웃으며, "어쩐지 이상하다고 생각했지. 갈 때는 보따리가 없더니 돌아올 때는 보따리가 너무 커졌다고 했지"라고 하는데 장복도 서운한지 머쓱한 표정으로 창대에게, "특별 상금은 어디 있는 거야?"라고 한다.

열하일기에서 매일 일기체 형식으로 쓴 글의 맨 마지막 대목이다. 연암의 중국 여행 목적은 오로지 취재이며, 열하에서도 줄곧 취재만 했다는 사실을 암시하고 있다.

훌륭한 취재 사례품, 청심환

연암이 따라간 조선 사절단이 가져간 취재 사례용 물품 중에서도 청나라에서 가장 인기가 높았던 선물은 청심환이었다. 열하일기에 등장하는 인물과 물건 가운데 청심환이 연암 다음으로 자주 등장할 정도로 현지의 관심도 많이 끌었고 취재를 하는 데 큰 역할을 했다. 열하일기에서 청심환과 관련된 내용이 모두 열다섯 번이나 나올 정도다.

청심환을 얻기 위해 조선 사절단의 환심을 사려는 중국인도 나오고 사절단에서는 선물이나 사례용로 청심환을 수시로 내놓는다. 기꺼이 돈을 주고 청심환을 사고자 하는 중국인도 적지 않았다. 심지어 청심환을 얻기 위해 간교한 술책까지 부리는 중국인들의 사례까지 소개되고 있으니 당시 조선 청심환의 인기가 어느 정도였는지 짐작할 수 있겠다.

연암 일행은 6월 28일 봉황성에 이르기 직전 강영태康永太라는 한족의 집에서 점심을 먹었는데 그때 처음으로 청심환을 사례로 꺼내 주는 기록이 나온다. 7월 3일 만난 부도삼격富圖三格이라는 만주인은 연암이 볼 만한 책이 있는지 묻자 은근히 청심환을 대가로 요구하기도 한다.

심심풀이로 시간을 보내시려고 한다면 빌려 드리기는 어렵지 않습니다만, 다만 어른께서 이제 돌아가셔서 휴대하고 온 진짜 청심

환과 고려 부채 좋은 놈을 골라 상면하는 폐백으로 삼아 간절히 서
로 왕래하겠다는 뜻을 보이신다면, 그때 가서 이 서목을 빌려 드려
도 늦지는 않을 것입니다.

물론 연암은 이 만주인의 태도가 야비하고 용렬하여 참고 앉아 있
을 수도 없다고 생각해 그대로 나와버리긴 했으나 나중에 하인을 시켜
청심환 한 개와 부채 한 자루를 보내 준다. 청나라 통역관인 쌍림雙林이
라는 호행통관護行通官은 연암에게 정사가 먹는 '진짜 진짜 청심환'을 달
라고 한다. 조선 청심환의 인기가 높다보니 가짜도 많았던 모양이다.
　조선 청심환을 얻어 볼 요량으로 간교한 술책을 부리거나, 인정人
情을 가장하는 사례들을 살펴보자. 사행단이 심양을 떠나 백기보白旗
堡로 향해 가던 7월 13일 황혼녘, 한 노인이 참외밭에서 연암 일행 앞으
로 뛰어 나온다. 방금 앞서가던 조선인 40~50명이 잠시 쉬면서 처음에
는 돈을 내고 참외를 사먹더니, 떠나면서 사람마다 참외를 쥐고는 달
아났다며 다음과 같이 하소연했다.

"가서 하소연하니 상전은 벙어리인 양, 귀머거리인 양 행세하는데,
늙은이 혼자 몸으로 어떻게 40-50명의 힘깨나 쓰는 하인을 감당
할 생각이나 할 수 있겠습니까? 방금도 그자들을 쫓아갔더니 한
인 한 놈이 길을 가로막고는 참외 하나를 쥐고 도리어 눈에 불이
번쩍 나도록 저의 면상에 던졌는데, 참외 터진 물이 아직도 덜 말
랐습니다" 하고는, 청심환 하나를 달라고 한다. 없다고 하니 창대

의 허리춤을 단단히 부여잡고는 억지로 참외를 사라고 하며 참외
다섯 개를 가지고 와서 앞에 내놓는다.

연암은 주머니를 탈탈 털어 참외 아홉 개를 산 뒤, 우리 하인들이 길
을 가며 으르고 빼앗는 짓이 더 한탄할 노릇이라고 생각한다. 그러나
숙소에 도착한 뒤 앞서간 일행에게 물어보니 참외를 빼앗은 일이 없
었단다. 마두들이 참외 파는 늙은이가 간교한 노인네라 뒤떨어져 혼자
오는 나리에게 황당한 거짓말을 꾸며대며 가엾은 꼴을 해서는 청심환
을 우려내려고 한 수작이라고 말하니 그제야 연암은 한스럽고 분한 마
음이 들었다.

고려보를 지나 빗줄기를 피해 들어간 점포에서 벌거벗은 말몰이꾼
을 둘러싼 소동은 이미 소개된 내용과 같다. 청심환 사단은 소동이 진
정된 뒤에 일어난다. 조선 말몰이꾼에게 폭행당한 주인은 새 옷을 갈아
입고는 여덟아홉 살쯤 되는 계집아이를 연암 앞에 데리고 나온다. 그러
고는 절을 시키며 셋째 딸이라고 소개하고 수양딸로 삼아달라고 한다.
연암은 이런 일을 미리 수행원들에게 들어서인지 이제는 속지 않는다.
청심환을 노린 주인의 속셈을 간파했기 때문에 노련하게 대처한다.

"실로 주인의 후의에 감사드립니다만, 이런 일은 하지 않는 것이
더 나을 때가 있습니다. 저는 외국 사람이고 이번에 가면 다시는
오지 못할 터이니, 잠시 인연을 맺어 뒷날 서로 그리워하는 괴로움
이 생긴다면 도리어 원망의 업보가 될 수 있습니다."

주인의 고집스런 수양 아비 청원에도 연암은 끝내 사양하는데 이유는 이렇다. 한번 수양 아비가 되면 돌아올 때 반드시 북경의 물건을 사다주어서 수양 아비의 정을 표시해야 하기 때문이다. 비가 그치고 연암이 문을 나서니 문 앞에 나온 주인의 모습이 못내 아쉽고 섭섭한 기색이어서 청심환 하나를 주니 새삼 고맙다고 인사를 했다. 사람의 정리를 이용해 청심환을 노리는 청나라 사람들의 얄팍한 술책이 씁쓸하기도 하지만, 한편으로는 그만큼 조선 청심환의 효능이 뛰어나 인기 폭발이었고, 취재 사례용으로는 안성맞춤이었다는 사실을 알 수 있는 대목이기도 하다.

10. 정확한 기록을 위한 파격
– 사실의 정확성

그림 문자 〜〜〜〜〜를 창조하다

기자가 어떻게든 현장을 찾아가고, 다양한 사람을 만나며 보고 느낀 점을 기록하는 궁극적인 이유는 정보 가치가 있는 사실들을 조금이라도 더 정확하고 구체적으로 취재하여 뉴스나 기사로 전달하기 위해서다. 사실을 정확하고 치밀하게 취재하는 의무와 자세는 기자들이 본능적으로 간직하고 실천해야 할 '본원적 정신'이다. 중국을 취재하는 여정 내내 연암은 보고 들은 모든 내용을 하나도 빠뜨리지 않고, 정확하고 구체적으로 다 기록하고자 노력했다. 박종채의 〈과정록〉에 실려 있는 내용이다.

여행의 도정을 기록한 글로는 '도강록'으로부터 '환연도중록還燕途中錄'에 이르기까지 여러 편의 글이 있다. 이들 글에서 아버지는 지나온 길을 기록하는 한편, 산천, 성곽, 배와 수레, 각종 생활 도구, 저자와 점포, 서민들이 사는 동네, 농사, 도자기 굽는 가마, 언어, 의복 등 자질구레하고 속된 것을 가리지 않고 모두 기록하여 하나도 빠뜨리지 않으려 했다. 대개 풍속이 다름에 따라 보고 듣는 게 낯

설었으므로 인정물태人情物態를 곡진하게 묘사하려다 보니 부득불 우스갯소리를 집어넣을 수밖에 없었다.

정확하고 구체적인 사실 전달을 위해 노력한 연암의 본원적 기자 정신을 엿볼 수 있는 부분이 열하일기 '황교문답' 편에 나온다. 청나라 관리 학성이 연암에게 활불의 신통력을 길게 얘기하는 대목인데 개략적 내용은 다음과 같다.

활불판첸라마이 티베트에서 열하로 올 때 숲에서 향내를 맡다가 신령스러운 나무 하나를 뽑아서 분재로 만들었는데, 그 나무가 천자만년수天子萬年樹라고 한다. 엇갈린 가지와 펼쳐진 가지가 모두 천자만년이란 글자 모양을 이루고 있다는 것이다. 연암이 '분재를 하는 식으로 인위적으로 만들었을 것'이라고 하자 학성은 "나뭇잎의 결이 모두 천자만년이라는 글자를 이루고 있다"라고 한다. 그러면서 잎의 모양을 이렇게 그려서 연암에게 보여준다. 학성은 자신도 아직 나뭇잎 모습을 보지 못하고 이름만 들었지만 사해에 향기가 퍼져 나가면 만국이 모두 안녕하게 된다는 신령한 나무여서 영수靈樹라고도 한다는 설명을 덧붙인다.

학성이 그리고 연암이 그대로 옮긴 이 잎의 모양을 살펴보자. 오른쪽 잎자루에서 왼쪽 잎 끝으로 잎의 주맥主脈과 측맥側脈이 형성되는데, 이 잎맥의 형상이 자세히 보면 글자 모양이다. 는 天, 는 子, 는 卍, 는 年의 형상인데, 만卍은 발음이 같은 '일만 만萬'의 뜻으로 봤다. 잎맥이 천자만년이라는 글자를 형성하여 천자, 즉 황제의 만수무강을 기원하고 있으므로 신령스러운 나무라는 것이다.

연암도 이 설명을 그대로 옮겨 적긴 했어도 믿지는 않았을 것이다. 천자만년수 이야기를 매개로 하여 청나라 황제가 활불을 스승으로 모시는 대우를 합리화하려는 의도를 갖고 있고, 활불이나 황제의 측근들이 황제에게 아첨하여 비위를 맞추고 있는 실태를 진하고 싶었을 것이다.

천자만년수 이야기의 진위를 떠나 주목할 부분은 연암이 잎사귀 모양을 그대로 문자화시켜 문장에 사용했다는 사실이다. 참으로 새롭고 독창적인 문장이다. 하나의 단어를 그림 모양 그대로 문자로 사용한 최초의 시도로서, 연암이 창조한 새로운 형식의 '그림 문자'나 다름없다. 요즘으로 치면 일종의 그래픽이라고도 할 수 있는데, 18세기 후기 당시의 문풍으로 볼 때 가히 혁명적인 시도였다.

이렇게 창의적인 문장을 탄생시킨 원천은 무엇일까? 바로 문장 형식에 구애받지 않고 사실과 내용을 정확하게 전달하고자 하는 본원적 기자 정신의 산물이다. 천자만년수의 잎사귀는 "잎맥의 모양이 천자만년이라는 글자처럼 돼 있다고 한다" 정도로 표현할 수 있다. 그러나 아무리 문장력이 탁월해 치밀하게 묘사한다 해도 독자들에게 잎사귀 글자 모양을 그대로 전달하여 인식시키기는 불가능한 일이다.

있는 그대로 전달하기 가장 좋은 방법은 그림을 그대로 문장 속에 넣는 작법이다. 뜻을 잘 전달하는 글이 좋은 문장이라는 게 연암의 평소 소신이었기에 이러한 창의적 기법의 고안이 가능했을 것이다. 그림 문자()를 이용한 문장 작법은 콜럼버스의 달걀처럼 해놓고 보면 누구나 할 수 있는 쉬운 일처럼 보이지만, '기자 정신'이라는 개념이 존재하지 않았던 연암의 시대에는 감히 누구도 상상할 수 없는 창의적 시도였다.

열하일기 속 유일한 한글 '뱝새'

열하일기는 모두 한문으로 쓴 취재 기록이다. 그런데 전체를 통틀어 유일하게 한 단어의 한글이 들어 있다. '황도기략皇圖紀略' 편에서 새 파는 점포를 소개하는 채조포綵鳥鋪에 나오는 '뱝새'다. 뱝새는 뱁새를 말한다. 아마도 뱁새를 정확한 한자로 표기하기 어려워 한글로 쓰지 않았을까 추정된다. '뱝새'가 들어간 열하일기 원본이다.

初翰林彭齡, 與周擧人, 各提空籠至舖中, 易雙鳥籠, 鳥卽我俗所名뱝새, 無甚奇稀而值錢五十(한림 초팽령과 주 거인이 각각 빈 새장을 가지고 점포로 와서 암수 두 마리가 든 새장과 바꾼다. 이 새는 곧 우리나라 속명으로 '뱝새'인데 그다지 기이하거나 희귀하지 않는데도 값이 50냥이나 한다.)

유일한 한글 표기 '뱝새' 역시 정확한 사실 전달에 철두철미한 연암의 정신을 보여주는 상징적 단어이다. 열하일기를 모두 한자로 쓴 마당에 뱁새의 한자를 모른다고 하면 그냥 '참새와 비슷한 새'라거나 '한 마리 작은 새' 등의 한자로 표기해도 될 것이다. 아니면 이 단락을 쓰지 않아도 큰 무리가 없다. 그런데도 굳이 한글 '밥새'로 표기한 것은 보고 들은 것을 쓰되 최대한 있는 그대로, 정확하게 기록하고 전해야 한다는 기자 정신이 아니고서는 설명이 어려운 부분이다. 모르는 내용을 얼렁뚱땅 포장하고 넘어가는 '적당주의' '대충주의'라는 말이 연암의 사전에는 없었다.

'밥새'의 사례처럼 아무리 사소하고 비중이 작은 내용이라 하더라도, 모르는 건 모른다고 인정하는 태도는 사실을 전달해야 하는 기자에게는 기본 중의 기본적 자세이다. 때에 따라서는 '기자가 모른다'라는 내용 자체도 '정보 가치가 있는 사실'이 될 수 있다. 그러므로 '부족한 취재'나 '모른다'라는 사실을 밝히는 진실함과 용기가 있어야 허위 보도에 빠지지 않는다.

'산장잡기山莊雜記' 편의 만국진공기萬國進貢記는 열하로 가는 도중, 황제의 만수절을 맞아 여러 나라와 민족이 황제에게 진상하는 선물의 행렬을 보고 기록한 글이다. 조공 운반 수단부터 선물의 종류까지, 갖가지 모습이 눈에 보일 듯이 자세하게 묘사되어 있다. 심지어 길가에 넘어진 수레의 궤짝까지 자세히 들여다보고 있다.

수레 하나가 길에서 넘어져서 바야흐로 포장을 다시 하는데, 겉에 쌌던 등나무 자리가 닳고 해진 틈 사이로 궤짝의 모습이 빠끔하게 보인다. 궤짝은 누런 칠을 했는데, 크기는 한 칸 정도의 작은 정자만 하다. 정중앙에 '紫琉璃普一座자유리보일좌'라고 쓰였으며, 보普와 일一 사이에 두세 글자가 있으나, 등나무 자리의 모서리에 약간 가려져 알아볼 수가 없다. 무슨 물건의 유리 그릇이기에 크기가 저럴까? 이를 보면 다른 수레에 뭐가 실렸는지 미루어 짐작할 수 있겠다.

보통 일반적인 기자라면 궤짝 정중앙의 글자를 다 보지 못했다면 '紫琉璃普一座'라는 글자가 쓰여 있다'라거나 그냥 '큰 유리 그릇이 있다' 정도로 정리했을 법도 하다. 그러나 연암은 모서리에 가려 보이지 않는 글자를 보지 못했다고 적어 놓고 있다. 원문은 다음과 같다.

普下一上可有二三字보하일상가유이삼자(보普자 아래와 일一자 위에 두세 글자가 있다.)

본 것은 본대로 못 본 것은 못 본대로 기록하여, 독자들이 조공품의 실체를 조금 더 정확하고 사실적으로 알 수 있도록 했다. 연암은 '만국진공기'의 부기附記에서 평생 기이하고 괴이한 볼거리를 열하에 있을 때보다 더 많이 본 적은 없었다며, 이름을 모르고 문자로 표현이 안 되는 것들을 다 기록하지 못함을 안타까워하고 있다.

요양과 심양 등 요동 지역에 있는 산과 하천, 바다를 개략적으로 기록한 글이 '산천기략山川記略'이다. 이 기록은 연암이 직접 현장을 보거나 답사하지 않고, 함께 간 일행으로부터 들은 내용을 바탕으로 정리한 것이다. 그래서 내용도 아래 사례와 같이 전언傳言 형식을 취하고 있다.

철배산鐵背山 – 봉천부 서북쪽에 있다. 정상에는 청 태조가 쌓았다
는 계界와 번蕃이라는 두 성이 있다고 한다.

이런 식으로 모두 여섯 개의 산과 네 개의 강, 발해를 간략하게 기록
했는데, 연암은 이 글의 말미에 다음과 같이 부기했다.

내가 지금 지나온 산과 강은 다만 현지 사람들의 입으로 전하거나
여행자들이 손으로 가리키고, 자주 다닌 우리 하인들이 대체로 억
측해 대답한 것들이어서 모두 상세하게 할 수 없다. 임금 행차하
는 길을 표시하는 화표주華表柱도 요동에 있는 고적인데, 어떤 자
는 성 안에 있다 하고 어떤 자는 성 밖 10리에 있다고 말하는 것을
보면, 그 밖의 것은 얼마나 부정확한지 미루어 짐작할 수 있겠다.

연암이 직접 보거나 사실 확인을 하지 않아 억측한 내용이 있을 경
우, 이렇게 정확하지 않을 수 있다고 진솔하게 밝히고 있다. 18세기 당
시에 조선 사행단의 여정을 경험할 수 있는 독자는 거의 없을 것이고,
똑같은 여정을 간다 해도 글의 진위를 확인하기는 거의 불가능하다.
그래서 전해 들은 이야기도 정확한 사실인 양 기록할 수 있다. 심지어
재미나 호기심을 더하기 위해 사실을 좀 과장하거나 없는 내용까지 살
짝 첨가해 부풀리는 글을 쓸 수도 있다. 요동의 산이나 강을 설명하는
내용이 조금 사실과 빗나간다고 해서 무엇이 크게 문제될 것인가? 화
표주가 성 안에 있든 성 밖에 있든 독자들은 신경도 쓰지 않을 것이다.

그런데도 연암은 자신이 직접 보고 경험하지 않은 내용에 대해서는 취재 경위를 진솔하게 설명하고 사실이 아닐 수도 있음을 알려주고 있다.

아무리 작고 사소한 사안이라도 철저하게 정확한 사실 취재를 하고, 사실을 기반으로 기사를 쓰는 원칙을 연암은 스스로 지킨 것이다. 누가 보지 않고 누가 몰라도, 이러한 본원적本源的 원칙을 저버리지 않는 기자적 양심이 무엇인지를 보여주는 대표적 실례이다. 연암 대기자만의 경지에서 가능한 기자적 신독愼獨의 자세로도 볼 수 있겠다. 열하일기를 조금만 봐도 충분히 알 수 있듯이 연암은 정직과 사실 확인의 습성화, 생활화를 넘어 본능화의 경지에까지 이른 고수高手라는 느낌을 지울 수 없다.

열하일기 한쪽 귀퉁이에 적어 놓은 '산천기략'의 마지막 짧은 글 앞에 고개를 숙이지 않을 기자가 얼마나 될까? 사건 사고나 사회적 이슈의 현장에서 치열한 취재 경쟁을 해본 기자들이라면 '본원적 원칙'의 준수가 얼마나 어려운지 잘 안다. 경쟁이 과열되다 보면 속칭 '뻥튀기 기사'가 난무한다. 이런 측면에서 열하일기 '산천기략'은 연암이 기자의 가장 기본적인 덕목, '정직성'을 몸소 가르쳐 준 단락이다.

제3부

연암의 취재 기법

1. 연암의 현장 취재 기법

기자의 취재 대상은 크게 현장과 인물, 현상 세 가지로 분류할 수 있다. 물론 세 가지로 분류했다고 해서, 취재 대상이 두부 자르듯 명확하게 경계가 갈라지는 것은 아니다. 현장과 인물, 현상 취재가 서로 밀접하게 연결되거나 겹치는 경우가 대부분이다. 그래서 세 가지 취재 대상 중 어느 하나가 빠지면 제대로 된 취재가 성립될 수 없는 경우가 많다. 취재 내용에 '6하 원칙'이 모두 포함되어야 제대로 된 기사가 완성되는 이치와 마찬가지다.

현장의 중심으로 들어가다

모든 취재의 가장 기본은 현장을 찾아 기자가 자신의 눈으로 직접 보고, 자신의 귀로 들어 취재 대상을 확인하는 것이지만 현장 접근이 쉽지 않을 때도 적지 않다. 연암이 압록강에서 심양, 북경을 거쳐 열하에 이르는 노정路程에서 일어나는 일이야 얼마든지 직접 보고 듣고 할 수 있었지만, 황제가 거처하는 열하의 피서산장은 엄격한 경호와 경비로 함부로 접근할 수가 없는 곳이다.

조선 사절단이 열하에 도착한 다음 날인 8월 10일, 황제에게 사은謝恩 행사를 하러 피서산장으로 갔지만 정사와 부사만 출입이 허용되고,

서열 3위인 서장관은 들어갈 수 없다고 했다. 그런데도 연암은 피서산 장에 들어갔다. 피서산장이야말로 열하라는 현장에서도 중심이 되는 현장이다. 어떻게 들어갔을까? 열하일기에도 경위가 명확하게 기록되어 있지는 않다.

당번 역관이 와서 말하기를, "어제 예부에서 알려 드린 것은 단지 정사와 부사만 궁궐에 와서 사은을 하라고 한 것입니다. 대개 황제 의 조칙은 정사와 부사가 오른쪽 반열에 올라 참여하도록 했기에 그 은혜에 감사를 드리라고 한 것이고, 서장관은 사은하는 거행이 없는 것 같습니다"라고 한다. 서장관은 관운장 사당에 남고 정사와 부사만 궐 안으로 들어갔는데 나도 따라 들어갔다. 전각은 단청을 하지 않았으며, 문 위에는 피서산장 편액이 걸려 있다.

아무런 경위 설명 없이 '나도 따라 들어갔다'라는 기록만 있다. 황제 가 거처하는 피서산장은 경호와 검색, 통제가 삼엄하기 그지없었을 터 이고 서장관도 못 들어가는 곳인데, 수행원 명단에 이름도 올리지 않 은 연암이 그냥 들어갔다고 하니 미스터리가 아닐 수 없다. 따라서 연 암이 '현장의 중심'인 피서산장에 들어간 방법은 추정할 수밖에 없다.

가장 자연스러운 방법이 통역관인 양 행세하며 자연스럽게 슬쩍 뒤 따라 들어가는 것이다. 아니면 정사와 삼종형 관계라는 특수성을 이 용해 미리 담당 관리들의 양해를 얻었을 가능성도 있다. 당시 분위기 는 자세히 알 수 없으나 약간 어수선한 틈을 타 그냥 들어갔을 개연성도 없지 않다.

피서산장에 들어갔을 때 황제가 내린 요리가 세 그릇 나왔다고 기술돼 있는 점으로 볼 때, 사전에 어떤 식으로든 조율이 됐을 수도 있겠다. 물론 다른 방법으로 들어갔을지도 모르나 어떻게 들어갔든 연암이 피서산장으로 들어간 것은 적극적이고 자발적인 의지에 따른 행위로서, 그 동기는 분명 취재 열정에서 기인했다고 확신할 수 있다. 현장 중에서도 핵심적인 현장을 보아야 '취재의 고갱이'를 잡을 수 있기에, 오늘날의 기준으로 봐도 연암은 지극히 기자적인 행동과 자세를 본능적으로 실천하고 있었다고 봐야 한다.

피서산장에 들어간 첫날, 연암은 보고 들은 대로 기사를 쓴다. 다름 아닌 사신의 '삼배구고三拜九叩'다. 삼배구고는 세 번 절하고 머리를 아홉 번 땅에다 대어 황제에게 예를 올리는 청나라의 의례다.

잠시 뒤에 통관이 사신을 안내하여 궁궐 문밖에 이르러, 세 번 절하고 머리를 아홉 번 땅에다 대는 이른바 삼배구고의 예를 행하였다. 예를 마치고 돌아서 나오는데 어떤 사람이 앞으로 나서서 읍을 하며, "이번 황제의 은혜는 전에 없던 일입니다" 하고는 또 "귀국에는 응당 예단을 더 보내줄 것이며, 사신과 따라온 관원에게도 응당 추가 상급이 있을 것입니다"라고 한다. 그는 예부의 우시랑右侍郎 아숙阿肅이란 사람으로 만주인이다.

삼배구고두三拜九叩頭는 조선인들에게 너무나 치욕적인 의식으로 남아 있는 역사적 기억이다. 1637년 조선이 병자호란에서 패배하면서 인조가 청 태종 앞에 무릎을 꿇고 올린 '삼전도三田渡의 굴욕' 때문이다. 조선 하인들까지 청나라를 오랑캐라 하고 비린내 나는 나라라고 손가락질하는 계기가 된 사건이기도 하다. 이 때문에 글 좀 한다는 선비들과 사대부들은 입만 열면 북벌을 얘기하고 있었다. 그만큼 조선에서 '삼배구고'라는 말은 이가 갈리는 금기어나 다름 없었으리라.

이러한 분위기를 모를 리 없었을 텐데도 연암은 정사가 삼배구고의 예를 올린 사실을 있었던 그대로 취재하여 담담하게 전하고 있다. 조선의 독자라면 이 장면을 읽으면서 삼전도의 굴욕을 떠올리며 다시금 치욕감에 전율했을지 모른다. 이런 기사를 쓴 연암을 오랑캐에 굴복한 난신적자亂臣賊子라고 욕하고 저주하며 탄핵하는 선비들이 있었을지 모른다. 연암이 시류에 조금만 민감하고 권세의 눈치를 손톱만큼이라도 보는 기자였더라면, 자존심 상하는 이런 취재 내용을 마치 아무 일도 없었던 것처럼 뭉개버리고 말았을 것이다. 시쳇말로 '자기 검열'을 했을 수도 있다는 말이다.

그러나 연암은 현실과 사실 앞에 더 겸손했다. 조선의 정사가 삼배구고의 예를 올린 사실이 조선의 현실이며, 조선의 독자들에게 꼭 알려야 할 현장 취재의 핵심이라고 생각했을 것이다. 조선의 미래는 알량한 자존심이나 공리공론이 아니라, 정확한 현실 인식과 의식의 전환에 달려 있었기 때문이다. 그러기 위해서는 가슴이 쓰라리지만 현장의 중심으로 들어가 사실을 있는 그대로 전하고, 정확하게 보도하는 사명만큼 더 중요한 일은 없었던 것이다.

삼배구고를 전한 연암의 용기는, 조선 땅에서 오랑캐니 북벌이니 아무리 말로만 떠들어봐야 중국 안에서 조선의 현실은 황제에게 삼전도의 굴욕을 재현하고 있는 것이니, 현실을 냉철하게 바로 깨달아 하루 빨리 실용적, 실리적인 자강自强의 길을 찾아야 한다는 외침이나 다름없다.

현장 '엿보기' 취재의 원조

8월 12일 아침의 열하. 연암은 아침을 먹고 천천히 걸어서 대궐로 들어간다. 궁궐 문 밖에 이르니 담장 안에서는 연희를 베푸는 음악 소리가 들린다. 당연히 어떤 행사인지 눈으로 보아야 했던 연암은 어떻게 했을까?

음악 소리가 담장 안의 지척에서 들렸다. 작은 문의 구멍을 통해 안을 들여다보았으나 아무것도 보이지 않았다.

조선의 선비가 연희를 구경하겠다고 작은 문의 구멍을 들여다보다니, 경망스럽기 짝이 없는 행동이라 조선에서라면 엄두도 못 낼 일이다. 양반의 체통보다는 어떻게든 현장을 확인해야 한다는 의욕이 충만했기에 가능한 행동이다. 아무것도 보이지 않는다고 그냥 가면 기자가아니다. 연암이 담을 끼고 조금 더 걸어가자 문짝 하나가 열려 있는 일각문—角門이 나온다. 군졸이 있지만 들어가 보는 연암, 역시 못 들어가게 막으며 문 밖에서 구경하란다. 그러나 문 안에 등을 돌리고 서 있는

160

구경꾼들 때문에 들여다볼 틈새 하나 없다. 문을 지키는 자가 담배를 달라고 하자 재빨리 주면서 걸상 하나를 얻는 데 성공한다. 결국 연암은 걸상 위에 올라서서 한 손으로는 문지기의 어깨를 잡고 한 손으로는 문 위의 가로로 댄 나무를 잡고 연희를 구경한다. 그날의 모습은 이렇게 남겨져 있다.

　걸상을 딛고 서 있는 내 모습이, 살찐 물오리가 홰대에 서 있는 것
　같아서 오래 서 있기가 어렵다.

　기자들의 엿보기에 바늘의 실처럼 따라다니는 취재 수법이 '엿듣기'다. 문틈이나 문구멍이 없을 때 실오라기만한 정보라도 잡기 위해 기자들이 문이나 벽에다 귀를 대고 취재하는 방식으로, 속칭 '귀 대기' 또는 '벽치기'라고도 부른다. 때로는 쓰레기통을 대상으로 한 '뒤지기'도 있다. 물론 엿보기나 엿듣기, 뒤지기 취재는 정통적인 취재 방식은 아니다. 수단과 방법을 가리지 않는, 비신사적 방법이라는 비판도 있을 수 있다. 하지만 체통보다는 취재를 우선시한 연암의 엿보기에서 보듯, 기자들의 엿보기와 벽치기, 뒤지기가 개인의 이익이나 체면보다는 취재를 먼저 생각하는 열정의 산물이며 연암도 그런 기자의 열정을 충분히 발휘한 것으로 보인다.

중국의 상가喪家를 조문하다
　7월 14일 조선 사절단은 십강자十扛子라는 곳에 도착해 잠시 휴식을

했다. 연암이 일행인 정 진사, 변계함과 함께 거리를 거닐다가 삿자리로 만든 패루를 살펴보려고 하는데 난데없이 악기 소리가 진동한다. 두 사람은 화들짝 놀라 달아나고 연암은 너무 시끄러워 손을 흔들어 멈추라고 했다. 그런데도 악공들은 아랑곳하지 않고 악기를 두드리고 불어 댄다. 중국의 초상집이었다.

연암은 그간 연도에서 초상집에 설치한 백색 패루를 보아 왔기에 상가의 제도를 살펴보려고 대문 안으로 들어간다. 이국의 풍습에 호기심이 생긴 데 따른 자연스런 기자의 행동이다. 그런데 갑자기 연암을 당황하게 만드는 일이 발생한다.

발걸음을 옮겨 대문 안으로 들어가자, 문 안에 있던 상주 한 사람이 뛰어나와 내 앞에서 곡을 하며 대나무 지팡이를 놓고 두 번 엎드렸다가 일어난다. 엎드리면 머리를 땅에 조아리고, 일어나면 발로 땅을 구르는데 눈물이 비 오듯 쏟아지고 수없이 울부짖는다. 창졸간에 일어난 변괴라서 나도 어찌할 줄을 몰랐다. 상주의 등 뒤로 대여섯 명이 흰 두건을 쓰고 따라 나와 내 양쪽 팔을 끼고 문 안으로 데리고 들어가니 상주도 곡을 그치고 따라 들어온다. 때마침 말의 양식을 담당하는 마두 이동二同이 안에서 막 나오고 있었다. 나는 하도 기뻐서 허겁지겁하며 물었다.

"이거 어찌 해야 되는 거냐? 문상은 어떻게 하는 것이냐?" 하고 물으니 이동은, "상주의 손을 쥐고 '당신 아버님은 천당에 가셨을 것이오'라고 말하면 됩니다"라고 한다.

마침 그 집의 망자와 평소 친분이 있어 문상을 하고 나오던 마두 이동을 만나는 바람에, 연암은 중국의 관습에 어긋나지 않게 예를 갖추고 문상을 마칠 수 있었다. 이동의 주선으로 상주에게 부의금까지 냈다. 다시 길을 떠나며 연암이 일행에게 얼떨결에 문상한 예절을 이야기하니 모두 크게 웃었다.

　호기심을 거스르지 않은 연암의 자세는 중국의 상기 제도를 취재하는 동시에 고단한 여정에 단비와 같은 이야깃거리까지 가미할 수 있었다. 르포르타주와 같은 대작에서는 이러한 에피소드가 글에 대한 독자의 관심을 높이고 몰입도도 고양시키는 양념 역할을 한다. 연암의 초상집 경험처럼, 취재를 하다 보면 종종 뜻하지 않은 장면이나 이야깃거리를 만나 색다른 호기심이 생기기도 한다. 이러한 호기심거리를 따라가다 보면 의외의 기사거리를 얻는 성과를 거둘 수도 있다.

2. 연암의 현상現象 취재 기법

천하의 형세

연암이 중국에서 취재해 열하일기에 기록한 여러 현상 가운데 가장 공력을 들인 부분은 추상적 현상에 속하는 '천하의 형세'일 것이다. 천하의 형세는 산천경개처럼 눈만 뜨고 있으면 보이는 게 아니라 스스로 주제를 잡고 취재하여 줄기를 찾아내야 한다.

연암이 알아내고자 했던 천하의 형세에는 청나라의 발전상, 청나라 주변의 정세와 청나라의 외교 정책, 만주족이 장악한 청나라의 한족 관리 정책, 만주족과 한족의 갈등 양상, 청나라의 대조선 정책 등이 있었다. 연암은 천하의 형세, 천하의 대세를 살펴 천하의 근심거리를 걱정하는 게 취재의 목적이라고 누차 밝혔다. 천하의 근심거리는 바로 조선의 근심거리이다. '어떻게 하면 조선이 발전하여 백성들이 부유해지고 나라가 강해질 수 있을까' 하는 부민강국의 방책을 찾기 위해 고뇌하는 것이다.

천하의 형세를 제대로 파악하기 위해서는 사람을 만나 취재를 해야 한다. 사람도 그냥 일반인이 아니라 천하의 형세를 살필 수 있는 학식과 견문이 있거나, 권부의 주요한 직책을 맡고 있는 인물이어야 가능하다. 연암은 열하에서 청나라의 학자와 관리들을 만나 끝없는 밤샘

필담을 나누는 등 천하의 형세를 그리기 위해 취재 열정을 불태웠다. 그러나 청나라의 엘리트 그룹이 외국인인 조선 선비에게 국가의 기밀에 해당될 수도 있는 사안을 순순히 얘기해줄 리는 없다. 자칫 직설적 질문을 하거나 집요한 관심을 보이면, 연암의 말대로 '첩자'라는 오해를 받을 수도 있다.

삼가야 할 취재 방식

연암은 '황교문답' 편 서문에서 남의 나라에 들어간 사람이 "적국의 사정을 잘 엿보았다"라거나 "그 나라 풍속을 잘 관찰했다"라고 하는 말들을 전혀 믿지 않는다고 밝히고 있다. 그러면서 믿지 않는 여섯 가지 이유를 들었는데 요약 정리하면 다음과 같다.

> 첫째, 남의 나라에서 길 가는 사람을 붙잡고 갑자기 물어볼 수 없다. 둘째, 언어가 서로 달라 잠깐 사이에 하고 싶은 말을 다하지 못할 것이다. 셋째, 외국 사람은 염탐을 한다는 혐의를 받을 것이다. 넷째, 너무 깊이 파고 들어가면 그 나라에서 꺼리는 일을 범하기 쉽다. 다섯째, 묻지 않아야 될 일을 물으면 무슨 정탐을 하는 것처럼 된다. 여섯째, 타국에서는 그 나라가 금지하는 것을 지키며 거처해야 한다.

직설적이고 어설픈 취재 방식이 오히려 염탐이나 정탐을 한다는 혐의를 받을 수 있다는 점을 논리적으로 설명하고 있다. 묻는 의도가 이상하고 괴이쩍게 여겨지면 옳은 질문이 될 수 없으며 취재원도 응당 대답하지 않을 것이라고 덧붙인다. 연암의 태도는 취재원의 입장을 배려하고, 기본적인 예의를 지키는 자세로서 지극히 당연한 기자의 몸가짐, 마음가짐이다. 연암은 삼가야 할 취재 방식과 함께 함부로 물어서는 안 될 내용까지 다음과 같이 상세하게 기술하고 있다. 나라를 경영하고 군사 전략을 세우는 데 있어서 모두 중요하거나 민감한 내용들로 소위 '핵심 아이템'이다.

> 그 나라의 장수와 재상들의 잘나고 못난 것, 풍속의 좋고 나쁜 것, 만주족과 한족의 등용되고 소외되는 것, 과거 명나라의 사정 등은 함부로 물어서는 안 될 내용이다. 저들도 응당 대답하지 않을 것이며, 감히 생각도 못할 일이다. 심지어 돈, 곡식, 군사, 산천, 지형 등과 같은 문제는 그리 큰 관계가 없어 보이지만 이에 대해서는 말하지 않는 것이 마땅할 뿐 아니라, 물어보면 저들은 반드시 묻는 의도를 의심하고 괴이쩍게 생각할 터이다. 왜 그러한가? 돈과 곡식은 나라의 허실에 관계된 일이요, 군대는 나라의 강약에 관계된 일이요, 산천과 지세는 관문과 요새에 관계되므로, 이것을 문답해서는 옳지 않은 까닭이다.

그런데 연암이 함부로 물어서는 안 된다고 적시한 사례들은 천하의 형세를 조망하기 위해서는 반드시 알아야 할 내용들이다. 기자로서는 핵심적인 취재 아이템이라는 말이다. 그러니까 연암의 이 말은 핵심적이고 중요한 사안들을 취재하기 위해서는 직설적인 질문이나 노골적 접근으로 괜한 오해와 경계심만 불러일으키지 말고, 고도로 세련된 취재 기법이 필요하다는 충고와 같다. 그만큼 연암이 천하 형세를 간파하려고 깊은 고뇌를 했다는 사실을 증명해 주는 대목이기도 하다. 열하일기는 연암이 '함부로 물어서는 안 된다고 했던 것들에 대한 기록'이라고 해도 과언이 아니다. 겉으로 표시는 내지 않았지만, 취재 일정 내내 머릿속에는 천하의 형세를 염두에 두고 있었기 때문이다.

청나라의 감시와 연암의 관광

연암은 몇 차례나 중국에 온 이유를 묻는 질문을 받고 그때마다 자신은 관광 목적으로 따라온 사람이라고 답변한다. 상대방이 경계심을 갖지 않도록 하여 편안하고 자연스럽게 취재를 하기 위해서다. 연암이 열하에서 사신을 따라 대궐에 들어갔다가 예부상서 조수선曹秀先을 만나는 장면이다.

내가 계단 아래에 이르렀더니, 조공이 문 밖으로 나와서 맞이하였다. 그가 몸소 나를 부축하여 의자에 앉으라고 하기에 내가 머뭇거리며 사양했더니, 조공도 굳이 내게 먼저 앉으라고 청한다. 내가 "그대는 귀인이시고 저는 먼 나라의 변변치 못한 사람인데, 손님의 예로 대해 주시어 감히 몸 둘 바를 모르겠습니다"라고 했다. 조공이, "당신은 공적인 일로 중국에 오셨소이까?"라고 묻기에 나는, "아닙니다. 관광하러 귀국에 왔습니다"라고 했다.

연암이 열하에서 사신을 따라가 판첸라마를 본 이후, 만주족 출신 관리 기풍액과 대화를 나눌 때다. 기풍액은 연암에게 조선 사신이 판첸라마를 만나려 하지 않은 이유와 절을 제대로 한 것인지 등을 추궁하듯 묻는다. 또 연암이 판첸라마 접견 장소에 간 이유를 따지며 다음과 같은 질문도 던진다.

 "존형께서는 황제의 조서를 받은 것도 아닌데, 어째서 허겁지겁 버선발로 뛰어가셨나요?"

연암은 판첸라마를 보았다고는 했지만 자신의 당시 행동을 구체적으로 얘기하지는 않았는데도 기풍액은 연암의 모습을 다 본 듯이 묻고 있다. 청나라 당국이 은밀하게 조선 사신단 일행의 일거수일투족을 샅샅이 감시했다는 사실을 넌지시 내비치고 있는데 연암도 자신의 목적을 들킨 것 같아 속으로는 뜨끔했을 것이다. 연암의 변명이다.

 나도 모르게 부끄러운 생각이 들었다. 그래서 사과하며, "관광에 너무 정신이 팔려 그것까진 생각하지 못했소이다"라고 했더니, 여천(기풍액의 회)은 또 크게 웃으면서, "그렇군요. 정말 그렇겠습니다. 점잖은 어른을 너무 몰아세운 죄를 부디 용서하시기 바랍니다"라고 한다. 내가 "나는 이번에 만 리 길을 관광차 나섰으니, 그렇게라도 하지 않았다면 어떻게 여기 황금 궁전과 옥계단을 볼 수 있었겠습니까?"라고 했다.

이 문답을 자세히 보면 청나라 당국이 연암의 취재 활동을 관찰하여 어느 정도 눈치채고 있었다는 점을 알 수 있다. 당시 청나라 정보 당국에서는 '첩자'일 가능성도 배제하지 않고 감시의 고삐를 늦추지 않았을 것이다. 그러므로 기풍액이 연암을 '몰아세운 죄'에 용서를 구하는 말을 했지만, 기실은 청나라의 민감한 부문에 관심 갖고 취재하는 활동에 일종의 견제구를 던지려는 의도식 발언이있다고 볼 수 있다. '도이노음' 사건에서도 보았듯이 물론 연암도 청나라의 감시를 알고 있었다. 연암이 '삼가야 할 취재 방식'과 '함부로 묻지 말아야 할 것들'을 굳이 밝힌 이유도 이 때문이다. 이러한 녹록치 않은 상황 속에서 대기자 연암은 어떤 취재 기법으로 접근하였을까?

시와 음악으로 물가를 맞추다

연암의 핵심 취재 대상은 청나라에서 '함부로 묻지 말아야 할 것'들이다. 자국의 정보를 보호해야 할 청나라 당국과, 청나라를 제대로 취재해 천하의 형세를 제대로 알려야 하는 기자 연암의 이해 관계가 상충되는 지점이다. 때문에 취재가 쉽지 않은 건 불문가지不問可知다. 여기에 연암이 제시한 취재 해법은 '취재할 내용을 묻지 않고 취재하는 법'이다. 취재 내용과 다른 이야기를 주고받으며 실정實情을 파악하는 방식으로, 이른바 성동격서聲東擊西식 취재법 또는 불문취재법不問取材法이라고 명명할 수도 있겠다. 열하일기 '황교문답' 편 서문에 쓴 연암의 설명이다.

옛날 사람들은 다른 이야기를 주고받고, 문답하는 내용과 관계가 없는 데서 항상 실정을 얻었다. 예컨대 교량이나 시간의 제도를 통해 관리의 등급 같은 것을 알아맞히기도 했으며, 시와 음악을 감상하면서 시장 물가의 비싸고 헐한 것을 증험해 맞출 수 있었다. 옛사람만 한 지혜와 재주도 없이 한갓 필담이나 이야기 자리에서 이런 정보를 얻으려고 한다면 역시 어려운 일일 것이다. 더구나 세상이 넓고 커서 그 끝을 볼 수 없음에랴.

연암이 든 사례를 분석해 보자. 관리들의 출퇴근 시간을 얘기하다 보면 직책이나 직급에 따른 차이가 나올 수 있고, 이를 근거로 관리의 등급을 알아낼 수도 있을 것이다. 또한 시와 음악 속에는 당대 백성들의 삶이나 생각이 반영되어 있는 경우가 많다. 삶이 팍팍하고 힘들다는 내용이 있으면 시장 물가는 비쌀 것이고, 풍요롭고 안락하다면 물가는 헐할 것이다. 그냥 주변 얘기만 주고받는다고 해서 원하는 정보를 파악할 수 있는 건 아니다. 정보를 파악할 수 있는 충분한 식견과 지식이 있어야 한다. '옛사람만한 지혜와 재주'도 있어야 한다는 연암의 말이 바로 그런 뜻이다.

이런 불문취재법으로 연암이 간파한 청나라의 사정은 어떠했을까? 앞서 살핀 바와 같이 청나라 황제가 여름 휴가를 열하에서 보내는 진짜 목적은 피서가 아니라, 강성한 몽고를 제압하여 변방을 방어하기 위한 방책이었다. 또 몽고인들이 주로 라마불교를 숭상하기 때문에 티베트의 판첸라마를 열하로 초청해 최고의 예우로 모시고 있으며, 판첸라마는 황금 전각 속에 사실상 감금돼 있는 것과 같다는 사실도 연암이 간파한 청나라의 숨은 사정이다.

연암은 이런 사정을 바탕으로 황제의 열하 휴가는 휴식이 아니라 '황제의 괴로운 심정'을 보여주는 것이라고 쓰고 있다. 황제의 머릿속에는 항상 나라를 지키기 위한 고심으로 가득하다는 말이다. 대기자의 통찰력이 돋보이는 분석으로, 나라가 위기에 빠졌을 때 의주로, 남한산성으로 피신했던 조선의 왕들을 떠올리게 한다. 국정의 최고 지도자는 백성 위에 군림만 하며 지위와 향락을 즐기는 존재가 아니라, 스스로 황량한 변방을 돌며 나라를 지키는 데 솔선수범하는 리더가 되어야 한다는 메시지를 조선에 전하려는 의도를 읽을 수 있다.

연암이 열하에서 필담을 많이 나눈 한족은 태학에서 공부하고 있는 왕민호(54세)와 통봉대부 대리시경을 지낸 윤가전(70세)이다. 연암의 눈에 한족 문인들은 하나같이 평범하고 몇 줄 안 되는 편지 쪽지라도 반드시 역대 황제들의 공덕을 늘어놓고 지금 세상의 은택에 감격한다고 쓰고 있다.

연암이 왕민호와 송나라 유학자 주자朱子에 대한 이야기를 나눌 때다. 당시 청나라에서는 한족 학자들을 달래기 위해 주자를 띄우고 숭상하는 정책을 대대적으로 펼쳤는데, 이 때문에 의식 있는 한족 학자 중에는 주자를 탐탁지 않게 여기는 사람이 많았다. 왕민호가 이 이야기를 연암에게 한다.

곡정이 말하길, "주자의 편을 들어줄 사람이 한족 중엔 드물 겁니

다. 한족이 학문에는 열심이지만 문약文弱한 사람이 된 데에는 주
자도 한몫 했거든요."

연암이 말하길, "주자는 천고에 의리를 주장한 사람입니다. 의리가
이기는 곳이라면 천하에 가장 막강할 터인데, 어찌해서 문약해지
는 것을 근심하십니까?"

연암의 질문을 받은 왕민호는 곧바로 '한족 중엔 드물 것'이라는 부
분을 찢어서 화로에 넣어버린다. 그만큼 만주족의 눈치를 살피고 있다
는 증거다. 또 왕민호는 유학에 대한 얘기를 나누다가 삼백여 종의 금
서 목록을 쓰고는 바로 찢어버린다. 그러고는 바로 청나라를 찬양하
는 말을 이어간다.

"지금 조정의 문치를 숭상하는 정책은 역대의 어느 왕보다 탁월하
니, 사고전서四庫全書 안에 들어가지 못할 책이라면 아무 짝에도 쓸
모없는 책일 것입니다."

이로부터 '망한 명나라 백성으로서 무슨 혐의를 받을까 항상 걱정을
품고 있으니 한족들의 마음도 괴롭다'라는 사실을 들여다 볼 수 있었
다. 말을 하고 글을 쓸 때 이래저래 고심하며 가릴 건 가려야 하고 눈치
를 살필 게 많다는 뜻이다. 괴롭기는 만주족도 마찬가지다. 남의 나라
사람들과 필담을 할 때는 비록 평범한 내용을 주고받더라도 종이 쪼가
리 하나까지 모두 불에 태운다.

열하에서 연암이 만주족 기풍액의 숙소에서 시에 대해 이야기할 때였다. 기풍액이 사천四川의 어사인 단례端禮가 지은 칠언절구七言絶句 50수를 꺼내어 보여주며 연암에게 비평을 부탁한다. 연암의 재주와 식견을 떠보기 위한 것인데, 연암이 끝내 사양하자 평측平仄이 틀린 곳에 점을 찍고는 이어 윤가전의 시를 보여주며 혹평을 한다.

윤형산이 지은 율시 한 편을 꺼내서 보여주고는 함련頷聯인 제3, 4구의 대구로 사용한 '연모燕毛'와 '웅장熊掌' 부분에 붓을 가져다 대고 미소를 지으며, "개똥같구먼. 이 사람이 하는 정치도 이 시처럼 흐리멍덩하겠지요"라고 하기에 내가, "어찌 그리 경박하시오?"라고 하니, 여천은 즉시 개똥이란 두 글자를 찢어서 입에 넣고 씹는다. 내가 크게 웃으며, "점잖은 어른을 못살게 놀려대더니, 그 벌로 개똥을 스스로 자시게 되었구려"라고 하니 여천도 크게 웃는다.

형산윤가전의 호은 한족이다. 기풍액이 연암 앞에서 윤형산을 무시하고 폄하한 행위는 은연중에 한족을 무시하고 경원시하는 만주족의 심리가 표출된 언행으로 볼 수 있다. 청나라 학자, 관리들과 유학이나 시를 얘기하면서도 연암의 궁극적인 관심은 만주족의 지배를 받고 있는 한족이 어떤 생각을 갖고 있으며, 한족을 지배하고 있는 만주족의 진심은 또 어떤 것인지, 두 민족 간에 앙금이나 갈등은 어떤 양태인지를 제대로 파악하는 데 있었다.

다른 내용을 이야기하며 핵심적 취재 대상을 염두에 두는 취재법으로 연암은 묻지 않고도 한족과 만주족의 심리적 경계심이 만만치 않으며, 보이지 않는 갈등이 용암처럼 잠재돼 있다는 사실을 파악하여 전하고 있다.

한 조각 돌덩이로 천하 대세를 보다

연암은 심양에서 이틀 밤을 새워 상인들을 벗하면서 중국의 상품 유통이 전국적으로 이뤄지고 있고, 골동품은 가짜가 판을 칠 정도로 많이 거래된다는 사실을 파악했다. 골동품은 먹고 사는 문제가 화급할 때는 거들떠보지도 않는 상품이기에, 골동품 거래가 많다는 것은 그만큼 경제가 발전하고 백성들이 먹고살만 하다는 사실을 보여주는 지표로 볼 수 있다. 실제로 연암은 열하에서 돌아와 북경에 머무를 때 융복사隆福寺라는 절에서 열리는 시장을 구경했다. 당시 융복사의 장은 매달 1일, 11일, 21일에 세 번 서는데, 연암이 간 날에 시장에 수레와 말이 꽉 메우고 있었고 물건은 없는 게 없었다. 당시의 놀라움이 '앙엽기' 편에 그대로 남아 있다.

조정의 공경과 사대부들이 연달아 수레와 말을 타고 절 안에 이르러 직접 물건을 고르며 사고 있었다. 갖가지 물건이 절의 마당에 그득하고, 진주와 옥으로 된 값진 보물들이 쌓여 있었다. 걸어가는 도중에 물건들이 발끝에 채일 정도여서, 걷는 사람의 발길을 움츠리게 하고 마음을 쭈뼛쭈뼛하게 만들며 눈을 휘둥그렇게 한다. 섬돌과 층층대, 옥으로 된 난간에 펼쳐서 걸어 놓은 것은 모두 용과 봉황을 수놓은 모직물이고, 담과 건물 벽에 유명한 글씨와 그림들로 온통 도배를 해놓았다. 더러 장막을 설치하여 징을 두드리고 북을 치는 자는 재주를 부리거나 요술을 하며 돈벌이하는 사람이다.

진주와 옥으로 된 보물들은 사치품이다. 생활이 넉넉할 때 찾는 사치품이 쌓여 있다는 건 청나라 백성들의 삶이 풍족하다는 것이다. 유명한 글씨와 그림 등의 예술품도 마찬가지로 볼 수 있다. 연암이 본 소비자들의 모습에서도 확인할 수 있다.

그들이 찾는 물건은 대부분 골동의 술잔이나 솥, 새로 출판된 서책, 유명인의 글씨와 그림, 관복과 조주朝珠, 향주머니와 안경 등이었다.

골동품과 진주를 많이 찾으니 청나라 백성들이 풍요로운 삶을 영위하고, 청나라가 태평한 선진국이라는 '천하의 형세'를 알 수 있다는 말이다.

시장에서 파는 벼루 하나의 값이 백금을 넘지 않는 것이 없다. 아하! 천하가 소란할 때는 구슬과 옥이 굴러다녀도 거두어들이지 않더니, 나라 안이 태평할 때는 땅에 묻힌 기왓장과 벽돌 같은 것도 반드시 파내게 된다. 부귀한 자들은 당연히 구하여 보게 되고, 빈

천한 자들은 눈을 부릅뜨고 주워 모은다. 그리하여 밭 갈다가 얻은 것, 고기 잡다가 건져낸 것, 무덤 속에서 갓 파내 송장 냄새가 밴 것까지 이것 저것 모두가 천하의 보물이 된다.

전쟁은 어려운 시기의 상징적 상황이다. 백성이 굶주리고 헐벗는 고난의 시기에는 당장 먹을 수 있는 좁쌀 한 알이, 먹을 수 없는 금덩이보다도 훨씬 더 소중하고 값어치가 있다. 골동품이나 구슬은 개뼈다귀보다도 가치가 없어 발에 밟혀도 줍지 않는다. 그러나 의식주가 풍족하면 삶의 여유가 생기고 자연히 취미와 문화생활에 관심이 커질 수밖에 없다.

연암이 본 청나라의 시장이 이를 그대로 보여주고 있다. 바로 '한 조각 돌덩이로도 천하의 대세를 엿볼 수 있다'라는 말을 이해할 수 있는 현장이다. 기와 조각, 똥거름이 청나라의 장관이라고 한 연암의 '장관론' 역시 한 조각 돌덩이로 천하의 형세를 꿰뚫어 본 혜안이다. 한 조각 돌덩이로 천하의 대세를 엿보는 취재 기법을 쓸 수 있다면 기자로서는 이미 최상의 경지에 올랐다.

열하일기에는 연암이 사고하는 깊이와 방식, 논리적 사고를 통한 통찰력을 엿볼 수 있는 대목이 곳곳에 널려 있다. 황제가 피서산장에 머물며 티베트의 판첸라마를 스승처럼 모시는 모습을 취재하고는 '왜'라는 질문을 스스로에게 끊임없이 하며 본질적인 이유를 궁구하고 있다. 깊은 사고는 심오한 해답을 찾는다. 평범해 보이는 일도 예사로 보지 않고 남들보다 한 번 더 이유를 생각하고 깊이 들여다보는 습성을 통

해, 연암은 청나라 황제의 국방 외교적 책략과 스스로 국방에 솔선수
범하는 리더십을 읽어내고 있다.

벼루라는 한 조각 돌덩이에서 천하대세를 읽어내는 연암의 혜안도
이유와 원인을 끊임없이 천착하는 깊은 사고 습성에서 비롯된 것으로,
왜 생각해야 하고 어떤 것을 어떻게 생각해야 하는지를 보여주는 교
과서와 같다.

지묵紙墨 밖의 그림자와 메아리를 얻어라

천하의 형세를 살핀 열하일기 '심세편'은 무공 10단과 같은 최고의
경지에 오른 대기자 연암의 취재 목적과 의도, 기법이 압축돼 있는 장
이다. 또한 천하 형세에 대한 탁월한 분석 기사이자 논설이며 논평이
기도 해서 대기자로서의 취재력과 통찰력, 혜안이 탐스럽게 영글어 있
다. 무림의 고수가 실낱같은 한 줄기 바람결, 한 방울 이슬 소리로도 암
수暗手를 감지하듯이, 대기자 연암은 눈썹 한번 움직이는 데서 참과 거
짓을 보았다. 취재 기법 10단의 경지를 들여다보자.

'심세편'에서 연암은 열하의 많은 중국 사대부와 교유하고 토론했지
만, 당시 정치의 잘잘못과 민심의 향배에 대해서는 도무지 알아낼 방
법이 없었다고 토로하고 있다. 연암 기자의 취재 초점이 청나라의 정
치와 민심에 맞춰져 있었다는 말이기도 하다.

연암 스스로도 언급했듯이 정치와 민심의 취재는 자칫 첩자로 오인
받을 가능성이 매우 크기에 말 한마디라도 신중해야 하고 조심해야 한
다. 어쩌면 모험일 수도 있는 여러 행위를 통해 연암은 조선이 알아야

할 청나라의 핵심 실정을 취재하고자 했다. 메아리와 그림자를 얻는 취재법도 그 중 하나다.

청나라에서 조선의 선비들뿐 아니라 하인들까지도 예사로 '오랑캐' '되놈'이라는 말을 해댔다. 오로지 조선의 상투와 도포를 기준으로 좋고 나쁨을 생각했다. 상대방의 입장을 전혀 배려하지 않는, '우물 안 개구리'의 시야로 어떻게 중국의 실정을 제대로 살피며 천하의 형세를 그려볼 수 있겠는가? '심세편'에 있는 연암의 지적이다.

대체로 중국 선비들은 그 성질이 자랑하고 떠벌리기를 좋아하며, 학문은 해박한 것을 귀하게 여겨 경서와 역사서를 닥치는 대로 인용하여 이야기하느라 입에 자개바람이 난다. 그러나 우리나라 사람들은 대부분 외교적 언사에 익숙하지 못해, 혹 어려운 것을 묻는 데 급급하거나 당대의 일을 섣불리 이야기하기도 하고, 혹 우리의 의복과 갓을 과시하면서 그들이 자신들의 의복과 관을 부끄러워하는지 살피기도 하며, 혹은 바로 대놓고 한족을 어찌 생각하느냐고 다그쳐 물어봄으로써 그들의 억장을 무너지게 만든다. 이따위 행동은 비단 그들이 꺼려하고 싫어하는 행동일 뿐 아니라, 우리에게도 어설픈 실수이고 역시 섬세하지 못한 것이다.

요즘 기자들도 머릿속 깊이 새겨야 할 금과옥조金科玉條와 같은 가르침이다. 지나치게 직설적이고 공격적인 질문으로 취재원의 감정을 자극하거나 말문을 닫아버리게 만드는 서투른 취재가 여전하기 때문이다. 연암은 "그 나라의 예법을 보면 그 나라의 정치를 알 수 있고, 그 음악을 들으면 그 나라의 도덕을 알 수 있다"라는 맹자의 말에서 취재 기법의 힌트를 얻은 것 같다. 예법을 논하면서 정치를 알 수 있고 음악을 들으면서 도덕 수준을 가늠할 수 있듯이, 다른 이야기를 하면서 취재하고자 하는 내용을 파악하는 기법이다. 이런 취재 기법에서 무엇보다 중요한 선행 조건은 기자 스스로의 몸가짐과 마음가짐이다.

그들의 환심을 사려 한다면 반드시 대국의 명성과 교화를 곡진하게 찬미함으로써 먼저 그들의 마음을 푸근하게 만들고, 중국과 외국이 한 몸이나 다름없음을 부지런히 보여주어 혐의를 받지 않도록 힘써야 한다. 한편으로 예법이나 음악의 문제에 뜻을 두어서 스스로 전아하게 보이도록 하고, 또 한편으로는 역대의 역사 사실을 거론하되 최근 사정에 대해서는 다그치지 말아야 한다.

가장 먼저 취재원에 대한 배려와 존중으로 인간적 신뢰를 나누어야 하며, 취재를 위한 대화도 취재원의 입장을 고려하여 자연스럽고 부담 없이 진행할 수 있어야 한다는 가르침이다.

겸손한 마음으로 배움을 청하여 마음 놓고 이야기를 터놓도록 이끌고, 겉으로는 잘 모르는 것처럼 해서 그들의 마음을 답답하게 만든다면, 그들의 눈썹 한 번 움직이는 데서도 참과 거짓을 볼 수 있을 것이요, 웃고 이야기하는 동안에도 실정을 능히 탐지해낼 수 있

을 것이다. 이것이 내가 종이와 먹을 떠나서 그들의 정보와 소식을
대략이나마 얻을 수 있었던 방법이었다.

아무리 연암이 출중하다고 해도 언론이라는 개념이 존재하지도 않
았던 시절에, 취재 기법과 '취재원 대우'를 이처럼 정교하고 논리적으
로 설파할 수가 있을까 탄복하지 않을 수 없다. 상대방의 입장에서 생
각해보는 역지사지易地思之의 자세로 깊이 있게 헤아렸기에 가능했다.

국가적 문제 같은 민감하거나 껄끄러운 현안은 아무리 친밀한 사이
라도 함부로 말할 수 없는 건 동서고금의 인간사 관행이다. 하물며 외
국인, 그것도 나라를 대표한 외교 사절임에는 말할 것도 없다. 이러한
장벽을 뛰어넘는 취재력이 바로 메아리와 그림자를 얻는 기법이다. 메
아리를 듣고 말의 뜻을 포착하고, 그림자를 보고 형체를 그리는 간접
적 취재 방식이다.

청나라 내치 - 고도의 한족 통치술

연암은 열하에서 중국 선비들과 밤을 새워가며 진행한 필담 취재를
통해 정치와 민심과 관련된 통치술의 비책을 헤아려낸다. 물론 그림자
를 보고 메아리를 듣는 취재 기법을 이용했다. 주자를 앞세운 청나라
의 내치도 그중 하나인데 요약하면 다음과 같다.

청나라가 들어선 이후 천하의 사대부들을 안정시킬 방법이 필요
했다. 지식인들을 장악해야 안정적인 통치와 국정 운영이 가능하

기 때문이다. 이를 위해 청나라는 먼저 어떤 학문을 따르는 사람이 많은지 몰래 살폈는데 주자학이었다. 그리하여 청나라는 주자를 공문십철孔門十哲의 반열에 올려 제사 지내고 섬기며 주자의 도학을 황실이 대대로 이어온 가학家學이라고 선포했다.

주자가 중국을 받들고 오랑캐를 배척한 인물인데도 황제는 천하의 선비와 도서를 모두 모아 〈도서집성〉과 〈사고선서〉 같은 방대한 책을 만들어 주자의 말씀이고 뜻이라고 했다. 중국의 대세를 살펴서 주자학을 먼저 차지하고, 천하 사람들의 입에 재갈을 물려서 아무도 감히 자기를 오랑캐라고 부르지 못하게 하려는 의도인 것이다.

황제는 걸핏하면 주자를 내세워 천하 사대부들의 목을 걸터 타고 앞에서는 목을 억누르며 뒤에서는 등을 쓰다듬으려 하고 있다. 그런데도 천하 사대부들은 그런 우민화 정책에 동화되고 협박당해, 형식적이고 자잘한 학문에 허우적거리면서도 이를 눈치채지 못하고 있다. 주자의 학문에 흡족하여 기뻐서 복종하는 자가 있는가 하면, 주자학의 겉만 번지르르하게 꾸며 세속에 영합하고 출세하려는 사람까지 생겼다.

용기와 기개가 있는 선비들은 속으로 화를 낼망정 겉으로는 말을 못하고, 아첨쟁이들은 시의를 따르고 일신의 이익을 꾀하게 만들었다. 진秦나라처럼 선비를 묻고 책을 불태우지 않고도 그들을 문약하게 만들고 이반되고 분열되게 했다. 그들이 세상을 다스리는 기술이 교묘하고도 깊다.

황제가 주자를 떠받든다고 주자에게 누를 끼치지는 않는데도 중국의 선비들이 수치스럽게 여기는 까닭은 아마도 황제가 겉으로는 주자를 받드는 척하면서 속으로는 세상을 통제하는 수단으로 삼는 데 격분해서일 것이다. 주자를 반박하는 선비들은 때때로 주자의 한두 가지 틀린 주석 내용을 가지고 청나라 통치 100년 간의 괴롭고 억울한 기분을 씻어내려고 한다. 그런데도 조선 사람들은 이런 의도를 모르고 주자를 건드리는 이야기가 약간이라도 나오면 중국에 사악한 학설이 그치지 않더라고 떠들어댄다. 그 말을 듣는 사람 역시 사실 여부를 따지지 않고 화부터 내고 본다.

청나라 황실이 선제적으로 주자를 섬기는 정책으로 한족의 지도층을 무마하고 여론을 장악하는 고도의 통치술을 읽어내는 취재력과 통찰력은 놀랍도록 특출하다. 연암은 한족 사대부들의 불만을 무마시킨 청나라의 주자 숭상 정책을 '책을 구입하는 재앙'에 비유하며, 오히려 진시황의 분서갱유焚書坑儒와 같이 책을 불태우는 재앙보다 더 심하다고 평가하고 있다. 그만큼 청나라의 통치술이 교묘하고 뛰어났다는 반증이다.

이 때문에 당시 청나라에서는 한족 학자들 사이에 반주자학파가 형성됐는데 모기령毛奇齡도 그중 한 명이다. 연암은 모기령을 비롯한 반주자학 학자들의 등장이 주자학 자체에 대한 반발에서 비롯됐다기보다는, 청나라 황실이 주자를 세상을 통제하는 수단으로 삼는 데 대한 격분에서 시작됐다고 보고 있다. 이 역시 깊은 취재가 없으면 도저히 읽어낼 수 없는 탁월한 분석이다. 그런데도 조선 사회 선비들은 주자를 비판하면 무조건 '육상산陸象山의 도당'이라고 배척한다. 청나라의 통치 정책에 반발하여 나온 이론인데도, 그 속사정을 모르기에 사문난적의 이단으로 취급해버리는 것이다. 조선 선비들이 청나라를 배척하면서도, 청나라 통치에 반기를 든 학자들을 경멸하는 자기 모순에 빠졌던 셈이다.

주자를 앞세운 청나라의 통치술과 중국 학계의 반주자 기류, 조선 선비 사회의 자기 모순 등의 현상은 그림자와 메아리를 얻은 노련한 취재 기법으로, 끊임없이 원인과 이유를 파고들어간 연암 기자의 취재 성과물이다. 기자들이 정치나 사회 현상의 이면을 어떻게 파고들어서 본질을 캐야 하는지를 보여주는 귀중한 사례로서, 연암도 '심세편' 부기에 당부의 글로 올려놓았다.

엄화계罨畵溪, 연암골에 있는 시냇물 이름 꽃나무 아래에서 약간의 술을 마시며, 다음에 나오는 '망양록' '곡정필담'을 뒤적이며 교열을 하다가 붓을 꽃 이슬에 적셔 이런 뜻의 범례를 만들어, 뒷날 중국을 유람하는 사람으로 하여금 주자를 반박하는 사람을 만나더라도 그를 범상치 않은 선비로 알아야 하고 이단이라고 함부로 배척하지 말며, 외교적 언사를 잘하여 점차로 그 본질까지 찾아내는 데 효과가 있도록 하였다. 모름지기 이런 방법을 써야 천하의 대세를 엿볼 수 있을 것이다.

청나라의 대對 조선 유화 정책

1780년 조선 사신단이 북경을 거쳐 열하로 갈 때 청나라 측은 조선 사신단에게 갖가지 편의를 제공하며 길 안내를 한다. 조선 사신단이 열하로 가기 위해 북경을 떠난 지 이틀째인 8월 6일, 연암은 비를 피해 들어간 사당에서 밀운성密雲城 역참의 관리들이 정리하는 문서를 엿보는데, 마침 '조선'이라는 글자가 보인다. 기자적 DNA를 타고난 연암이 조선이라는 글자를 보고 그냥 지나칠 리 없다.

한 사람은 한자로 쓰고, 한 사람은 만주 글자로 번역한다. 한참 쓰고 있는 사이에 내가 마침 '조선'이라는 글자가 보이기에 자세히 살펴보았더니, 바로 "황제의 조칙을 받들어 북경에 있는 병부兵部에서는 조선 사신에게 건장한 말을 내주어 그들이 험난한 길을 무사히 오게 하고, 짐이나 필요한 물자를 잘 접대하여 부족함이 없도록 하라"라는 등의 내용이다.

황제가 직접 조칙을 내려 조선 사신에게 최고의 예우를 하도록 지시한 것이다. 이에 따라 조선 사신단은 여정 내내 사실상 특별 대우를 받는다. 일행이 밀운성에 도착했을 때 황제가 내린 조칙의 위력을 실감한다.

성문 앞에 말을 세우고 사신 일행과 함께 들어가려고 기다리자니, 홀연히 쌍등불을 밝히고 영접하러 나오는 사람이 있었다. 또 십여 명의 말 탄 사람이 앞으로 나와서 영접하는 예를 갖춘다. 바로 밀운성의 지현知縣, 현의 장관이 직접 마중 나왔음을 알겠다. 통관이 먼저 가서 주선을 하였는데, 불과 몇 마디 말을 주고받지도 않았을 짧은 시간에 신속하게 일을 거행하는 것이 이와 같았다.

또 황명을 받드는 군기처軍機處 내신을 직접 파견하여 일행을 길에서 맞이하도록 했다. 배를 타고 강을 건너야 할 때도 먼저 탄 일행을 내리게 한 뒤 조선 사신이 타도록 할 정도로 배려가 깊었다. 열하에서 건륭제의 70세 생일을 축하하는 행사에서는 조선 사신이 청나라 대신과 함께 서도록 반열을 정했고, 연희를 구경할 때도 조정의 신료들과 나란히 즐기게 해주었다. 이외에도 연암이 파악한 청나라의 조선 우대 정책은 한두 가지가 아니다.

금이 조선에서 나는 물산이 아니라고 하여 공물의 물품에서 빼주었고, 무늬가 있는 조선말이 쇠약하고 작다고 하여 면제시켜 주었으며, 쌀, 모시, 종이, 돗자리의 폐백도 해마다 바치는 양을 감해주었다. 근년 이래로는 칙사를 내보내야 할 일도 관례대로 적당히 문서로 처리함으로써 사신을 맞이하고 보내는 번거로운 폐단을 없애주었다.

이뿐 아니라 정식 사신이 올리는 공물 이외에 특별 사신의 토산품은 바치지 말도록 면제해주었다. 명나라 시절에도 받지 못했던 특전이다. 청나라는 왜 이렇게 조선을 우대하며 유화책을 쓰고 있는 것일까? 바로 연암 기자가 취재하고자 하는 포인트이다. 먼저 연암이 생각하고 있는 청인의 속성을 살펴보자.

오랑캐들의 탐욕이란 밑도 끝도 없는 계곡이나 골짜기와 같아 싫증이 나도록 만족하게 채울 수가 없다. 가죽 폐백이 부족하다고 여기면 가축이나 말을 요구할 것이고, 가축이나 말도 부족하다고 여기면 구슬과 옥을 바랄 것이다. 그러나 지금은 그렇게 하지 않는다.

청나라의 탐욕이 끝이 없는데도 지금 공물을 줄여주는 건 그만큼 청나라가 부유하여 굳이 공물을 받을 필요가 없다는 말과 같다. 즉 선진국이 되니, 연암의 말대로 대국의 처지에서 그저 작은 나라를 불쌍히 여기고 먼 변방의 나라를 어루만지는 정책을 펼치는 것이다.

청 황제가 열하에서 티베트의 판첸라마를 스승으로 모시고 여름 휴가를 보내는 진짜 이유가 국방의 목적이라고 간파했듯이, 연암은 그 연장선 상에서 대조선 유화 정책의 근본적 이유를 찾고 있다. 만주족은 중국 땅을 뜨내기의 객지로 보지 않은 적이 없기 때문에 조선을 인접한 나라로 의식하고 있다. 항상 고향 만주를 염두에 두고 있다는 말이다. 그래서 연암은 청나라가 조선을 두텁게 대우하는 정책이 조선의 대비를 느슨하게 풀게 하려는 속셈이라고 밝히고 있다.

연암이 청나라에서 간파한 대조선 책략 가운데 가장 돋보이는 내용은 '동란섭필銅蘭涉筆' 편에 기록되어 있는 '상투 전략'이다. 청나라가 처음 일어났을 때 한족을 포로로 잡으면 반드시 머리를 깎았지만, 조선 사람들에 대해서는 정축년1637년의 회맹에서 머리를 깎지 않기로 했다. 연암이 취재를 통해 파악한 청나라의 속셈에는 참으로 고단수의 책략이 깔려 있다.

세상에 전하는 말로는 청나라 사람 중 청 태종 칸汗에게 조선 사람의 머리를 깎으라고 권한 사람이 많았다고 한다. 그러나 칸은 응하지 않으며 은밀히 신하들에게 말했다.

"조선은 본시 예의의 나라라고 불리니 머리카락을 자신의 목보다 더 아낀다. 지금 그런 사정을 무시하고 강제로 깎게 하면 우리 군대가 철수한 뒤 반드시 본래의 상태로 되돌릴 것이니 차라리 그 풍속을 따르게 해 예의에 속박시키는 게 낫다. 저들이 우리의 풍속을 배운다면 말을 타고 활을 쏘는 데 편리해지니 우리에게 이로운 게 아니다."

우리의 처지에서는 큰 다행이지만 저들의 계산은 우리나라를 정신적으로나 신체적으로 아주 문약하게 길들이려는 속셈일 것이다.

청나라의 깊은 복심을 유리 그릇 속을 들여다보듯 명징하게 읽어내고 있다. 한족의 경우 만주족이 그 땅에 함께 살면서 직접 통치해야 할 민족이기에 외모의 차이가 나서는 곤란하다. 서로 어울리지 않고 파당을 지어 수시로 저항을 도모할 가능성이 크기 때문이다. 그러나 조선은 사정이 다르다. 자신들이 조선 땅에서 살지도 않는데 변발을 강요하여 괜히 적개심만 키워 놓으면 그만큼 변방이 위험해질 수 있기 때문이다.

조선의 상투와 의복이 말 타기나 전투에 매우 비효율적이기에, 겉으로는 조선에 선심을 쓰는 척하며 내심으로는 조선의 군사력 약화를 노리는 외교 전술을 구사한 셈이다. 형식보다는 실리를 추구하는 일석이조一石二鳥의 통치 전략을 알 수 있는 대목이다. 이 때문에 이러한 청나라의 환대나 배려가 연암에게는 달갑지 않은 혜택으로 인식되고 있다. 조선으로서는 훗날 청나라의 사정이 어려워질 경우에도 대비해야 한다는 게 연암의 생각이다.

> 뒷날 혹시 청나라가 자기들의 본고장인 만주로 되돌아가 국경을 깔고 앉아서 우리에게 예전의 군신 관계의 예를 내세워서, 흉년이 들었을 때는 구제를 청하고 전쟁이 났을 때는 원조를 바란다면, 지금 저들이 자질구레한 종이 쪼가리나 돗자리를 감면해주는 혜택이 뒷날에는 도리어 가축과 말, 구슬과 옥을 요구하는 구실이 되지 않으리라고 어찌 장담할 수 있겠는가?

이 때문에 연암은 청나라의 우대 조치를 '근심'으로 여기지, '영광'으로 여기지 않는다고 말한다. 청나라의 우대 조치를 통해 국제 정치나 강대국의 속성을 꿰뚫어 보는 탁월한 혜안이다. 이 역시 한 조각 돌덩이로 천하의 대세를 들여다 본 셈이다. 연암은 열하일기 '행재잡록' 편에서 황제가 예부를 통해 조선 사신단에게 내린 칙유勅諭와 예부에서 황제에게 올린 문건, 예부에서 조선 사신단에 내린 문건 등을 상세하게 기록하는 이유를 들며 다시금 '천하의 근심'을 일깨우고 있다.

우리나라가 강대국에게 사사로이 두터운 대우를 받은 지 여러 해가 되고 본즉, 사람들의 마음이 느긋해져서 이런 일을 가볍게 보거나 소홀하게 생각하기 쉬운 법이다. 내가 여기에 그들이 아뢴 문건이나 황제의 조칙을 기록하는 까닭은 천하의 근심을 남보다 먼저 걱정하는 사람을 기다리고자 함이다.

3. 연암의 인물 취재 기법

취재 초점은 핵심 인물에

열하일기에서 취재의 핵심 인물은 뭐니 뭐니 해도 청나라 건륭제다. 조선에서도 황제가 사신을 어떻게 접견하고 어떤 말을 했는지가 초미의 관심사였을 것이다. 그러나 연암은 건륭제를 만나볼 수 없었다. 청나라 당국에서는 조선 사신이 황제를 알현하는 현장에 통관을 제외하고는 아무도 들어가지 못하게 제한했다. 때문에 정사가 황제를 만나는 장면과 황제가 한 말은 정사를 취재하여 전할 수밖에 없었다. 정사가 황제를 만난 날은 8월 11일. 황제를 만나기 전에 군기 대신이 정사에게 황제의 질문 두 가지를 미리 알려준다.

"너희 나라에는 사찰이 있느냐?"
"관운장 사당이 있느냐?"

그러나 정작 황제의 질문은 달랐는데 열하일기 기록을 그대로 보자.

먼저 회족의 태자를 앞으로 불렀는데 몇 마디 하지 않고 나가게 하고, 다음으로 사신과 세 통사通事를 들라고 명했다. 앞으로 나아갈 때는 모두 길게 무릎을 꿇고 무릎으로 걸어 나갔다. 황제가, "조선 국왕은 평안하신가?"라고 물어서 사신은 공손하게, "평안합니다"라고 대답하였다. 또 황제가 "만주 말을 할 줄 아는 사람이 있는가?"라고 물었다. 상통사 윤갑종尹甲宗이 만주말로, "대략 이해합니다"라고 대답하자, 황제가 측근의 신하들을 바라보고 기뻐하며 웃었다.

황제의 외모와 표정도 온화하다고 묘사돼 있다. 현장에서 직접 취재가 어려우면 현장을 목격하거나 경험한 사람이 취재의 핵심이다. 연암은 핵심 관계자가 된 정사 박명원을 통해 조선 사신이 황제를 접견하고 주고받은 대화를 취재하여 가장 기본적이면서도 중요한 기자의 역할을 수행했다.

황제보다도 더 신비롭고 호기심이 생기며 궁금한 인물은 판첸라마일 것이다. 연암도 열하에서 황제보다도 판첸라마에 더 큰 관심을 기울이고 취재 역량을 쏟았다. 심지어는 북경에서 만난 선비에게도 판첸라마에 대해 취재하기도 했다. 판첸라마의 내력과 정체, 신통력, 청나라에서의 위상 등을 확인하기 위해 여덟 명의 선비와 관리를 상대로 치밀하고 끈질긴 취재를 펼쳤다. 연암이 짧은 시간에 취재원들의 믿음을 얻고 폭넓은 소통을 할 수 있었던 비결은 무엇일까?

연암의 사교법과 대화 기법

연암은 신분이나 직업에 따라 사람을 가리지 않았다. 서얼 출신인 박제가와 이덕무, 유득공과는 누구보다 허물없이 교류하였고 한양에서 혼자 지낼 때는 땔나무 장수나 참외 장수와도 충효를 논하기도 했다. 오히려 양반이라도 속 다르고 겉 다른 위선자나 권세와 이익을 좇는 모리배라면 극도로 싫어했다. 연암의 이러한 성정은 열하일기 안에서도 그대로 드러나 있다. 자신의 수행 하인인 장복이와 창대는 물론이고, 역관들과 어의, 다른 일행의 마두와 하인들까지 두루두루 이야기를 나누며 인간적인 친밀감을 갖도록 하고 있다. 이들은 여정 내내 주요한 취재원이자 취재 대상이 되기도 했다.

연암의 소탈하고 호방한 성품은 청나라 사람들에게도 통했다. 그렇지만 청나라 사람이 외국인인 연암에게 내밀한 이야기를 얘기했다가는 자칫 큰 화를 당할 수도 있다. 때문에 취재 활동에서 취재원과의 인간적 신뢰 관계는 빼놓을 수 없는 요건이다. 기자에 대한 믿음이 없으면 어떤 취재원이 진솔한 말을 하겠는가? 연암의 사람 사귀는 방법이나 기술에 대한 구체적 기록은 없지만, 중국인들을 매료시킨 데는 그의 풍채와 학문적 식견도 큰 몫을 한 것으로 보인다. 연암과 함께 사신단으로 따라갔던 노이점盧以漸이 그의 연행록인 〈수사록〉의 '서관문답서西館問答序'에서 전한 연암의 매력이다.

중화의 선비들로서 학문과 문장이 있는 사람들도 연암을 한번 보고는 매료되지 않는 사람이 없었다. 그는 큰 키에 큰 얼굴로 눈썹이 수려하고 수염은 적어 옛날 사람 같은 풍채가 있다. 본성이 술을 좋아할 뿐 아니라 잘 땐 코를 세게 골았고, 서양금을 타면서 사

람에게 노래를 부르게 하고 들었다. 호탕한 이야기와 웅장한 변론
으로 주위 사람들을 놀라게 하고, 신령한 풍채가 늠름해 용과 호
랑이를 잡고, 호랑이와 범을 치는 기상이 있다.

지난 밤 나는 연암과 함께 지구와 해, 달, 별들이 자전하면서 운행
하는 것과 사해四海와 육합六合, 하늘과 땅, 동서남북, 팔황八荒의 요활함
에 대해 논했다. 그 이론이 새롭고 신기하고, 크고 넓어서 앞 시대
사람들이 볼 수 없는 것을 봤으니 오히려 위대하지 않은가? 비록
세상에는 내가 들었던 것보다 다른 것이 있지만, 그는 보잘 것 없
는 것들의 밖에서 독특하게 초연한 것을 보고 아름답게 여겼기에,
마침내 그 말을 기록해 서술한다.

- <열하일기와의 만남 그리고 엇갈림, 수사록>,
노이점 지음, 김동석 옮김, 성균관대 출판부

윗글로 볼 때 연암이 중국인들에게 신뢰를 얻은 핵심 매력 포인트
는 학문과 문장이었다고 볼 수 있다. 여기다가 우람한 풍채에 술과 노
래를 즐기는 로맨티스트 기질을 갖추었고, 말 재간까지 뛰어났으니 호
감을 가지지 않을 수 없었을 것이다. 여기서 눈에 띄는 점은 철저한 배
청론자로 연암과 사상적 대척점에 있던 노이점까지도 연암에게 흠뻑
빠졌다는 사실이다. 그만큼 연암의 인간적 흡인력이 컸기에 가능했다
고 본다.

열하일기를 보면 연암을 처음 보는 사람마다 호감을 가졌던 것처럼
보인다. 노이점이 기술한 대로 연암은 수려한 풍채에다가 풍부한 유머

와 기지 넘치는 화술로 사람을 끌어당기는 매력이 있었다. 때때로 '손님이 먼저 나서지 않는 것이 예법입니다' 같은 품위를 갖춘 예의로 상대방이 입을 열게 한다. 연암의 대화법은 다음과 같이 간략하게 요약할 수 있다.

1. 상대방을 푸근하고 소탈하며 친근감 있게 대우해 호감을 얻는다.
2. 자신을 낮추고 깍듯한 예의로 상대를 높인다.
3. 상대방을 존중하는 화법으로 일상적 질문을 하며 대답을 경청한다.
4. 풍부한 식견과 고전, 역사 지식 등을 바탕으로 다양한 주제를 논한다.
5. 때때로 풍부한 유머와 위트로 분위기를 부드럽게 환기시킨다.
6. 점차 대화의 초점을 잡고 깊이 있게 들어간다.
7. 적절한 시점에 핵심적 질문을 던져 궁금한 사실을 파악한다.

열여섯 시간의 필담 인터뷰인 열하일기 '곡정필담' 편을 보자. 연암과 곡정 왕민호가 나누는 대화의 주제는 너무나 방대하다. 기하학과 원소론, 지구와 달의 운행 등 과학에서부터 야소耶蘇, 예수와 라마교, 불교의 윤회 사상 등 종교 분야, 당송의 역사와 천하를 다스리는 일, 임금과 신하의 관계, 글 아는 아전들이 법조문을 간교하게 꾸며서 장난을 치는 문제 등 역사와 정치 문제까지 망라돼 있다.

이렇게 대화가 깊이를 더하면서 곡정은 연암의 표현대로 입에 '자개

바람'이 일어날 정도로 진심을 토로하는데, '유교의 경술이 천하를 파괴하는 도구'라거나 '무극이 태극을 낳았다는 주자의 말이 무슨 뜻인지 알 수가 없다'라고 하는 등 조선에서는 상상도 하지 못할 비판을 쏟아 놓았다. 청나라의 건국에 대해서는 극구 찬양했지만 간간이 불편한 속 마음을 드러내기도 했다.

그가 비록 청나라가 나라를 얻은 사실을 말끝마다 극구 칭송했지 만, 필담하고 말하는 사이에 때때로 속마음을 드러냈다. 특히 '역 대 왕조들이 정도와 이치를 어기고 나라를 빼앗아서 정도를 지킨 다' 또는 성공과 실패의 자취 등의 말을 빌려서 자신의 비분강개 한 기분을 드러내었다.

여하간 연암과 곡정의 장시간 필담은 웬만한 식견과 지식 없이는 불가능한 격조 높은 대담이다. 열하일기를 보면 필담을 이끌어가는 연암의 탁월한 대화 기법이 그대로 나와 있다. 이러니 청나라 사람들 은 연암에게 마음을 터놓는 이야기는 물론이고, 기회 있을 때마다 성 대한 대접을 베푼다. 기풍액을 만났던 '태학유관록太學留館錄' 8월 14일 기록을 보자.

기공은 내 손을 잡고 자신의 방으로 데리고 들어갔다. 방에는 이 미 촛불 네 자루를 켜고, 큰 탁자에는 음식을 성대하게 차려 놓았 으니 오로지 나를 위해 마련한 것이다. 향고香糕 세 그릇, 여러 가지 사탕이 세 그릇, 용안龍眼과 여지 및 땅콩과 매실을 담은 것이 서너 그릇, 부리와 발이 달린 채 요리한 닭과 거위 및 오리가 있다. 껍질을 벗긴 통돼지는 용안과 여지, 대추와 밤, 마늘과 후추, 호두와 살구, 수박씨 등을 박아서 떡처럼 쪘다. 맛이 달고 기름지긴 하지만 너무도 짜서 도저히 먹을 수가 없다. 떡과 과일을 모두 높이가 한 자가 넘게 담았다. 한참 뒤에는 모두 치우고 가져가더니, 채소와 과일 두 그릇과 소주 한 주전자를 다시 차려서 내왔다. 술을 조금씩 따라 마시며 도란도란 이야기를 주고받았다.

마치 그림을 그리듯, 수박씨 하나 빠뜨리지 않는 연암의 치밀한 기록 덕분에 조선인들은 청나라의 풍성한 요리뿐 아니라 연암의 사교술도 함께 터득할 수 있었다. 이보다 더 뛰어난 취재원 사귀기와 취재 기법이 어디 있겠는가? '망양록'에도 긴 인터뷰를 이어가며 서서히 핵심 현안에 접근해 가는 연암의 대화술과 인물 취재 기법이 그대로 기록돼 있다. 대화가 이어져가는 과정은, 마치 바람이 불 듯 시냇물이 흐르듯 너무도 자연스럽다.

윤가전, 왕민호의 대화에서 음악의 역사에서 각 왕조별 정치와 음악과의 관계, 음악과 교육 분야로 옮겨간 뒤 자연스레 주자에게 초점을 맞춘다. 이에 왕민호도 나중에는 '한족 중에 주자 편을 들어줄 사람이 드물다. 한족이 문약文弱하게 된 데는 주자도 한몫 했다'라며 진심을 토로한다. 바로 연암이 천하의 형세와 민심을 파악했다는 내용의 중요한 부분이다. 연암이 북경으로 돌아가기 전날인 8월 14일 저녁, 윤가전, 왕민호를 찾아가 작별 인사를 나누는데 두 사람은 눈물을 흘리며 헤어짐을 아쉬워했다. 연암의 탁월한 인간관계는 이미 심양에서도 진가를 발휘한 바 있다. 여기서 주의 깊게 봐야 될 게 하나 있다. 심양의 가상루에서 청인들과 심야 대담을 나누는 연암이 이런저런 대화를 하다가 슬쩍 청나라 조정의 각료 가운데 덕망이 높은 인물이 누구인지 묻는 대목이다. 앞서 청나라 황제를 실컷 찬양하는 이야기를 나눈 뒤이기에 질문도 자연스럽다.

> 내가 "지금 조정의 각료 중 태산과 북두칠성처럼 높은 덕망을 가진 분은 누구입니까?"하고 물으니 동야가, "관료의 이름을 적어 놓은 〈만한진신영안滿漢搢紳榮案〉이란 책에 다 실려 있으니, 조사하면 알 수 있을 겁니다"라고 한다.
> "비록 그 책을 본다 한들 그들이 무슨 일을 하는지 어찌 알 수 있겠습니까?"하고 물으니 동야가, "우리야 모두 초야에 묻혀 사는 보잘것없는 사람들이니, 누가 정치를 잘하는 재상이고, 누가 임금에게 직접 발탁이 되었는지는 알 수가 없답니다"라고 한다.

이 대화만으로도 연암은 이미 중요한 취재물을 하나 건진 거나 다름없다. 당시 기준으로 볼 때 청나라의 통치 조직이나 조직의 주요 인물과 핵심 관계자는 주변국에게 중요한 정보이다. 정치 외교적인 대응을 위해서는 조직과 중요 인물을 연구하는 게 기본적이며 필수적 과정이다. 이런 측면에서 연암이 자연스레 알아낸 〈만한진신영안〉은 조선의 입장에서는 매우 값진 보물이 아닐 수 없다.

그러면 왜 연암은 이 취재 건에 대해 딱 몇 줄만 기술하고 있을까? 이런 책자를 외국인이 확보하면 청나라에게는 매우 예민한 문제가 될 수도 있다. 이 때문에 연암이 조용히 사신에게 귀띔을 해줬을 가능성도 없지 않다. 제대로 된 역할을 하는 사신이었다면 엉터리 '별단'보다 훨씬 고급 정보인 그 책을 확보하려고 응당 노력했을 것이다. 그러나 하인들마저 청나라를 업신여기는 행태에서 보듯, 조선 사신단이 '오랑캐들의 명부'에 관심을 보였을 것 같지는 않다.

제4부

연암의 통찰력과 예언

1. 화신의 패가망신을 내다보다

건륭 황제의 실세 화신和珅

화신和珅은 만주족 출신으로, 황제의 친위대에서 일하다 건륭제의 눈에 띄어 발탁된 인물이다. 건륭제는 외모가 준수하고 말에 막힘이 없는 화신을 총애하여 초고속으로 승진시켰다. 화신도 황제의 은혜에 보답하듯, 황제의 명령이라면 무엇이든 차질 없이 이행하고 황제가 듣기 좋아하는 말을 골라서 비위를 맞췄다. 황제의 심복으로서 위세가 높아진 화신은 자신의 권세를 이용하여 온갖 진귀한 보물을 뇌물로 받아 챙겼다. 당연히 황제만 모를 뿐 이미 청나라 최고의 탐관오리로 악명을 떨치고 있었다. 그 즈음 연암이 열하로 갔다.

연암이 화신을 처음 목격한 때는 열하에 도착한 나흘 뒤인 1780년 8월 12일이다. 이날 조선 사신은 새벽부터 황궁 행사에 참석하러 가고, 연암은 혼자 대궐 주변을 돌다 연회를 구경하고 있는데 한 젊은 관원이 시종들을 앞세우고 거들먹거리며 나타난다. 호부상서戶部尚書 화신이다.

사람들에게 물어보니 모자 정수리에 수정을 단 사람은 바로 호부 상서 화신이라는 자란다. 눈매가 밝고 수려하며 얼굴은 준엄하고

날카롭게 생겼으나, 다만 덕과 그릇이 작아 보였다. 나이는 이제
갓 서른하나란다.

연암이 취재한 바에 따르면 화신은 성품이 교활하고 붙임성이 뛰어
나 5~6년 사이에 벼락 출세를 하고 황제의 좌우에서 위세를 떨친다고
한다. 화신의 어린 아들은 황제의 여섯 살 된 황녀와 약혼했다. 황제
가 이 어린 딸을 가장 사랑했기에 궁인들은 황제가 화를 낼 때 어린 딸
을 안아다가 그 앞에 내려다 놓는데, 그러면 황제의 분노가 풀린다고
한다. 그런 황녀를 며느리로 삼아 황실과 사돈지간이 되었으니 화신의
위세를 알 만했다.

다음 날인 8월 13일은 황제의 70세 생일인 만수절이다. 아침에 연암
이 궁궐 앞에 갔을 때, 누런 보자기가 덮인 일곱 개의 들것에 옥 그릇과
골동품, 보통 사람 앉은키 정도의 금부처가 놓여 있었다. 모두 화신이
황제에게 진상하는 물품이란다. 연암은 '경개록'에서도 기풍액이 세도
가 화신에게 빌붙어서 귀주 안찰사로 가게 됐다는 전언을 기록해 화신
을 언급해놓고 있다.

또 '찰십륜포'에서 황제와 판첸라마가 나란히 앉아 매화포梅花砲 불꽃
놀이를 구경하는 장면을 기록했는데, 여기서 황제에게 자주 차를 올리
는 화신의 모습이 등장한다. 지근 거리에서는 지극 정성으로 황제를 떠
받들어 눈과 귀를 가리고, 밖으로는 황제를 등에 업고 호가호위를 일
삼는 화신을 그려내고 있다. 이렇게 연암이 곳곳에서 화신의 동정이나
모습을 전하고 있는 것을 보면, 당시 연암도 화신의 유명세를 상당 부

분 알고 있었던 것으로 보인다.

대탐관 화신의 운명을 예언하다

열하일기 '동란섭필' 편에서도 뇌물로 황제의 환심을 사는 화신에 대한 별도의 기록을 남겼는데, 여기에는 화신의 운명에 대한 연암의 통찰력과 날카로운 예언이 포함돼 있다. 8월 13일 화신이 황제에게 바친 선물의 목록을 보다 상세하게 기록하고 있다.

지금 호부상서로 있는 화신은 황제의 총애를 받는 신하이다. 그는 황성의 아홉 개 문을 수비하는 금군의 책임자인 구문제독九門提督을 겸하고 있어, 귀한 명성을 조정에 떨치고 있다.

황제의 탄신일에 내가 피서산장의 문 밖에 이르렀더니, 황제에게 헌상하는 물건들이 문 앞에 폭주하였다. 모두 누런 보자기로 덮였는데, 금부처가 아니면 옥으로 된 기명이라고 한다. 화신이 실어 온 수레에는 진주로 만든 포도 한 시렁이 있다고 한다. 금과 은, 오동烏銅으로 색깔을 내서 포도나무의 넝쿨과 잎을 만들고, 보배 구슬의 일종인 화제주火齊珠와 푸른색 보석인 슬슬瑟瑟로 포도송이를 만들었다고 하니, 그야말로 죽은 포도 넝쿨을 심었더니 진짜로 살아서 포도가 열렸다고 하는 초룡주장草龍珠帳인 셈이다.

화신이 황제의 비위를 맞추기 위해 뇌물에 얼마나 공력을 들였는지 알 수 있다. 그러나 연암은 뇌물이 비수로 되돌아오는 속성도 간파하고 있었다.

화신은 황제의 총애를 한창 독차지하는 귀한 신하이기 때문에 황제 역시 선물을 받고는 '화신이 나를 위하고 공경하는구나. 자기 집에 소장할 생각은 하지 않고 짐에게 헌납하다니'라고 말했을 것이다. 그렇다면 황제는 장차 '짐은 사해의 부를 나 치지하고 있으면서도 이런 진주 포도가 없는데, 화신은 도대체 어디에서 이런 물건을 얻었을까?'라고 말할 수도 있을 것이다. 그리되는 날엔 화신은 위태로우리라.

1785년 3월 22일 정조실록에는 사은사謝恩使 서장관으로 중국에 다녀온 이태영李泰永이 올린 별단 내용이 기록되어 있는데 여기에도 화신에 대한 정보 보고가 있다. 화신이 황실을 등에 업고 호가호위한다는 내용이다.

이부상서 화신은 지난해에 군기대신으로 승진하고, 아들이 황제의 딸에게 장가들었으며, 딸은 황제의 손자에게 시집을 가서 권세가 날로 높아가고 있으며, 황제께서도 그 집에 번갈아가며 내시를 보냅니다. 그리하여 세력이 하늘이 찌를 듯이 대단하여, 조정의 각료들이 붙좇지만 오직 각로閣老인 아계阿桂만은 대단한 공신의 가문임을 자랑하고 청렴하고 근신하는 마음을 스스로 지녔으며, 화신의 공명과 꺼림을 받고 있어 조야에서 자못 신임한다고 합니다.

공부상서 김간金簡도 또한 황제의 외척으로서, 은총을 많이 받으며 상사가 빈번하여 세력이 화신의 다음 간다고 합니다.

연암이 다녀온 때로부터 5년 뒤의 기록이다. 이때 화신은 아들뿐만 아니라 딸까지도 황실과 연을 맺게 하여 권세는 하늘을 더 깊이 찔렀을 것이다. 내시들까지 화신의 집에 드나들었으니 능히 짐작이 간다. 또 하나 눈여겨 볼 사실은 화신을 본받아 김간이라는 다른 부패 세력이 등장했다는 사실이다. 부패는 부패를 낳기에 이미 그때 초강대국 청나라는 조정에서부터 부정과 부패, 탐욕과 안락으로 서서히 몰락의 서막을 열고 있었다.

화신이 위태로울 수 있다는 연암의 예언은 무섭도록 정확하게 들어맞았다. 1799년 2월 건륭제가 죽은 직후 화신은 가경제嘉慶帝의 대리청정을 맡았으나 곧바로 부정부패 혐의로 축출된다. 뒤이어 화신은 모든 재산을 몰수당하고 자진自盡하는 운명으로 인생의 막을 내렸다. 화신의 비극적 최후는 청나라의 험난한 운명에 대한 예고편이었다.

2. 청나라의 붕괴를 예언하다

평화 속에서 환란의 기미를 보다

연암은 열하에서 북경으로 돌아갈 때 만리장성의 요충지인 고북구를 자세하게 구경할 수 있었다. 북경에서 열하로 갈 때는 길을 재촉하느라 밤중에 스치듯 지났기에 형체만 어렴풋이 봤을 뿐이었다. 역사적으로 전쟁의 북소리가 그칠 날이 없었던 만리장성 고북구 관문. 연암이 갔을 때는 태평한 100여 년의 시절이라 사방은 북소리, 전투하는 소리가 없고, 삼과 뽕나무가 우거지며 평화롭게 닭이 울고 개가 짖는 소리가 사방에 들렸다. 휴양과 생활을 이렇게 편하게 할 수 있었던 적은 한나라, 당나라 이래로 일찍이 없었다. 연암은 청나라가 무슨 덕을 가지고 이러한 경지를 이룰 수 있었는지 알지 못하겠다며 청나라의 치세治世를 높이 평가했다. 그러면서도 '무엇이든 극에 치달았다가는 무너지는 것[숭극이이, 崇極而坦]'이라며 또 다른 예언을 한다.

무엇이든 극도로 치달았다가는 무너지는 것이 사물의 필연적인 이치이다. 지금 백성들이 오랫동안 전쟁을 치러보지 못했으니 만약 전쟁을 하게 되면 흙이 무너지고 기와가 깨지듯[토붕와해, 土崩瓦解] 여지없이 허물어질 것이다. 아! 참으로 염려되는구나.

1780년대 청나라는 건륭제의 재위 기간이 40년을 넘었던 시기로 중국 역사상 절정기였다고 해도 과언이 아니다. 건륭제 스스로 '열 번의 영토 전쟁을 모두 승리로 이끈 노인'이라는 뜻의 십전노인十全老人으로 불리기를 좋아했듯이, 중국의 영토는 이 시기 역사상 가장 광활한 면적을 자랑했다. 실제로 중국에서도 강희제와 옹정제를 거쳐 건륭제가 통치했던 130여 년을 '강옹건康雍乾 시대'라 부르며 최전성기의 상징처럼 여기고 있다. 연암의 표현대로 '극도로 치달았던' 시대였다.

이러한 시대에 연암은 청나라에서도 '전쟁'과 토붕와해의 '환란'을 예감하고 앞날을 진심으로 염려했다. 이러한 예감의 근거나 이유를 제시하지는 않았지만 연암이 단순히 막연하게 경종을 울려보려거나 청나라의 발전을 시샘하여 한 소리는 아닐 것이다. 글자 하나하나마다 글쓴이의 의도와 뜻을 깊이 새겨야 한다는 연암의 말로 미뤄볼 때, 이미 연암은 열하에서 불길한 전조를 내다볼 수 있는 실마리나 단초를 보았을 것으로 추정할 수 있다. 열하일기의 내용만으로 볼 때 그 단초는 화신의 사례에서 보듯 부정부패와 아첨꾼들의 득세로 인해 점차 활력을 잃고 무기력해지고 있는 조정이었다.

부정부패와 아첨 – 조정의 검은 그림자

청나라 건륭제는 1736년 옹정제를 이은 뒤 60년간 황제의 자리에 있었다. 70세 생일을 맞은 1780년은 황위에 오른 지 44년째 되는 해였다. 40여 년의 오랜 권좌 생활에다 문치무공文治武功을 이루었다고 자만하고 있었기에 듣기 좋은 말만 들었다. 앞에서 소개한 대로 청나라 탐관오리의 대표 주자인 화신이 실권을 쥐고 득세할 수 있었던 것도 이러한 배경 때문이었다. 연암은 탐관오리 화신이 황제에게 보화를 진상하는 장면을 취재한 바 있다. 뇌물은 생명력이 강해서 한 번 생기면 반드시 새끼를 친다. 뇌물을 바친 화신이 뒤로는 온갖 뇌물을 받아 챙기는 부패의 온상이 된 것이다. 다음과 같은 중국 역사의 기록도 화신의 탐욕이 당시 중국 사회를 어떻게 좀먹고 있었는지를 보여주고 있다.

화신의 탐욕은 날이 갈수록 늘어만 갔다. 그런 화신의 비위를 맞추느라 조정 안팎의 관리들은 백성들에게서 수탈해 온 진귀한 보물들을 앞다투어 그에게 바쳤다. 벼슬 높은 자는 벼슬 낮은 자를 괴롭혔고 벼슬 낮은 자는 백성들을 괴롭혀서 백성들은 아침을 먹으면 저녁 끼니가 걱정이었다.

- 〈중국상하오천년사〉, 풍국초 외 1인 지음, 이원길 옮김, 신원문화사

가경제 때 화신을 축출한 뒤 몰수한 재산이 당시 청나라 정부의 12년 치 세입에 맞먹었다고 하니 부정부패의 실상을 알고도 남을 만하다. 연암은 이러한 화신을 통해 청나라 조정으로 스며든 부정부패의 그림자를 보았고 청나라 학자들의 목소리를 통해 화신을 걱정하는 메아리를 들었을 것이다. 부강한 청나라의 이면에서 깜박깜박하기 시작한 환란의 불씨였다.

연암이 취재한 청나라 조정의 또 하나 다른 실상은 아첨이었다. 연암이 이미 취재한 대로 청나라 예부의 관리들은 황제의 비위를 맞추

기 위해 조선 사신이 황제에게 올린 글까지 몰래 고쳐서 올렸다. 심지어는 있지도 않은 내용을 자의로 끼워 넣기도 하였다. 조선 사신의 판첸라마 접견을 보고한 예부의 문건이 열하일기 '행재잡록'에 소개되어 있다. 문건에는 '조선 사신이 판첸라마에게 절을 하는 예식을 거행했다'라거나 불상 등의 선물을 받고는 '조선국 사신들은 즉시 땅에 머리를 조아려 절을 하고 사례를 했다'라는 내용이 들어 있다. 여기에 이은 연암의 고발을 보자.

예부에서 황제에게 아뢴 글을 보면, 사신이 활불에게 절을 하고 뵈었다거나, 사신들에게 물건을 하사했을 때 사신들이 즉각 땅에 머리를 조아리며 사례했다고 한 것들은 모두 허황된 거짓말이다.

조정 핵심 부서의 일 처리가 이러하니 정부 행정이 제대로 돌아갈 리가 없다. 모든 권한이 황제에게 집중되면서 측근들의 폐단이 점차 커지고 있었던 것이다. '행재잡록' 마지막에는 다음 글을 붙여 놓았다.

내가 열하에 있을 때 예부에서 우리나라와 관련된 일을 거행하는 것을 보고는 천하의 일을 짐작할 수 있었다.

예부가 오로지 황제의 심기를 건드리지 않기 위해 사실을 날조하고 없는 사실까지 꾸미는 실태를 보고, 황제의 눈을 가리고 귀를 막는 신하들의 아첨과 아부로 청나라 조정의 앞날에 그림자가 드리워지고 있다는 사실을 알 수 있었기에, 연암이 '천하의 일을 짐작할 수 있었다'라고 한 말은 곧 청나라의 앞날에 환란의 운명에 다가오고 있다는 예감과 일맥상통한다고 볼 수 있다.

백련교도의 난과 아편전쟁

건륭제는 할아버지인 강희제보다 황제 자리에 오래 있을 수 없다며 재위 60년째인 1796년에 황위를 가경제에게 물려준다. 가경제 1년 바로 이 해에 백련교도의 난이 일어났다. 연암의 경고가 있은 때로부터 불과 16년 뒤였다. 백련교白蓮敎는 원말 몽고의 지배에 반항하던 비밀 종교 결사였는데 청나라 시절에는 반청 복명反淸復明을 기치로 내걸었다. 이들은 화신이 아직 권력을 잡고 있을 때 지방 관리들의 수탈이 극심하여 반란을 일으켰다. 명분은 관핍민반官逼民反. 즉 관리들이 백성들을 못살게 굴어 반란을 일으키게 했다는 것이다.

백련교도의 난은 사천, 호북성에서 일어나 하남, 섬서, 산동, 하북 등지로 급속하게 확대되었다. 가경제는 화신을 체포하여 가산을 몰수하고 스스로 목숨을 끊게 했으나 난은 1804년에 가서야 겨우 평정되었다. 백련교도의 난은 잠자고 있던 반청 의식을 일깨우는 계기로 작용하면서 청나라가 급속하게 기우는 데 기폭제 역할을 했다고 볼 수 있다.

영국이 차 수입에 따른 엄청난 무역 적자를 메우기 위해 청나라에 아편을 몰래 수출하기 시작한 시기는 18세기 초엽이다. 청나라에서는 옹정제 초기인 1729년에 첫 번째 아편금지령을 내렸다. 그럼에도 아편은 청나라 백성들 속으로 스멀스멀 파고들었다. 1780년 연암이 청나라를 방문했을 무렵에는 천 상자 정도의 아편이 수입되었다가 아편 전쟁 직전에는 4만 상자 정도로 늘어났다. 청나라 조정과 관리들이 부정부패로 허물어지는 사이에 백성들은 아편 중독의 나락으로 야금야금 떨어지고 있었다.

도광제 때 광저우로 파견된 임칙서가 아편을 몰수하여 불태우면서 촉발된 아편전쟁에서 청나라는 영국 함대에 맥 한번 추지 못하고 추풍낙엽이 되어버렸다. 전쟁을 일으킨 영국에서마저 '가장 추악한 전쟁'이라는 비판이 있었지만, 냉혹한 국제무대에서는 힘이 없으면 당하는 수밖에 없다. 연암이 만리장성 고북구에서 '환란'을 예감한 1780년으로부터 정확하게 60년 뒤, 청나라는 영국과의 아편전쟁에서 속수무책으로 무너지고, 사자들에게 온몸이 찢기는 사슴처럼 열강의 먹잇감으로 전락해 이리 뜯기고 저리 뜯기는 신세가 된 것이다.

연암은 평화로운 가운데서 취재하면서도 청나라와 청 조정의 내부 모순을 정확하게 간파하여 토붕, 즉 망국의 가능성까지 예감했다. 실제로 청나라는 백련교도의 난으로 휘청한 뒤 아편전쟁에서는 연암의 표현대로 '흙이 무너지고 기와가 깨지듯' 열강의 무력 앞에서 힘없이 무너졌다. '아! 참으로 염려되는구나' 했던 연암의 우려가 현실이 되었다. 이 역시 연암이 화신의 운명을 예감했던 것처럼, 단순한 예언이라기보다는 청나라의 부조리와 모순에 대한 정확하고 치밀한 취재에다가 국가 경영과 역사에 대한 식견을 바탕으로 내린 역사적 판단이라고 봐야 할 것이다.

옛 요동[舊遼東]에서 명나라의 운명을 보다

청나라가 부패에 찌든 화신 같은 간신 때문에 기울어지듯이, 일국의 슬픈 운명이 내부의 간신에게서 비롯된다는 이치가 열하일기 속 두 곳의 역사적 현장에서 제시되고 있다. 조선 사신단이 심양에 들어가기 직전인 7월 8일, 옛 요동을 지난다. 연암은 별도의 '구요동기舊遼東記'에서 명나라 말기 두 장수, 웅정필熊廷弼과 원숭환袁崇煥의 운명을 떠올리며 명나라가 망한 이유를 설명하고 있다.

> 웅정필은 후금後金에 맞서 요동 방위에 공을 세운 뛰어난 장수이다. 그가 요동성을 다시 세웠다. 그러나 웅정필이 당시 환관 위충현 중심의 무리인 엄당閹黨의 모함으로 파면되자 결국 요동은 후금에 함락되고 말았다. 이후 웅정필은 다시 요동경략遼東經略으로 기용됐으나 또 다시 위충현과 엄당의 농간으로 왕화정王化貞의 작전 실패 책임을 뒤집어쓰고 1625년 처형되었다.
> 명말 당시 억울한 죽임을 당한 장수로 빼놓을 수 없는 또 한 사람이 있으니 바로 원숭환이다. 원숭환은 웅정필이 처형당한 뒤 산해관 밖 영원성寧遠城과 금주성錦州城에서 홍이포를 동원해 후금 군대를 격퇴했다. 그러나 원숭환 역시 후금의 반간계反間計에 놀아난 위충현과 엄당의 모함에 걸려 잔혹하게 처형당했다.

연암은 무너져 내린 옛 요동의 성터에서 누명을 쓰고 죽은 두 장군을 기리며 명나라가 멸망한 근본 원인을 설득력 있게 꿰뚫어 보고 있다.

명나라 말기의 운세는 인재를 쓰고 버림이 거꾸로 되고 공과 죄가 분명하게 밝혀지지 않았기 때문이다. 명장 웅정필과 원숭환의 죽음은 명나라 스스로 만리장성을 허물어버린 것과 같다.

연암은 만리장성의 요새인 산해관에서도 튼튼한 성이 아니라 간신 때문에 좌우되는 나라의 운명을 살피고 있다.

몽염蒙恬이 만리장성을 쌓아 오랑캐를 막는다고 했으나 진나라를 멸망시킨 사람은 시황의 아들인 호해胡亥이니 집안에 오랑캐를 키운 꼴이다. 서달이 산해관을 설치하여 여진족을 막았으나 오삼계吳三桂가 산해관 관문을 열어 오랑캐를 맞이하기에 급급했다. 천하가 무사태평한 오늘날 산해관은 상인이나 여행객을 붙잡고 부질없이 세금이나 받는다고 원망과 비웃음을 사고 있으니, 산해관에 대해 무슨 말을 더 할 수 있을 것인가!

간신이나 아첨꾼들 같은 권력 주변의 모리배는 충신이나 인재들을 모함하여 나라를 망치고, 무능한 위정자는 정치를 파탄시켜 나라를 결딴내며, 겁이 많은 장수는 싸우지도 않고 적에게 나라를 넘기는 사례들로서 역사의 거울과 같은 대목이다. 연암은 두 곳의 역사적 현장에서 '외부에 있는 적보다 내부에 있는 간신이라는 적이 더 무섭다'라는 만고의 진리를 다시금 일깨우고 있다.

3. 조선의 민란을 내다보다

고려보高麗堡의 비극

조선 사신단을 수행하는 하인들의 비참한 실태에 대해서는 앞서 쓴 바와 같다. 말몰이꾼들에게는 의주부에서 공식적으로 한 사람당 백지 60권만 지급한다. 그래서 백여 명의 말몰이꾼이 길을 가며 하는 좀도 적질이 관행으로 굳어졌다. 열하일기에 소개된 고려보의 사례가 하인들의 실태를 잘 보여주고 있다.

고려보는 옥전현玉田縣 못 미처 있으니, 위치가 산해관과 북경의 중간 정도로 보인다. 병자호란 다음 해에 포로로 잡혀 온 사람들끼리 마을을 이루어 후손들이 대대로 터전을 닦은 곳이다. 연암이 갔을 때 지붕도 띠풀로 이었으며 산해관 동쪽에서는 볼 수 없었던 논도 있고 벼도 심어 한눈에 고려보를 알아볼 수 있었다. 고려보에 대한 연암의 취재 내용이다.

옛날에는 사신들이 오면, 하인들이 사 먹는 술과 음식값을 혹 받지 않기도 하고, 부녀자들이 내외도 하지 않았으며, 어쩌다 고국의 이야기가 나오면 눈물을 흘리는 자도 많았다고 한다. 말몰이꾼들이 이를 악용하여 마구잡이로 술과 음식을 공짜로 먹는 자가 많이 생기고, 혹은 따로 그릇과 옷까지도 억지를 부리며 달라고 하는 자도 있었다. 같은 나라의 옛 정리를 생각해서 주인이 지키는 것을 그다지 심하게 하지 않으면, 그 틈을 노려 물건을 훔치기까지 하여 점점 우리나라 사람들을 싫어하게 되었다.

이렇게 되니 고려보 사람들은 매번 사행이 오면 술과 음식을 감추고 팔지 않으려 하고, 팔더라도 바가지를 씌우거나 선불을 요구하기도 했다. 이에 맞서 말몰이꾼들도 온갖 꾀를 동원해 사기를 쳐서 분풀이를 하니, 서로 상극이 되어 원한이 깊은 원수 보듯 한다는 것이다. 다시 열하일기의 한 장면이다.

하인들이 이곳을 지날 때는 반드시 일제히 소리를 질러 욕을 하며, "네놈들은 고려의 자손들로, 너희 할애비가 왔는데도 어찌하여 나와서 절을 하지 않는 게냐?"라고 하면 고려보의 사람들도 맞받아서 욕설을 퍼붓는다. 사정이 이렇건만 우리나라 사람들은 도리어 고려보의 풍속이 아주 나쁘다고만 하니 참으로 한심한 일이다.

우국지사 연암 대기자의 통탄이 아직도 귓가에 쟁쟁하게 울린다. 힘없는 같은 핏줄끼리 서로 도와주고 힘을 합쳐도 모자랄 판에, 포로로 끌려온 형제자매들의 후손을 욕하고 손가락질 하며 풍속이 나쁘다고까지 하니 한심한 생각이 드는 건 너무나 당연하다. 연암의 이 기록은 고려보에서 서로 상극이 된 아픈 사연 이면에 스며있는 근본적인 이유를 숙고하도록 의도하고 있다.

먼저 나라가 무능하고 힘이 없으면 국민들이 고생하고 죽어난다는 사실이다. 고려보의 우리 핏줄이 1637년 삼전도 굴욕 이후 얼어붙은 압록강을 건너 눈보라 치는 만주 벌판으로 끌려가는 동안 얼마나 많은 눈물을 흘리고 발을 굴렀을까, 실낱같은 생명을 부지하기 위해 맨손으로 황무지를 개간하며 얼마나 많은 피땀을 흘리고 굶주림의 고통에 신음했을까 생각하지 않는다면 이 땅의 선비가 아닐 것이다. 그런데도 모국에서 온 사람들이 따뜻한 말 한마디 못해줄망정 오히려 도둑질을 하고 있으니, 연암은 '조선이 얼마나 못살며 정신을 차리지 못했는지'를 깊이 고뇌해야 한다는 메시지를 던지고 있는 것이다.

다음으로 사절단 하인들의 교양 없는 무례와 행패의 이면이다. 왜 그들은 공짜를 요구하고 심지어 절도까지 했겠는가? 사절단을 수행하는 중요 임무를 맡기면서도 상응하는 대가와 처우가 없었기 때문이다. 말몰이꾼들에게 백지 60권만 지급하는 것은 사실상 알아서 얻어먹거나 훔쳐 먹으라고 나라에서 용인한 셈이나 마찬가지다. 그들도 외국에 나가면 국격을 상징하는 대표의 일원이지만, 나라가 가난한 데다 하인을 천대하는 신분 제도의 병폐가 고질이 돼 있다 보니 짐승만도 못한 생활을 묵묵히 감내해야 했다.

고려보에 얽힌 사연은 연암이 가슴 아픈 현장 취재를 통해 조선 조정의 무능과 무책임을 간접적으로 고발하고 조선의 선비와 집권 사대부, 위정자들의 각성을 촉구하는 글이기도 하다. 연암은 분명히 사신단 하인들의 가슴속에 소리 없이 켜켜이 쌓여 가고 있는 분노와 불만의 그림자와 메아리를 보고 들었음에 틀림없다.

고교보 사건의 진실은?

7월 18일 저녁에 고교보高橋堡라는 지역에서 숙박할 때의 일이다. 갑군들이 밤새도록 순찰을 돌고 경호를 하며 사신단 일행을 마치 도적 취급하듯 엄하게 단속한다. 연암이 숙소 고지기에게 물어보니 고교보 사람들이 조선인을 원수 보듯 하며 문을 닫고 아예 접촉조차 하지 않는다고 한다. 또 고교보 사람들이 조선인을 저주하고 있는 주문呪文도 알려준다.

연암이 역관에게 사연을 취재한 바에 따르면 병신년(1776년)에 영조 임금의 승하를 알리러 가는 사신이 돌아올 때 이 고교보 숙소에서 은자銀子 천 냥을 분실했다고 한다. 사신단은 귀국 후의 책임 소재와 문책을 염려하여 이곳 지방관에게 보고했고 며칠 만에 조정의 예부를 통해 황제의 지시가 내려왔다고 한다. 이에 따라 잃은 은자는 지방관의 공금으로 배상하고 지방관은 파직되었으며, 숙소 주인과 이웃 사람 중 의심 가는 자들은 취조당하고 네다섯 명이 죽었다고 한다. 이 일이 있고 난 뒤부터 고교보 사람들은 조선 사람을 원수처럼 보게 됐다고 한다.

연암은 의주 말몰이꾼들을 은자 절도의 용의자로 의심한다. 그 근거로 백지 60권밖에 되지 않는 마두들의 열악한 급료를 든다. 이러니 백여 명의 말몰이꾼이 좀도적질을 하지 않고는 북경을 다녀올 수 없다는 것이다. 하인들이 의복이나 외모에 신경을 쓰는 건 언감생심이다. 하인들의 생활과 모습이 얼마나 비참한지 연암의 목격담을 보자.

압록강을 건넌 이후로는 얼굴도 씻지 않고 두건도 쓰지 않아 머리 카락이 수세미처럼 엉키고, 먼지와 땀이 엉겨 붙어 바람에 빗질하고 비에 목욕하여 의복이나 삿갓의 부서진 꼴이 귀신도 아니고 사람도 아니어서, 그 추악한 모습이 정말 같잖다. 이들 중에 열다섯 살짜리 동자가 하나 있는데 이미 세 차례나 북경을 출입했다. 처음 구련성에 도착했을 때는 곱고 예쁘장하여 자못 귀여웠는데, 아직 반도 채 못 가서 뜨거운 햇볕에 얼굴이 그을리고 검은 먼지가 살갗에 배어들어 단지 얼굴은 두 눈구멍만 빠끔하니 희고, 단벌 바지는 해지고 구멍이 나서 양쪽 궁둥이가 다 드러났다.

여기서도 하인을 '비귀비인'이라고 묘사했다. 이 글을 읽은 조선 사람들치고 수치심을 느끼지 않을 사람은 없었을 것이다. 그러나 정작 마두들은 수치심이란 아예 없고 공공연히 훔치고 빼앗는다는 게 연암의 기록이다. 마두들의 행각이 이런 데다가 1779년 동지사冬至使 사신이 갈 때 의주 상인 한 사람이 몰래 은화를 숨겨 가다가 말몰이꾼들에게 죽임을 당하는 사건이 일어났다고 한다. 그래서 연암은 고교보에서 은자를 잃어버린 사건이 이들의 소행이라고 강하게 의심하고 있는 것이다.

연암의 무서운 예언

연암은 고교보 사건의 말미에 가정을 전제로 다음과 같은 충격적인 예언을 한다.

만일에 병자호란 같은 환란이 다시 생긴다면 이들이 무슨 일을 저지를지 모르니 의주, 철산 서쪽은 우리의 땅이 아닐 것이다. 변방을 지키는 자도 몰라서는 안 될 것이다.

은자를 훔친 사건을 두고 연암은 왜 '병자호란 같은 환란'을 언급했을까? 연암이 본 당시의 천하 형세로는 청나라가 조선을 침범할 이유가 하나도 없었다. 그렇다면 '병자호란 같은 환란'은 외침이 아니라 조선 내부에서 일어나는 난, 즉 내란內亂을 의미한다. 당시의 내란은 민란民亂이다. 그러나 민란이 일어날 수도 있다고 했다면 연암은 없는 일을 꾸며내 민심을 어지럽히는 혹세무민惑世誣民으로 사회 불안을 조성하고, 종묘사직宗廟社稷을 위태롭게 하는 대역죄를 저질렀다는 모함과 공격을 피할 수 없었을 것이다. 그래서 대역죄 혐의에서 벗어날 수 있는 '병자호란 같은 환란'이라는 말로 연암이 나라의 위난을 경고하려 했다고 볼 수 있다. 이날 자 열하일기의 마지막 문장이다.

이날 밤에 큰 바람이 불어 밤새 하늘을 뒤흔들어 놓았다.

환란의 전조를 예고하는, 소름이 끼치는 '역사적 복선'이다. 열하일기 이 날 기록에서는 또 하나 특이점을 발견할 수 있다. 연암이 이례적으로 말몰이꾼들을 혹평하고 있다는 점이다.

대저 의주의 말몰이꾼들은 태반이 흉악한 놈들이다. 지난 해 신년

하례차 동지사 사행이 갈 때에 의주 상인 하나가 몰래 은화를 숨겨 가다가 말몰이꾼에게 죽임을 당하고, 말 두 필은 가죽 재갈을 풀고 강을 건너 돌아가게 하여 각기 그 집에 돌아갔는데, 말이 증거가 되어 결국 법에 걸렸다고 한다. 그들의 흉측하고 고약함이 이와 같으니, 잃어버린 천 냥의 은자도 이들의 소행이 아니라고 어찌 장담할 수 있겠는가?

위의 두 대목에서 말몰이꾼들을 '흉측하다' '흉악하다' '고약하다'라는 감정적 표현으로 경멸하고 있다. 연암이 여정 내내 말몰이꾼이나 하인, 역관 등과 스스럼없이 지내고 그들의 힘든 형편을 있는 그대로 기록하며 동정하던 모습과는 뚜렷이 대비된다. 그러면 연암은 왜 이날 기록에서만 말몰이꾼들을 형편없는 존재로 폄하했을까? 이는 말몰이꾼들을 흉악하다고 규정하여 환란의 주체나 요인이 될 수 있다는 점을 구체화하고, 자신이 경고한 '환란'이 그냥 막연한 추정이 아니라 실제로 일어날 수 있는 위험임을 경각시키기 위한 의도적 표현으로 보인다.

연암은 이들이 환란의 주체가 되리라 생각하지는 않았다. 그렇다고 흉흉한 평안도 민심을 근거로 민란을 직설적으로 얘기할 수는 없다. 다시 말해 말몰이꾼들에 대한 혹평은 연암의 속마음이 아니라, 그렇게 해야만 그들을 매개로 보다 자연스럽게 환란의 위험성을 경고할 수 있었기 때문으로 봐야 한다.

환란의 근거 ① 이미 앞에서 기록한 대로 당시 조선 사신단 소속 하인들의 대우는 경제적으로나, 인간적으로나 말이 아니었다. 연암이 열하일기에서 그들의 모습과 이야기를 상세하게 기록하여 전하였다는 것은 그들로부터 많은 이야기를 들으며 그들의 비참한 생활과 대우를 알았다는 말이다. 연암은 마두들 가운데서도 '득룡'에 대한 기록을 많이 남겼다. 득룡이 사행 경험도 많고 일 처리 실력이 출중했기 때문이다. 이런 득룡에 대한 조선 정부의 가혹한 대우와 착취의 실상을 보여주는 상징적인 한 대목을 보자.

> 득룡은 가산嘉山 사람이다. 열네 살 때부터 북경을 출입하기 시작하여 지금까지 30여 차례 중국에 드나든 사람으로 중국말을 제일 잘했다. 여행을 하는 동안에 크고 작은 일이 생기면 으레 그가 아니면 감당할 사람이 없을 정도다. 매번 사행이 있을 때면 미리 가산군에 공문을 보내 그 가족들을 감금시켜 그가 달아나지 못하도록 방비했으니, 그 위인의 재간을 알겠다.

실제 득룡은 오랜 경험으로 쌓은 경륜과 노련함으로 사신단의 노정에서 생기는 갖가지 문제를 슬기롭게 풀어낸 베테랑이었고 연암은 기자답게 이를 유심히 취재해 기사로 싣는다. 득룡은 중국어도 유창해 오히려 역관들보다 더 잘 통한 것으로 보인다. 그런데도 신분 때문에 득룡은 제대로 된 대우를 받지 못하고 있었던 것이다.

더더욱 처참한 실상은 조선 정부가 가산군에 공문을 보내 득룡의 가족을 감금한다는 사실이다. 이는 열악한 대우에 대한 불만으로 득룡이 사신단 수행을 기피한다는 말이나 다름없다. 그러면 조금이라도 더 걸맞는 대우를 해야 함에도 그러기는커녕 가족을 사실상 인질로 잡는 비열한 공권력으로 득룡에게 족쇄를 채워 놓고 있었던 셈이다. 이러니 득룡을 비롯한 마두들의 불만이 어떠했을지는 눈에 보듯 뻔하다.

마두들의 가슴에 옹이처럼 굳어있는 원한을 모두 기록하지는 않았지만, 연암은 그들의 마음 속 깊이 자리 잡은 울분과 함께 변화에 대한 열망의 불씨도 메아리와 그림자로 읽었을 것이다. 앞날이 뻔한 마두들의 운명이라고 해도 인간인 이상 오랑캐라는 청나라의 풍족한 물산과 여유로운 삶을 보고 어찌 아무런 생각과 꿈이 없었겠는가? 득룡의 집이 평안도 가산이듯이 당시 사신단을 수행한 마두들과 하인들도 대부분 평안도 의주 부근 사람들이었다.

환란의 근거 ② 연암은 열하에서 온통 금박을 입힌 판첸라마의 황금 대궐을 보고는 문득 평안도 연도에서 본 조선인의 행렬을 떠올린다.

압록강을 건너기 전 평안도 박천군 길에서 쉬고 있을 때다. 여덟아홉 살 되는 아이들을 데리고 남부여대男負女戴하여 가는 사람이 무리를 이루고 있다. 마치 굶주린 유랑민이 떼를 지어 다니는 것 같아 물으니 성천의 금광으로 간다고 한다. 갖고 있는 도구라야 나무 바가지 하나, 자루 부대 하나, 작은 끌 한 개가 전부다. 끌로 땅을 파서 흙을 부대에 담고 바가지로 금을 물에 일기 위한 것이다. 하루종일 흙 한 자루만 물에 일면 밥은 먹는다고 한다. 어린 계집

아이들이 잘 파고 잘 일고, 눈이 밝은 아이는 더더욱 금을 잘 얻는 다고 한다. 재수가 없으면 하루 서너 알 정도, 혹은 하루 10여 알갱이, 재수가 좋으면 잠시만에 부자가 되기도 한단다. 이 때문에 농사꾼들만 농토를 버리고 떠나는 것이 아니라 사방의 건달과 놀량패도 모여들어 무려 10만여 명이나 되며 미곡과 잡화가 모여들어 거래되고 술과 떡이 산골에 넘쳐난다고 한다.

조선 후기 삼정三政의 문란으로 대표되는 관리들의 폭압과 수탈, 가혹한 세금과 군역을 견디지 못하고, 백성들이 입에 풀칠이라도 하기 위해 집을 버린 채 금싸라기를 찾아 유랑 길에 오른 것이다. 광산 지역에 10만여 명이나 모였다는 건 이미 별도의 생활 근거지가 형성되어 새롭고 독립적인 형태의 시장 경제와 생활 문화를 만들어가고 있었다는 것이다. 그들만의 공동체 의식과 꿈은 날이 갈수록 기성 체제와 마찰을 빚을 수밖에 없었을 것이다.

연암은 한양에서 의주로 가는 노정에서 피폐한 백성들의 삶과 그들의 불만, 민심의 동요를 읽었고 마두들로부터 들은 이야기를 종합 분석해 머지않아 그들의 분노가 폭발할 것이라는 예상을 했을지도 모른다. 환란과 관련하여 또 하나 주목할 부분이 있다. 연암이 '황교문답' 후기에서 중국을 둘러싼 천하의 형세를 분석하면서 30년이 지나지 않아 천하의 근심거리를 근심해야 한다는 언급을 하고 있다는 사실이다.

우리나라는 다행히 바다 모퉁이에 치우쳐 있어서 중국 천하의 일

과 무관하다. 그리고 나는 지금 머리가 희끗희끗한 나이인지라 앞

날에 벌어질 일을 미처 보지 못할 것은 당연하지만, 앞으로 30년이

지나지 않아서 천하의 근심거리를 근심할 줄 아는 사람이 있다면

내가 금일 하는 말을 의당 다시 생각하게 될 것이다.

앞으로 조선에 큰 변화가 있을 것이라는 예견과도 같은 말이다. 조

선이 바닷가 변방에 있어 중국 천하의 일과 무관하다면 천하지우는 조

선 내부에서 일어나는 환란일 것이다. 그렇다면 연암은 30년 안에 조

선에서 큰 혼란이 있을 거라는 역사적 예지력을 가졌던 것일까?

30년 후 조선과 홍경래의 난

1780년 조선 사신단 일행은 5월 25일 한양을 떠나 그해 10월 27일

한양으로 돌아왔다. 이듬해부터 연암은 연암골을 오가며 열하일기를

집필하기 시작했다. 그로부터 30년 후 1811년, 조선에서는 실제로 천

하지우인 환란이 일어난다. 역사상 최대의 민란인 홍경래의 난이다.

홍경래의 난은 연암의 경고와 일치하는 부분이 너무나 많다. 먼저 연

암은 환란을 경고하면서 '변방을 지키는 자도 몰라서는 안 될 것'이라고

부기했다. 군사를 동원해야 하는 환란이 일어난다는 말인데 실제 홍경

래의 난은 조정에서 대규모 군사를 동원해야 하는 민란이었다.

다음으로 환란의 주체다. 연암은 의주 말몰이꾼들을 의도적으로 흉

악하다고 표현하며 환란이 일어나면 이들이 무슨 일을 저지를지 모른

다고 했다. 이 말은 이들이 환란에 적극적으로 가담하여 난을 주동할

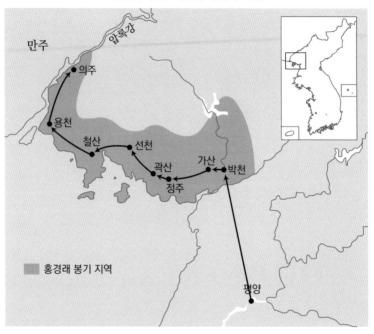

〈사신단 이동로와 홍경래 봉기 지역〉

만주

압록강

의주

용천

철산

선천

곽산

정주

가산

박천

평양

■ 홍경래 봉기 지역

것이라는 말인데 평안도 출신인 이들을 평안도 지역에서 불만을 키우고 있었던 하층민을 대표한다고 보면 되지 않을까 싶다.

실제로 홍경래의 난에는 빈농뿐 아니라 양반과 대청 무역으로 돈을 번 상인 세력, 광산업자, 유랑민 등이 대거 가담해 처음에는 큰 기세를 올렸다. 봉기의 자금을 대고 광산 노동자 조직을 이끈 이희저는 노비 출신이고, 봉기군의 총참모를 맡았던 우군칙은 홍삼 밀무역과 금광업으로 돈을 모은 상인이었다. 연암이 비참한 형상을 묘사했던 열다섯 살짜리 동자를 비롯해 다른 마두들도 홍경래의 난에 가담했을지 모를 일이다.

이어 민란이 일어난 지역이다. 홍경래의 봉기군은 초창기 청천강 이북 평안북도 서쪽 지역, 즉 박천, 가산, 정주, 곽산, 선천, 철산, 용천, 의주 지역을 점령하여 관군을 몰아냈다. 연암은 환란이 일어나면 '의주, 철산 서쪽은 우리 땅이 아닐 것'이라고 예언했다. 철산, 의주 서쪽은 실제 홍경래의 난이 발생한 지역이다.

노이점의 〈수사록〉에 따르면 조선 사신단은 가산, 정주, 곽산, 선천, 철산, 용천을 거쳐 의주로 갔다. 그 전에 연암은 박천에서 금을 캐러 떠나는 유랑민들을 봤다고 했으니 박천도 포함된다. 그러니까 박천에서 의주까지 연암이 거쳐 올라간 여정과 봉기가 일어난 지역이 정확하게 일치한다. 이 지역에서 연암은 눈으로 백성들의 피폐한 삶을 직접 목격하기도 했고, 가산이 고향인 득룡을 비롯한 하인들로부터도 많은 이야기를 들었을 것이다. 연암의 식견으로 볼 때 함께 갔던 의주 상인들로부터도 민심의 향배를 읽어낼 수 있었으리라 추정된다.

홍경래의 난은 부정부패 척결과 평안도 차별 철폐를 기치로 내걸었다. 평안도 지역은 삼정의 문란으로 대표되는 부정부패에다가 관리 등용의 차별, 변방 지역이라는 특수성 때문에 부담하는 국방비, 사신이 오갈 때마다 나가는 접대와 동원 등으로 어느 지역보다 불만과 원성이 심했다.

연암도 이 지역을 거쳐 올라가며 지역 수령들이 사신단을 접대하고 지역 백성들이 동원되는 현장을 똑똑히 보았을 것이다. 열하일기에도 사신단 수행에 동원되는 실정이 군데군데 나와 있다. 백성들의 가혹한 노력 동원에 대해서는 노이점의 〈수사록〉 10월 24일자에 생생한 기록이 하나 있다. 북경에서 돌아오는 사신단이 평양을 출발해 봉산군에서 저녁을 먹고 출발하는데 날이 어두워진 상황이다. 그때 일행이 가게 주인에게 횃불을 들고 길 안내를 하라고 명령하고, 주인이 말을 듣지 않자 곤장을 치는 장면이 나온다.

가게 주인에게 횃불을 들어달라고 명령을 하고, 여러 번 부탁까지 했으나 끝내 행하지 않는다. 세상 사람들이 말하기를, '황봉산黃鳳山 사람들의 얼굴 가죽이 두꺼워 살까지 30리나 된다'라고 하는데 정말로 빈말이 아니다. 군뢰에게 가게 주인을 끄집어내어 곤장을 세 번 치게 하니, 그 녀석이 다른 가게 주인에게도 시켜 어떤 사람은 횃불을 지기도 하고, 또 다른 사람은 들기도 해 앞길을 안내한다. 비로소 곤장 치는 형벌이 못하는 것이 없다는 것을 알겠다.

아무리 신분 차별이 엄한 조선 시대라 해도, 아무런 대가 없이 야밤 중에 횃불을 들라고 하고 말을 듣지 않으면 곤장을 치니, 이는 관리가 아니라 폭력배나 다름없다. 그러니 백성들의 원한이 사무치지 않을 것인가? 물론 연암도 이 장면을 보았을 것이고 30년 후의 천하지우를 걱정하는 데 영향을 미쳤을 것이다.

연암이 30년 안의 천하지우를 걱정하면서 꼭 홍경래의 난과 같은 형태의 민란이 일어나리라고 예상했다고는 할 수 없다. 그렇다고 연암의 예언과 홍경래의 난이 점을 치듯 우연히 맞아 떨어졌다고 볼 수는 없다. 연암은 치밀한 현장 관찰과 민심 취재, 정치적 식견을 바탕으로 머지않아 평안도 지역에서 예사롭지 않은 나라의 걱정거리가 생길 것이라고는 내다 봤다. 그러므로 연암의 걱정은 백성들과 나라에 대한 애정과 대기자의 통찰력이 어우러져 울려나온 역사적 경종이었다. 이러한 대기자의 질정을 조선의 위정자들이 제대로 경청하고 백성들의 삶을 살폈다면 조선의 운명은 분명히 다른 길을 걸었을 것이다.

4. 제너럴리스트와 스페셜리스트

'제너럴리스트' 연암

"Something about everything, everything about something"이라는 말이 있다. 이를 언론계에서는 보통 '기자는 모든 것을 어느 정도 알아야 하고, 어떤 것은 모두 알아야 한다'라는 의미로 원용한다. 이 문장 속에는 두 가지 유형의 기자상이 있다. '모든 것을 어느 정도 아는 기자'인 제너럴리스트generalist와 '어떤 분야에 대해서는 모든 것을 아는 기자'인 스페셜리스트specialist이다.

사건 사고나 뉴스 현안은 언제, 어디서, 누구로부터, 어떤 형식으로 일어날지 누구도 알 수 없고 현장에 있는 기자의 전문 분야나 소속 부서를 배려하지 않는다. 이 때문에 모름지기 기자라고 한다면 정치나 경제, 사회, 문화, 스포츠 등 어떤 분야에서라도 예측 불허의 뉴스거리가 발생하면 언제든 취재할 수 있는 일정 정도의 상식과 교양이 필요하며 달팽이 촉수처럼 늘 '안테나'를 세우고 기사를 취재할 자세를 갖추고 있어야 한다. 바로 제너럴리스트 기자이다. 연암 기자는 전형적인 제너럴리스트였다. 결혼 직후부터 과거 시험 공부보다는 양반들의 위선과 신분 차별, 백성들의 곤궁한 삶 등 부조리한 각종 사회 문제에 더 많은 관심을 가졌다. 〈과정록〉에 소개되어 있듯이 이른바 백탑파

벗들과 함께 국방, 천문, 음악, 조수 등 다양한 분야를 공부하며 조선의 이용후생을 고민했다.

그래서 매번 만나면 며칠을 함께 지내며, 위로 고금의 치란治亂과 흥망에 대한 일로부터 옛사람들이 벼슬에 나아가거나 물러날 때 보여준 절의, 제도의 연혁, 농업과 공업의 이익 및 폐단, 재산을 증식하는 법, 환곡을 방출하고 수납하는 법, 지리, 국방, 천문, 음악, 나아가 초목, 조수, 문자학, 산학算學에 이르기까지 꿰뚫어 포괄하지 아니함에 없었으니 모두가 외워 전할 만한 내용이었다.

제너럴리스트 연암 기자의 진가는 열하일기에서도 확실하게 입증되고 있다. 요동에서는 풍부한 역사 지식을 바탕으로 한사군漢四郡이 압록강 이북에 있었다는 사실을 고증했고, 심양에서는 방대한 한자 실력과 문장력으로 상인들의 심금을 사로잡았으며 역사적 현장을 지나는 여정마다 여러 에피소드와 교훈이 담긴 글을 남겼다. 열하에서는 천체의 운행을 비롯한 다양한 과학적 지식으로 중국 관리들과 학자들을 매료시켰고 풍부한 음악적 지식과 재능으로 조선 선비의 다재다능한 기량을 한껏 펼치기도 했다. 연암의 폭넓은 지식과 교양 수준은 노이점의 〈수사록〉 '서관문답서西館問答序'에도 고스란히 나와 있다.

연암 박지원은 뛰어나 구속을 달가워하지 않으며, 크고 건실한 사람이다. 어려서부터 문장을 했는데, 그 말은 진秦나라와 한漢나라의 사이를 출입했고, 송나라와 명나라 이하는 입에 올리지도 않았다. 뛰어난 명성이 온 나라에 울려 서울의 사대부들이 앞다투어 우러러보며 모방하고, 그의 글을 베껴 읊는 자가 매우 많았다.

경제 전문 '스페셜리스트' 연암

열하일기 '망양록忘羊錄'에서 보듯이 연암은 음악 분야만 하더라도 음률과 음악사, 악기, 소리에 대한 조예가 일반인은 이해하기조차 어려울 정도로 전문적이고 수준이 높아 보인다. 역사와 경전, 문학 실력 또한 탁월하여 당시 보통 선비들은 감히 추종할 엄두도 못 낼 정도였다. 심지어 동료들이 연암이 과거 시험장에서 제출하지 않은 시험 답안까지 베껴 읊을 정도였으니, 연암을 박학다식 박람강기博覽强記, 다양한 책을 읽고 기억을 잘함한 다방면의 '스페셜리스트'라 해도 지나친 말은 아닐 듯싶다. 이런 여러 갈래 가운데서 연암의 대표적인 전문기자 영역을 하나 꼽는다면 경제 분야를 들 수 있다. 대형 르포르타주인 열하일기의 큰 주제가 바로 선진 문물 제도 도입과 이용후생을 통한 부민강국을 모색하는 것으로 '조선의 국부론國富論'이라고 할 수 있기 때문이다.

열하일기를 조선의 국부론이라고 할 수 있듯 실제 〈국부론(The Wealth of Nations)〉의 저자 영국의 아담 스미스A.Smith와 연암은 인생 항로뿐 아니라 경제 사상적, 이론적 측면에서도 적지 않은 유사성과 공통점을 갖고 있다. 생몰연대는 아담 스미스가 1723~1790년, 연암이 1737~1805년으로 두 사람의 인생 시대는 상당 부분 일치한다.

열하일기와 〈국부론〉은 시장 구성원들이 자유롭게 이익을 추구하는 경제 활동을 보장하고 시장 기능을 장려할 때 국가가 부강해진다는 핵심 내용을 공유하고 있다. 물론 두 책의 구체적 내용이나 이론, 서술 형식에서는 큰 차이가 있다. 〈국부론〉이 노동과 분업, 시장과 가격, 이윤과 자본 축적, 자유 무역 등을 체계적으로 정리한 경제학 이론서라면 열하일기는 청나라의 발전상을 전하면서 조선의 후진적인 산업 시스템 개선과 부민강국을 위한 지배층의 의식 전환을 주문하는 데 방점을 둔 르포르타주형 책략서 성격을 지니고 있다. 그렇지만 〈국부론〉이 인간의 이기심을 긍정적으로 전제하여 국가의 경제 발전을 위한 방책을 모색하고 있고 열하일기도 시장의 활성화와 이용후생을 통한 조선의 경세제민을 도모하고 있다는 점에서 그 정신과 지향점은 궁극적으로 일치한다.

아담 스미스는 1763년 프랑스와 스위스 등 유럽을 여행하며 제네바에서는 볼테르를 만났고 파리에서는 벤자민 프랭클린, 프랑수아 케네 등을 만났다. 1766년 영국으로 귀국해 10년에 걸쳐 대작 〈국부론〉을 완성했다. 1776년 출간된 〈국부론〉 초판은 6개월만에 다 팔리는 대단한 성공을 거뒀다. 연암은 1780년 진하사절단의 개인 수행원 자격으로 선진국 청나라의 심양과 북경, 열하를 방문해 견문을 넓히고 청나라의 여러 학자, 관료, 상인들과 교유하였다. 조선으로 귀국한 뒤 열하일기를 집필하기 시작하였는데 책이 완성되기도 전에 필사본으로 유통되기 시작해 큰 반향을 불러일으켰다.

아담 스미스는 〈국부론〉을 출간한 후인 1778년 56세 때 스코틀랜

드의 관세청장으로 임명되어 5년 뒤에는 에든버러 왕립협회 창립 회원이 되었다. 연암은 열하일기를 집필한 후인 1786년 50세 때 친구인 유언호의 추천을 받아 선공감 감역으로 관직 생활을 시작해 1801년까지 일했다.

두 사람 모두 불후의 명저를 남기긴 했지만 폐기해버린 글도 적지 않았다. 아담 스미스는 1790년 7월 17일 에든버러 자택에서 세상을 떠났는데, 눈을 감기 직전 친구들에게 출간하지 못한 많은 노트와 원고들을 불에 태워 달라고 부탁했다. 너무 부끄러운 글들이라 도저히 세상에 내놓을 수 없다는 게 이유였다. 그리하여 스무 권 분량의 글을 모두 불태웠다고 한다. 연암도 틈나는 대로 자신의 생각과 깨달은 바를 적은 '앙엽기'를 모아 책으로 엮으려고 했으나, 말년에 지병에다가 눈이 어두워 자잘한 글씨를 다 알아볼 수 없게 되자 글들을 모두 세초洗草[5]시켰다. 자신의 글이 세상에 도움도 되지 않고 사람 마음만 어지럽힐 것이라는 말도 덧붙였는데, 그 이유 또한 서로 비슷하다.

수레와 시장

이용후생을 주창한 연암이 청나라에서 특히 눈여겨보고 의욕을 보인 취재 대상은 수레였다. 먼저 연암이 지적한 조선 수레 제도의 실상을 보자.

우리나라는 일찍이 수레가 없었고, 아직 바퀴가 완전히 둥글지 않으며 바퀴 자국도 하나의 궤도에 들지 않으니, 이는 수레가 없는 것과 마찬가지다. 그런데도 사람들은 "우리나라는 땅이 험준해서 수레를 사용할 수 없다"라고 말하니 이게 도대체 무슨 말인가? 국가에서 수레를 사용하지 않으니 길이 닦이지 않았을 뿐이다. 수레가 다니게 된다면 길은 절로 뚫리게 마련이니, 어찌 길거리가 좁다거나 고갯마루가 높음을 걱정하랴?

연암이 수레의 중요성을 역설한 이유는 바로 물산의 유통 때문이었다. 드넓은 중국 땅에서 수레를 이용해 풍부한 재화와 물건을 어느 한 곳 막힘없이 사방으로 실어 나르고 있었다. 그런데 수레가 발달하지 않은 조선의 실상은 어떠했을까?

영남지방 아이들은 새우젓을 모르고, 관동 사람들은 산사나무^{아가위} 열매를 절여서 간장을 대신하고, 서북 사람들은 감과 귤을 분간 못하고, 바닷가 사람들은 생선 창자를 밭의 거름으로 쓰고 있다. 어쩌다가 한번 이것이 한양에 오면 한 움큼에 한 닢 값이니, 어찌 그리 귀하게 되는 것인가?

수레가 없으니 물산이 유통되지 않고 이 지방에서 값싼 상품이 저 지방에서는 귀하고 비싸다. 수레를 이용해 버려지는 바닷가의 생선 창자가 한양으로 유통되면 어부들도 새로운 소득이 생기고 한양의 주민들도 더욱 싼 값에 생선 창자를 먹을 수 있게 된다. 이렇게 시장이 형성되면 생산자와 소비자 모두 이득을 보게 되어 삶이 풍족해지는 것이다.

어부들에게 이익이 생기는 한 더 많은 생선 창자가 공급되어 가격은 떨어질 것이고 그만큼 한양 주민들은 더 많은 소비를 할 수 있게 된다.

이 지방에서는 천한 것이 저 지방에서는 귀하고, 이름만 들었을 뿐 물건을 볼 수 없는 까닭은 대체 무엇 때문인가? 이는 곧 가져올 힘이 없는 까닭이다. 사방 수천 리 밖에 되지 않는 좁은 강토에서 백성의 살림살이가 이토록 가난한 까닭은, 한마디로 말하자면 국내에 수레가 다니지 않기 때문이다.

수레의 활발한 운용으로 시장 기능이 전국적으로 작동하면 영남지방 아이들도 새우젓을 맛볼 수 있고 관동 지방 사람들은 간장을 쓸 수 있으며, 서북 지방 사람들도 남쪽의 감귤을 즐길 수 있게 된다. 그만큼 모든 백성의 삶이 풍부해지고 국부가 증가한다. 아담 스미스의 이론과 하등 다를 것이 없다. 그러나 수레가 없으니 유통이 막히고 시장이 형성되지 않아 한양에서는 비싼 생선 창자가 바닷가에서는 밭의 거름으로 버려지고 있는 것이다. 이쪽에서는 버리고 저쪽에서는 구하지도 못하니 자연히 백성들의 삶이 궁핍해지고 가난이 일상화된다는 연암의 한탄이다. 수레가 못 다니는 현실을 선비와 벼슬아치들의 잘못으로 규정하고 풍월만 건성으로 읊을 게 아니라 수레를 공부해 보급해야 한다는 게 경제 전문 대기자 연암의 고언이다.

보이지 않는 손 vs. 보이지 않는 힘

경제 사상적 측면에서 연암은 자유방임주의자로 볼 수 있다. 연암이 어떻게 자유방임주의Laissez-faire 이론에 접근하게 되었는지는 명확하지 않다. 다만 역동적이고 풍성한 청나라의 자유 시장을 직접 보고 북경에서 여러 학자와 교유하면서 터득했을 가능성이 높은 것으로 추정된다. 연암이 자유 시장의 기능을 이해하고 중시한 사실은 〈과정록〉에 자세히 나와 있다. 연암이 한성부의 관리로 근무하던 1791년, 전국에 흉년이 들어 한양의 곡물가가 급등했다. 곡물상들은 한양에 몰려들어 갑절의 이득을 얻으려 했고 부자들의 매점매석도 극심했다. 그러자 조정에서는 곡물 가격을 억제하고 매점매석을 금지하는 조치를 시행하기에 앞서 의견을 수렴했다. 이에 연암은 관에서 억지로 가격을 통제해서는 안 된다는 의견을 냈다.

"옛사람이 시장에 인위적으로 개입하여 그 흐름을 교란하지 말라고 경계한 까닭은 무엇 때문이겠습니까? 상인이란 싼 곳의 물건을 가져와 비싼 곳에 파는 존재이며, 백성과 나라는 그 도움을 받고 있습니다. 진실로 장사하는 데 이익이 없다면 뒤도 돌아보지 않고 가버릴 게 뻔합니다. 무엇 때문에 값을 내려서 팔려고 하겠습니까? 지금 이 명령을 시행한다면 한양의 상인들은 장차 곡물을 다른 데로 옮겨가 버릴 것입니다. 또한 매점매석을 막는다면 한양으로 오던 사방의 곡물상들이 그 사실을 전해듣고는 필시 다시는 경강京江, 한양 지역의 한강 일대으로 들어오지 않을 것입니다. 이렇게 되면 한양의 식량 사정은 더욱더 어려워질 것입니다."

싼 곳의 물건이 비싼 곳으로 유통될 때 백성과 나라가 도움을 받기 때문에 시장의 자율적 가격 조절 기능을 지켜야 한다는 논리다. 아담 스미스의 자유방임주의와 거의 비슷하다. 또 이런 의견도 개진했다.

"상인들이 싼 곳의 물건을 사다가 비싼 곳에다 파는 행위는 실로 넘치는 것을 덜어내어 부족한 데다 보태주는 이치인 것입니다. 이 는 비유컨대 흐르는 물 밑의 가벼운 모래가 출렁거리는 물결에 고 루 퍼져 솟은 곳도 패인 곳도 없게 됨이 절로 그렇게 되는 것과 마 찬가지입니다."

시장 가격의 자동 조절 과정을 물밑의 모래가 물결에 고루 퍼지는 현상에 비유했다. 물밑의 높고 낮은 가벼운 모래가 출렁거리는 물결에 고루 퍼져, 솟은 곳도 패인 곳도 없이 평평하게 되듯이 상품의 가격도 시장에 맡겨두면 수요와 공급이 물결의 작용과 반작용처럼 작동해 가 격이 높거나 낮은 곳 없이 똑같이 형성된다는 논리이다. 여기서 모래 의 높이, 즉 가격을 일정하게 형성하는 동력은 보이지 않는 물의 힘이 다. 연암은 이런 '보이지 않는 힘invisible power'에 의해 시장 가격이 만들 어진다고 인식하고 있었던 것이다. 이 '보이지 않는 힘'이 곧 시장 가격 을 자동으로 조절한다는 아담 스미스의 '보이지 않는 손invisible hand'과 같은 개념이다. 18세기 조선에서 시장 가격의 자동 조절 기능을 정확하게 설명할 정도로 연암은 경제 분야에 해박한 전문 기자로서의 자질을 충분히 갖추고 있었다.

자유시장주의자 연암

프랑스의 혁명가로 단두대로 상징되는 공포 정치를 탄생시킨 로베스 피에르도 연암과 동일한 시기에 관직 생활을 했다. 자유시장주의사 연암과 달리 인권 변호사 출신 로베스 피에르는 생활필수품의 가격을 철저하게 통제하려는 계획 경제 사상을 지니고 있었다. 우유 가격 통제가 대표적이다. 연암이 한양의 곡물 가격 통제를 반대하며 시장에 맡겨야 한다고 역설한 지 2년 후인 1793년, 파리의 우유 가격이 급등했다. 로베스 피에르는 모든 서민이 우유를 마실 자격이 있다는 명분 아래 반값 우유를 선언하며 최고 가격 상한제를 시행하여 우유 가격 폭등 사태를 초래했다. 가격 통제 이후에는 우유가 귀족 식품이 되어 서민 가정에서는 유아들에게도 먹일 수 없게 되었다. 마침내 국민들의 분노가 폭발하여 로베스 피에르는 반혁명 세력에 체포되어 단두대에서 생을 마쳐야 했다. 만약 그 당시 로베스 피에르가 연암에게 자문을 구했다면 가격 통제가 빚게 되는 시장의 문제점을 상세하게 이해하고 다른 정치적 길을 걸었을지도 모를 일이다.

또 하나의 사례를 소개한다. 제1차 세계대전 직후인 1920년 미국 의회는 종교계와 여성계의 여론에 따라 술을 제조, 운반, 판매하는 행위를 모두 금지하는 법을 통과시켰다. 술이 건강에 좋지 않다고는 하지만 자유시장주의의 최선봉에 선 미국이 가격 통제도 아닌, 금주법을 제정하는 건 너무나 반시장적인 정책이었다. 역효과는 금방 나타났다. 암시장에서 술값이 치솟았다. 시카고를 중심으로 전국적인 밀주 조직이 활개를 쳤고 전설적인 마피아 조직의 대부 '알 카포네(1899~1947)'도 이 시기를 틈타 엄청난 부를 획득했다. 밀주와 함께 갱단이 늘어나자 도심의 뒷골목에서는 밀주 밀매와 매음까지 덩달아 판을 치기 시작했다. 비록 13년 뒤에 법이 폐지되긴 했지만 인간의 본능을 통제한 후유증은 적지 않았다. 마피아 조직의 성장은 총격 살인의 횡행 등 치안 문제까지 불러일으켰고 뇌물과 부정부패의 근원이 되기도 했다. 그 당시 성장한 마피아 조직은 각 분야로 교묘하게 사업 영역을 확대해 지금까지도 이어지고 있다고 하니 시장 통제의 부작용이 얼마나 심각한지를 경험적으로 보여주는 사례이다.

이보다 앞서 연암은 조선의 금주법에 대한 의견도 냈다. 〈과정록〉에는, 연암 시대의 뛰어난 문장가였던 성대중이 홍원섭이라는 지인에게 가장 좋은 연암의 글이 무엇인지 묻자 홍원섭은 '술 빚는 것을 금하는 정책에 대한 의견酒禁策'이라는 글을 몹시 좋아하여 여러 번 읽었다고 답했다는 내용이 나온다. '주금책'의 글이 남아 있지 않아 내용을 알 수는 없지만 연암이 자유시장주의자였고 홍원섭이 여러 번 읽었다고 말한 점으로 미뤄 매우 논리적이고도 설득력 있게 금주법의 문제점을 논파했을 것으로 추정된다. 정부 정책을 옹호하는 내용이었다면 굳이 반대 의견을 낼 필요도 없을 것이고 냈다 하더라도 그렇게 감동적이지는 않았을 것이기 때문이다. 금주법에 대한 연암의 의견은 '주조를 금지하면 술을 좋아하는 사람들이 비싼 값을 치르더라도 밀주를 찾을 것이고, 밀주를 만들게 되면 위험 부담이 크긴 하지만 큰 이문을 남기기 때문에 결코 근절되지 않을 것이며, 이렇게 되면 평소보다 술값만 높이고 법을 어기는 백성들만 양산하게 될 것이다'라는 흐름이 아닐까 생각한다. 그 당시 조선에서 실제 금주법이 시행되었다면 밀주와 밀매, 밀주 유통 조직을 비호하는 왈패 세력의 성장 등 사회적 부작용이 만만치 않았을 것이다.

분업 이론과 자유 무역

아담 스미스는 국부론에서 핀 생산을 사례로 유명한 분업론을 펼친다. 분업이 노동생산성을 획기적으로 향상시키므로 가치 창출을 늘리기 위해서는 반드시 분업이 필요하다는 것이다. 연암 역시 안의 현감 시절 분업을 주창해 큰 성과를 거뒀다는 내용이 역시 〈과정록〉에 기록돼 있다. 당시 홍수로 함양 읍내 부근의 둑이 터져 500여 명의 고을 장정을 징발했는데 이전에는 징발 때마다 장정들이 각자 식량을 준비해야 했다. 이러한 비효율을 제거하기 위해 연암은 관아의 주방에서 식량을 날라 아전과 장교들이 밥 먹이는 일을 주관하게 하고 북을 치며 일을 독려하게 했다. 또한 함양 군수와 협의해 구간을 나누어 할당량을 정했다. 징발된 장정들이 밥 걱정 없이 정해진 할당량만을 맡게 되자 아침 여섯 시에 시작한 공사가 오후 6시에 모두 끝났다. 이전에는 장정들이 배도 고프고 목이 탔으며 닷새나 엿새가 지나야 집에 돌아갈 수 있었다고 한다. 둑 쌓는 작업이 핀 생산과 다른 형태의 노동이긴 하나 분업으로 작업 능률을 월등히 올린다는 본질적 이치는 다르지 않다.

아담 스미스는 부의 원천이 노동이기 때문에 부를 늘리기 위해서는 노동생산력을 높여야 한다고 주장했다. 노동생산력을 늘리기 위해서는 분업과 함께 작업 능률을 향상시킬 수 있는 기계를 도입해야 하며 기계를 도입하기 위해서는 자본가들의 이윤을 자본으로 축적해야 한다고도 했다. 그래서 투자의 원천인 자본 축적이 국부를 늘리는 길이라고 역설했다. 열하일기에서도 자본 축적과 국가 발전의 연관성을 보여주는 대목이 나온다. '앙엽기' 편 서문이다.

북경 황성 안팎의 여염집이나 점포 사이에 있는 사찰이나 도교 사원, 사당은 천자의 칙명으로 특별히 지은 건축물이 아니라, 모두 왕족이나 만주족, 한족 대신들이 희사한 집이다. 게다가 부자들과 큰 장사치들은 반드시 사당 하나를 새로 지어 여러 신에게 부富를 이루게 해 달라고 비는데, 천자와 경쟁적으로 사치하고 화려하게 집을 꾸미려 하였다. 때문에 천자는 도성을 화려하게 만들기 위해 일부러 토목공사를 벌여 별궁을 만들 필요가 없었다.

경제적 자유 속에 부를 축적한 상공인이 많이 생기면, 자연히 투자가 이루어지고 도시가 번성하게 된다. 그러면 내탕금이나 국가 재정으로 벌일 사업이 줄어든다. 그만큼 백성들의 노력 동원도 줄어드니 원성도 적어진다. 윗글은 짧은 문장이긴 하지만 국가나 권력의 간섭을 최소화하면 시장 시스템에 따라 자본 축적이 이뤄지고 이 자본이 건설 사업에 투자되어 나라가 발전하게 된다는 시장 경제의 원리가 청나라에서도 작동하고 있다는 점을 보여주고 있다.

자유 무역 또한 두 사람의 공통점이라고 할 수 있다. 〈국부론〉이 출판됐을 당시 유럽은 중상주의가 지배적이었다. 중상주의는 금과 은을 국부와 동일시하여 국부의 증대를 국가의 목표로 삼았기 때문에 다른 나라의 상품 수입을 막았다. 그러나 스미스는 분업 이론에 따라 두 나라가 무역을 통해 더욱 잘 살 수 있기 때문에 자유 무역을 해야 한다고 주장했다. 연암은 자유 무역을 명시적으로 주장하지는 않았지만 자유 무역을 은근히 지지하는 내용을 열하일기 '동란섭필' 편에 기록했다. 고려 시대에는 송나라 선박이 예성강 포구에 자주 들어와 중국의 온갖 재화가 몰려들었고 중국의 서적들이 크게 갖추어졌으나 조선은 뱃길로 중국 남방의 재화를 통상하지 않았기 때문에 문헌 정보에 캄캄하게 되었다는 것이다. 자유롭게 무역을 해야 한다는 주장이나 다름없다.

인간의 도덕적 본성

〈과정록〉에는 연암이 인간의 도덕적 본성을 설명한 대목이 나온다. 세상의 옳고 그름, 정의와 사악함이 갈리는 건 의리와 이해利害인데 의리를 지키면 옳고 정의로우며 이해 관계에 매이면 그르고 사악하게 된다. 그런데 인간은 누구나 도덕적 본성을 지니고 있고 도덕적 본성에 의리가 내재돼 있다. 따라서 사사로운 이해 관계에 빠지지 않고 도덕적 본성에 따라 의리를 잘 지키면 바른 삶을 살 수 있다는 것이다.

아담 스미스도 인간의 도덕적 본성을 주창했다. 이익을 추구하는 자유로운 개인들이 모여 사는 사회에 질서가 유지되는 것은 인간에게 선천적인 도덕 감정이 내재돼 있기 때문이다. 자신의 행동을 '공평한 관찰자'라는 객관적 입장에서 생각하는 이른바 '공감 능력sympathy'을 통해 타인에게 피해를 주지 않도록 자신의 행동을 통제하는 도덕적 행동으로 사회 질서가 유지된다는 이론이다. 쉽게 말해 공감 능력이란 공평한 관찰자인 제3자의 입장에서 자신의 행동을 바라보고 생각할 수 있는 능력을 말한다. 자신의 특정 행동이 다른 사람의 입장에서 봤을 때 공감을 받을 수 있는 것인지, 다른 사람이 시인할 수 있는 것인지 여부를 객관적 입장에서 살펴보고 공감받을 수 있다고 판단되면 행동하고 그렇지 않다면 행동하지 않는다는 것이다. 가령 흉년이 들어 농민들이 굶주리는 절박한 상황을 이용해 농토를 헐값에 사들이고자 했을 때 자신의 이런 행위를 제3자가 비윤리적이거나 파렴치하다고 생각할 것이라고 판단한다면 그 '공감 능력'에 따라 농토를 헐값에 매입하지 않는 행위가 이에 해당된다. 바로 인간의 선천적인 도덕 감정으로, 연암이 설파했듯이 의리를 지키는 도덕적 본성의 개념이다. 아담 스미스는 〈국부론〉을 쓰기 이전에 글래스고 대학에서 10여 년간 '도덕 감정론'을 강의했고 자신의 저서이기도 한 〈도덕감정론〉을 〈국부론〉보다 더 중시했다고 한다.

연암 경제 사상의 토대 청나라 자유 시장

연암이 경제 전문 스페셜리스트로서의 사상을 함양하고 논리를 정립하는 데 번성한 청나라 자유 시장 견문이 큰 몫을 했다는 건 분명해 보인다. 따라서 당시 연암이 보고 느낀 청나라의 시장을 살펴보는 것도

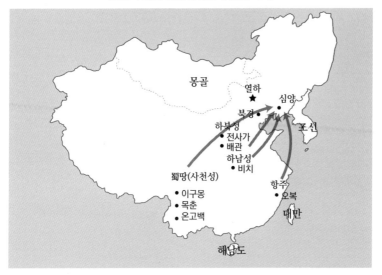

〈연암이 만난 심양 상인들의 출신 지역〉

의미가 적지 않다. 연암 시대의 청나라는 '강옹건 시대'[6]의 강력한 국방력과 지도자의 리더십에 힘입어 자유 시장이 번성하고 상인들의 이익 추구 활동이 활발하게 이뤄지고 있었다. 열하일기에 그대로 썼듯이 연암은 청나라의 국경 도시인 책문의 광경을 보면서부터 번창한 거리의 모습에 기가 죽는다. 청나라의 거리 풍경은 여정이 계속될수록 더 큰 놀라움과 경탄을 자아내게 만든다. 심양의 번화함과 풍요로움, 사치스러움은 요동의 열 배나 될 정도여서 신기루로 보였다고 했다. 가게마다 각양각색의 보물과 재화가 가득할 정도로 유통과 시장 체계가 발전되어 있었다. 가게에 앉아 있는 사람들의 얼굴은 모두 희고 깨끗했으며 모자나 의복도 곱고 화려했다.

연암이 심양에서 이틀간 철야 필담을 진행하며 만난 일곱 상인의 출신 지역을 살펴보자. 중국의 서남쪽 사천성인 촉 땅 출신이 세 명, 절강성이 한 명, 하남성이 두 명, 하북성이 한 명이다. 〈지도〉에서도 알 수 있듯이 9천 리나 떨어진 사천성에서 동북 지방인 심양까지 장사하러 올 정도로 유통이 활발하고 이뤄지고 있었다. 사천성이나 절강성에서 머나먼 심양까지 올 수 있었던 동기는 딱 하나, 바로 이익이 있었고 이익을 보장하는 자유 시장 체계가 잘 작동하고 있었기 때문이다.

연암을 놀라게 한 중국의 시장은 북경으로 다가갈수록 더더욱 번화한 모습을 뽐냈다. 요동의 시골 마을이 길을 따라 2리 혹은 3리 간격으로 끊겼다 이어졌다 해도 길 위에는 수레와 말의 행렬이 계속 이어졌다. 북경에 이르러서는 수레와 말이 길을 메워 갈 수가 없었고 번화하고 부유하기가 심양이나 산해관은 비교할 상대가 되지 않았다. 통주에서 북경까지 40리 길은 돌로 포장까지 되어 있어 수레와 쇠바퀴와 돌이 부딪히는 소리에 연암의 심신이 편치 않을 정도였다. 정체되고 낙후된 조선에 비해 청나라 시장은 이만큼 역동적이고 번창한 시절을 구가하고 있었다. '앙엽기' 융복사隆福寺 편에는 연암이 북경 시내에서 시장의 발전상을 직접 살펴본 체험담이 있다.

조정의 공경과 사대부들이 연달아 수레와 말을 타고 절 안으로 들어와 직접 물건을 고르고 사는 모습이 연암의 눈에 띄었다. 온갖 물건이 그득하고, 진주와 옥으로 된 값진 보물들이 쌓여 있어 물건이 발끝에 채일 정도다. 연암의 눈이 휘둥그레진다. 연암이 여기저기 다녀보니 물건을 사고파는 사람들이 모두 강소 지방 명사名士들이고 좀스러운 장사꾼이나 거간꾼이 아니다. 그들이 찾는 물건도 술잔이나 새로 출판된 서책, 유명인의 서화, 관복, 안경 등이어서 사람을 보내 사오게 할 물건도 아닐 뿐더러, 잘 모르는 사람을 시켜 일을 어렵게 만들기보다는 직접 판단하고 처리하는 것이 더 유쾌하기 때문이다. 조선에서는 선비가 궁핍하여 심부름꾼이 없는 처지라도 직접 장터에 나가 장사치들과 물건값을 흥정하는 것을 비루하고 좀스럽게 여긴다. 그러니 이런 광경이 조선 사람의 눈을 깜짝 놀라게 한 것은 당연한 일이라고 연암은 썼다. 이러한 자유 시장 시스템이 연암이 시장 이론을 정립한 데 이어 조선에서 관리로 일하면서도 시장 친화적인 의견을 제시하고 정책을 펼치는 데 굳건한 밑받침이 되었다고 볼 수 있다.

제5부

연암의 글쓰기와 문체반정

1. 연암의 도道 사상과 글

도道, 천지간의 지극히 공정한 이치

연암은 열하일기를 비롯해 다양한 저술에서 그의 인생관이나 철학, 신념 등을 드러내고 있다. 그의 글에는 사색과 고뇌의 흔적이 역력하다. 그 중에서 가장 심오해 보이면서도 알기 어려운 화두가 바로 '도道'에 대한 생각이다. 연암은 여러 곳에서 다양한 형식의 도를 거론하고 있다. 따라서 연암의 생각, 연암의 글을 제대로 이해하기 위해서는 어떻게 해서든 가장 먼저 도에 대한 그의 관념을 고찰하지 않으면 안 된다.

연암은 '황교문답' 편에서 '도란 천지 사이의 지극히 공정한 이치'라고 규정해 놓고 있다. 연암이 내린 가장 포괄적인 도의 개념이다. 천지 사이의 지극히 공정한 이치는 나라를 통치하거나 외교를 하거나, 고을을 다스리거나 집안을 경영하거나, 글을 쓰거나 책을 읽는 등의 구체적 상황에 따라 다양한 형태로 나타난다.

열하일기에서 가장 이해하기 어려운 대목 중의 하나가 연암이 압록강을 건너면서 '도'를 논한 부분이다. 사신단의 배들이 압록강을 건널 때 연암은 수역인 홍명복에게 대뜸 도를 아는지 묻는다. 의아해하는 명복에게 연암은 도가 어려운 게 아니라며 바로 저기 강 언덕에 있다고 한다. 재차 묻는 수역의 질문에 연암의 설명은 다음과 같다.

"압록강은 바로 우리나라와 중국의 경계가 되는 곳이야. 그 경계란
언덕이 아니면 강물이네. 무릇 천하의 떳떳한 윤리와 사물의 법칙
은 마치 강물이 언덕과 서로 만나는 피차의 중간과 같은 걸세. 도
라고 하는 것은 다른 데가 아니라 바로 강물과 언덕의 중간 경계
에 있네"라고 일러주었다.

너무나 아리송한 답변이다. 거듭되는 질문에 이번에는 기하학과 불
교를 인용한다.

〈서경書經〉에 '인심人心은 오직 위태롭게 되고 도심道心은 오직 희미
해진다'라고 했네. 서양 사람들은 기하학에서 하나의 획을 분별하
여 하나의 선으로 깨우치기는 했으나, 그 미약한 부분까지 논변하
고 증명할 수는 없어서 '빛이 있고 없는 그 사이有光無光之際'라고 말
했고, 불교에서는 그 즈음사이에 임하는 것을, '붙지도 않고 떨어지
지도 않았다不卽不離'라고 말했다네. 그러므로 그 즈음에 잘 처신함
은 오직 도를 아는 사람만이 능히 할 수 있으니, 정鄭나라 자산子
産이란 사람이…

정나라 자산의 얘기를 하려다 배가 언덕에 닿는 바람에 말을 그쳤
다. 재차 설명한 부분도 알아듣기 애매하기는 마찬가지다. 굉장히 모

호하고 관념적이기 때문이다. 그런 만큼 연암이 말한 '강물과 언덕의 중간'이나 '경계의 도', '사이의 도'에 대해서는 각자의 입장이나 시각, 성향이나 사고방식에 따라 다각적으로 분석하고 해석할 수밖에 없다.

도는 바로 지금 우리 곁에 있다

먼저 연암이 도가 다른 데도 아닌 압록강의 강물과 언덕이 만나는 중간에 있다고 한 말의 뜻을 살펴보자. 연암의 시대에나 지금이나 흔히들 '도'라고 하면 구름이 머무는 저 아득한 산꼭대기나 구름 위의 하늘 어디쯤에 노니는 신선이나 도사, 고색창연한 산사의 고승, 고전과 경전에 통달한 선유先儒들이나 논하고 이해하는 신비로운 정신 세계로 생각하고 있다. 그리하여 혹 도를 알고자 하는 속세의 인간들은 스스로는 도를 도저히 범접할 수 없는 경지로 여기고 혹여 도를 놓고 토론이라도 한다 치면 상대방의 말을 알아듣는 건 고사하고 나중에는 자신이 도대체 무슨 말을 하고 있는지 자신도 헷갈리게 되어 횡설수설로 끝내고 만다. 도를 인간계와 뚝 떨어져 저 멀리 높은 곳 어딘가에 있는 이상적인 존재로 여기고 스스로도 이해하기 어려운 관념적이고 사변적인 논리를 자꾸 갖다 붙이기 때문이다. 도를 아는지 묻은 연암의 뜬금없는 질문에 수역 홍명복이 의아해하는 건 너무나 당연하다.

이러한 도에 대한 생각을 연암은 강물과 언덕이라는 구체적 사물로서 설명하여 인간의 현실적 삶 속으로 끌어내린 데 일차적 의미가 있다. 그러니까 하늘 위나 신비롭고 깊은 어딘가에 있다는 도를 바로 우리가 늘 보고 경험하는 주변의 일상에서 찾도록 했다는 것이다. 강물과 언덕은 우리가 살아가는 삶의 공간의 대표적인 한 사례로서 연암이 압록강을 건너며 예시로 들었다고 봐야 한다. 그러므로 도가 강과 언덕 사이에 있다는 말은 도가 바로 지금 우리 주변의 생활 공간, 우리의 삶 속, 우리 자신 속에 있다는 뜻으로 볼 수 있다.

기사를 취재하는 기자의 도는 취재 현장에 있고 범죄를 수사하는 경찰의 도는 수사 현장에 있다. 환경미화원의 도는 청소 현장에 있으며 정치인의 도는 민생 현장에 있다는 말이 되기도 한다. 물론 이 도가 인간에게만 있는 게 아니라 모든 사물에게도 있다. 이러한 연암의 도 사상은 후술하는 대로 우주 만물에 문장의 도가 있다는 그의 문장론과도 일맥상통한다. 그러면 연암이 말하는 도의 실체는 무엇일까?

진정한 도, 인간은 볼 수 없다

연암이 강물과 언덕의 중간 경계에 도가 있다고 했으니 중간을 들여다보자. 멀리서 보면 강과 언덕의 경계가 보인다. 그러나 멀리서 본 경계는 전체적인 윤곽일 뿐 엄밀하게 정확한 경계는 아니다. 경계를 찾아서 현미경처럼 들여다보면 그 경계는 물이기도 하고 언덕이기도 하다. 분명히 언덕과 물이 다르고 둘을 구분 짓는 경계가 있을 것인데, 인간의 육안으로는 도저히 찾아낼 수 없다. 물과 언덕의 경계에 도가 있다고 했는데 육안으로 확인할 수 없으니 도는 인간의 눈으로 볼 수 있는 게 아니다. 다시 말하면 도는 있는데 인간이 진정한 도를 보고 인지하는 건 불가능하며 다만 도를 끊임없이 찾으면 그 언저리에 이를 수는 있다는 뜻일 수도 있다. 진정한 도는 인간이 알 수 없다는 말이다.

이상을 종합해 볼 때 연암이 말하는 '도'는 눈을 아무리 크게 뜨고 봐도 인간으로서는 절대 볼 수 없고 보이지 않는 '그 무엇'이다. 이 지점에서 연암이 말하는 도는 노자가 말한 '도가도 비상도道可道 非常道'의 도와 접점을 이루고 있는지도 모른다. 물론 이러한 해석에 대한 이의 제기나 비웃음이 수없이 많을 테지만 일단 논외로 하고 노자의 말을 연암의 도 사상에 입각하여 풀어보면 '도는 있지만 인간은 진정한 도를 알 수 없기 때문이 인간이 도라고 하면 그것은 도가 아니다'라는 뜻으로 볼 수 있다.

'도가도道可道'에서 앞의 '道'는 인간의 오감을 초월하는 진정한 의미의 '도'이고 뒤의 '道'는 인간이 규정하는 '道'로서, 인간은 절대 '도'를 알 수 없고 인식할 수도 없기 때문에 인간이 '도'라고 말하는 순간 그 도는 '비상도非常道' 즉 진정한 도가 아니라는 의미이다.

정나라의 자산과 연암의 도 사상

인간이 도를 알 수 없다면 어떻게 도를 논하고 찾아야 할까? 연암의 생각은 마음으로 도를 봐야 한다는 데 있다고 본다. 마음으로 도를 본다는 건 깨달음이다. 깨달음은 강물과 언덕의 본질적 차이를 알고 구분하는 데서 시작된다. 그 본질적 차이를 알고 구분하려면 강물과 언덕의 이치를 터득해야 한다. 쉽게 말해 강은 강이고 언덕은 언덕이다. 이렇게 강과 언덕의 본질적 차이를 구분한다고 깨달음을 얻는 건 아니다. 바로 인간이 절대 인식할 수 없는 강과 언덕 사이, 경계의 속성을 깨달아야 한다.

강과 언덕은 그 경계에서 서로 같기도 하고 다르기도 하다. 그 경계, 그 사이에는 인간이 끝내 볼 수는 없지만 분명 도는 존재한다. 그렇다면 인간은 같기도 하고 다르기도 한 그 사이를 마음으로 인식하고 추구하면 된다. 그 사이는 양옆으로 강과 언덕이 서로 공존하는 조화의 공간이다. 즉 서로 다른 속성과 이치를 지닌 두 사물이 하나를 이루는 '조화로운 공존의 경계'에서 도를 추구할 수 있다는 의미로 해석할 수도 있겠다.

도를 아는 사람만이 능히 정나라 자산의 처신을 알 수 있다는 연암의 말도 그의 도 사상을 뒷받침해주고 있다. 자산은 기원전 547년 정나라의 재상에 임명되어 20년 넘게 국내 정치를 혁신하고, 강대국들 사이에서 뛰어난 외교적 책략으로 정나라가 떳떳하게 제후국의 지위를 유지할 수 있도록 한 인물이다.

자산이 재상으로 등극할 당시 정나라는 문란한 정치와 혼란스런 사회 질서로 내정이 엉망이었다. 자산은 나라를 바로 잡기 위해 강온 양면 정책을 썼다. 엄격한 법규와 제도로 나라의 기강과 질서를 바로잡으면서도, 지방 귀족들의 정치 활동 공간인 향교鄕校를 유지시켜 그들이 비판과 불만을 쏟아낼 수 있도록 하고 일부 여론을 받아들임으로써 정치적 관용을 베풀었다. 이렇게 강경 정책과 온건 정책의 '조화'를 통해 자산은 정나라의 내치를 바로 잡았다.

외치도 마찬가지였다. 당시 약소국 정나라는 강대국 진晉나라와 초楚나라 사이에 끼어 있어 이쪽저쪽 눈치를 살피며 비위를 맞출 수밖에 없었다. 그러나 자산이 재상이 된 뒤에는 정교하고 뛰어난 외교적 책략으로, 정나라는 싸우지도 않고 무릎을 꿇지도 않는 지위를 유지할 수 있었다.

연암이 도를 아는 사람으로 자산을 언급한 것은 바로 자산이 이질적인 강대국들 사이에서도 탁월한 외교적 기술로 조화로운 공존을 모색할 수 있었기 때문이라고 할 수 있다. 이로 보아서도 연암이 말한 '사이의 도'는 서로 다른 가운데서도 하나와 같이 공존할 수 있는 조화의 경지를 의미한다고 해석할 수 있다. 이런 논리로 본다면 연암이 수역 홍명복에게 말한 강물과 언덕의 사이에 있다는 도道는 바로 강물과 언덕의 조화로운 공존의 경지이다.

공존과 조화의 도道와 비도非道

공존과 조화의 도는 인간 대 인간, 인간 대 사물, 사물 대 사물 등의 관계에서 상대의 존재와 가치를 인정하는 데서 출발한다. 진나라와 초나라가 자산의 정나라의 존재를 인정하지 않았다면 어떻게 됐겠는가? 세 나라의 국경은 공존과 조화 대신 노한 강물이 언덕을 파헤치듯 창칼이 부딪히고 살육의 비명과 핏물로 물들었을 것이다. 분명히 도는 아니다.

연암은 애초 강과 언덕이라는 두 현실적인 사물의 경계에 도가 있다고 말하고 중국과 조선의 경계는 압록강이라고 했다. 그렇다면 조선과 청나라의 도는 압록강에 있다. 조선과 청나라가 서로의 존재와 가치를 인정하고 압록강에 어부들의 노래 소리가 울려 퍼지고 교역선이 오가는 공존과 조화가 이뤄지면 여기에 도가 있다는 말이다. 만약 조선과 청나라의 관계가 삐걱거려 압록강을 경계로 분쟁이나 전쟁이 벌어지면 공존과 조화는 불가능하다. 즉 공존과 조화를 도라고 하면 서로를 인정하지 않는 전쟁과 분쟁, 갈등과 싸움은 비도非道가 된다.

우리 일상 생활의 인간 사이도 마찬가지다. 정확하게 도가 무엇인지는 모른다고 하더라도 서로를 존중하고 가치를 인정하여 배려하면 그 사이에서 조화와 공존의 도가 실현된다. 싸움과 시기, 질투, 모함, 험담은 서로의 가치를 인정하지 않기에 조화와 공존의 도가 아니고 바로 비도가 되는 것이다. 이렇듯 도는 우리의 일상 생활 속에 항상 존재하고, 세상 모든 존재가 공존과 조화로 완결체를 이루면 자신도 모르는 사이에 저절로 도가 실현되기에 도가 지금 바로 나 자신, 우리에게 있다는 사실을 인식시켰다는 데서 연암의 도 사상이 지니는 가치를 찾을 수 있다.

천하를 얻는 것은 천도, 절개를 지키는 것도 천도

공존과 조화를 '연암의 도 사상'으로 볼 수 있는 또 다른 글은 남송의 정치인이자 시인인 문천상文天祥의 사당을 참배하고 기록한 열하일기의 '문승상사당기文丞相祠堂記'이다. 문천상은 남송이 원나라에 굴복하자 이곳저곳으로 옮겨 다니며 저항하다가 결국 붙잡혔다. 북경으로 압송된 뒤에도 끝끝내 전향하지 않고 절개를 지키다 처형된 인물이다. 문천상이 순절한 곳에 그의 사당이 있는데, 연암은 사당을 참배하며 가졌던 착잡한 생각을 두 가지의 천도天道로 정리했다.

천고의 역사상 나라가 흥하고 망하는 시기에는 하늘의 뜻이 '요망한 재앙'과 '상서로운 조짐'으로 뚜렷하게 나타난다. 어린애들이라도 하늘의 뜻이 어디 있는지 환하게 볼 수 있다. 천하를 얻는 것도 천도이다. 그런데도 충신과 의사들은 한갓 한 손으로 하늘의 뜻과 맞서려 한다. 천하를 차지한 임금의 위엄과 무력으로도 일개 선비를 굴복시킬 수 없으니, 이 절개는 사람이 지켜야 할 영원한 도리로 한 시대에 나라를 얻는 것보다 중하다고 할 수 있다. 그렇다면 충신의 그런 행동에도 천도가 깃들어 있다.

이 두 천도를 어찌할 것인가? 연암의 설명이다.

천하를 이롭게 하는 게 하늘의 뜻이라면 진실로 올바른 도는 천명을 받아 도탄에 빠진 백성을 구하면 그만이다. 후세에 천하를 차지한 사람 치고 천명天命을 받지 않았다고 하는 사람은 하나도 없다. 그러나 자신의 역량이나 일의 핵심을 정확하게 살필 수 없어 하늘을 믿지 않는다. 하늘을 믿지 못하기에 남을 꺼린다. 무력으로 굴복시킬 수 없는 사람은 나의 강적이 될 것이라고 생각하고 두려워하니 '그 사람'을 죽여서 후환을 없애버리는 게 낫다고 여긴다. '그 사람'이란 자는 천하 사람들에게 어버이와 형과 같은 존재여서 죽이면 원수가 될 수밖에 없다. 그렇기에 '그 사람'을 백성으로 삼되 신하로 부리려 하지 말고, 존중은 하되 지위는 없게 하며, 봉하지도 조회를 받지도 않는 반열에 두면 그만일 것이다.

천하를 얻는 것도 천도이고, 절개를 지키는 것도 천도다. 천하를 얻은 자는, 천도에 따라 절개를 지킨 사람을 존중하면 된다. 그에게는 오로지 천명을 받아 도탄에 빠진 백성을 구하면 천하를 이롭게 하는 천도가 된다는 요지다. 바로 천도의 공존과 조화이다.

여기서 눈여겨 볼 점은 연암이 두 천도의 접점을 백성을 바로 구하는 데서 찾고 있다는 사실이다. 천하를 얻는 깃도 궁극적으로 백성들의 삶을 위한 것이고 충신들이 절개를 지키는 근본적 이유도 백성들을 살리는 것이라는 의미이다. 연암의 머릿속에는 늘 '가난하여 죽고 싶다'라는 조선의 백성이 있었고, 그의 도 사상 역시 애민 정신에 뿌리를 두고 있었다.

2. 문장의 지극한 도道

자신의 글을 쓰라

연암은 '사이의 도' 사상에 입각해 '문장의 도'라는 말 대신 '지극한 도'라고 했다. 지극至極은 극에 이르지만 극 자체는 아니다. 진정한 문장의 도를 지극히 추구해야 한다는 의미로 보면 되겠다. 연암이 활동하던 18세기 조선은 주자성리학의 영향으로 오로지 옛 경서나 역사서, 시의 문체를 본떠야 한다는 풍조가 지배하고 있었다. 무조건 오래된 고문古文을 모방해 글을 짓는 의고체擬古體라야 제대로 된 글이나 문장으로 인정했던 것이다. 자연히 자신의 생각이나 개성이 담긴 문체나 문장은 자리를 잡을 수 없었고 오로지 옛 글을 외워 베끼듯 하는 획일적 글들만 넘쳐날 수밖에 없었다. 고문만이 작법의 기준이어서 생명이 살아 있는 글이 나올 여지는 있을 리 없었다.

연암의 글쓰기에 대한 철학은 〈과정록〉에 가장 압축적으로 나온다. 바로 자신의 글을 써야 한다는 것이다. 고문과 금문今文의 구분을 두지 않았다. 오히려 옛글을 모방하고 본떠서 우쭐해하고 으스대는 선비들에게 비판적 시선을 던졌다.

중요한 것은 자신의 글을 쓰는 것이다. 귀로 듣고 눈으로 본 바에

따라 그 형상과 소리를 곡진히 표현하고 그 정경을 고스란히 드러
낼 수만 있다면 문장의 도는 그것으로 지극하다.

글은 사실과 생각이다. 글쓴이가 보고 들은 현상을 묘사하거나, 자
신의 생각이나 느낌을 있는 그대로 전달하기 위해 글자로 표현한 결과
물이다. 유명한 옛 문장가의 글을 모방하거나 본뜨면 겉보기에는 번지
르르할지 모르겠지만 실상은 글쓴이의 생각은 빠져버려 알맹이 없는
쭉정이와 같게 된다. 그래서 연암은 옛글을 모방하지 말고 '자신이 생
각하는 글'을 쓰라고 한 것이다.

조선의 시를 쓰라

〈연암집〉 7권에는 이덕무가 쓴 시집 〈영처고嬰處稿〉에 연암이 서문
을 붙인 '영처고서嬰處稿序'가 실려 있다. 거기에는 이덕무의 친구 유연柳
璉이 영처고의 시를 보고 옛사람의 시와 털끝만큼도 비슷한 게 없어 비
루하며 자질구레하다고 비판했다는 대목이 나온다. 이 말을 듣고 연암
은 오히려 기뻐했다. 이덕무가 옛사람의 시를 쓴 게 아니라 바로 자신
의 시를 썼기 때문이다. 그러면서 옛사람들도 당시에는 자신들을 예스
럽다고 생각하지 않았을 것이고, 한 명의 '지금 사람'이었을 따름이라
고 설명한다. 그러니까 무조건 예스러움을 모방하지 말라는 뜻이다.

지금 무관懋官, 이덕무의 호은 조선 사람이다. 산천과 기후가 중화 땅
과는 다르고 언어와 풍속도 한당漢唐의 시대와 다르다. 그런데도

만약 작법을 중화에서 본뜨고 문체를 한당에서 답습한다면, 나는
작법이 고상하면 할수록 그 내용이 실로 비루해지고, 문체가 비슷
하면 할수록 그 표현이 더욱 거짓이 됨을 볼 뿐이다.

'참다운 글'에 대한 절륜한 탁견이 아닐 수 없다. 정치 외교는 물론
이고 학문까지도 중화주의에 푹 빠져 있는 시대 상황에서 연암은 옛사
람의 글을 모방하는 의고체를 정면 비판하고 조선의 글쓰기를 주창하
고 있다. 조선이 신라와 고려 시대 이래로 비록 검박하기는 하나 민간
에 아름다운 풍속도 많으니, 그 방언을 문자로 삼고 민요에다 운韻을
달면 자연히 문장이 되어 그 속에서 '참다운 이치'가 발현된다는 말도
덧붙인다.

　이어 〈시경〉에 견주어 〈영처고〉의 가치를 설명한다. 〈시경〉에 수
록된 3백 편의 시는 조수鳥獸와 초목草木의 이름이 다 있고, 평범한 남
녀가 나눈 말들이 기록돼 있다. 시를 채집하는 사람은 이 시를 통해 당
시 중국 땅 여러 나라 백성들의 성정性情을 파악하고 풍속을 파악했다.
같은 이치로 조선의 시를 쓴 〈영처고〉를 살펴보면 우리나라의 조수와
초목의 이름을 많이 알게 될 것이고, 우리나라 남녀의 성정을 살필 수
있다는 것이다. 그래서 연암은 중국에서 〈시경〉을 '국풍國風'이라고 일
컫는데 견주어 〈영처고〉를 '조선의 국풍'이라고 불러도 된다며 서문
을 맺었다.

　중국의 옛글이 아니라 바로 지금 조선의 글을 써야 한다는 연암의
의지가 고스란히 담겨 있다. 조선의 글은 곧 자신의 글이다. 이게 바로

'문장의 지극한 도'가 되는 것이다. 글은 글쓴이의 생각과 사상의 그림 자나 마찬가지라는 점에서, 글쓰기의 자주화를 부르짖은 〈영처고〉 서 문은 문장을 통해서도 '중화주의'라는 허울을 벗어던지고 조선의 정신 적 자주성을 바로 세우려는 연암의 고뇌라고 해도 될 것이다.

당대의 말을 쓰라

연암은 당시 선비들의 과거科擧식 문체를 병통으로 여겼다. 옛사람들 의 글을 모방하는 낡은 관습에 빠져 진부한 말을 늘어놓았기 때문이다. 옛글에 대한 연암의 생각은 이렇다. 옛사람들이 〈시경〉이나 〈주역〉, 〈춘추〉, 〈서경〉을 쓸 때는 모두 당시의 글이어서 그때 사람들이 쉽게 이해할 수 있었다. 그러나 후대로 오면서 그 뜻을 점점 알기 어렵게 되 어 그 뜻을 풀이하는 전傳이나 전箋, 주註, 소疏 등이 생겨났다. 이런 사 정도 모르고 옛사람의 난삽한 글을 그대로 흉내내고 본뜨고는 좋은 글 이라고 한다. 다른 사람들이 자신의 이런 글을 읽으려고 할 때 일일이 주석을 달아주어야 한다면 이런 글을 어디에도 쓸 데가 없다는 것이다. 언어의 역사성을 정확하게 꿰뚫은 견해이다.

언어는 기호와 의미가 정해지면 사회 구성원들의 약속에 따라 지켜 져야 한다. 언어의 사회성이다. 그러나 이 약속이 영구불변하는 게 아 니다. 역사의 흐름과 사회의 변화에 따라 언어도 변한다. 바로 언어의 역사성이다. 이러한 역사성에 따라 그 시대 사람들이 가장 잘 이해할 수 있는 말로 당대의 문장을 써야 한다는 얘기이다.

옛글의 정신과 이치를 배워라

그러면 고문이나 고전의 가치는 없다는 것인가? 아니다. 연암은 옛글의 겉모습을 배울 게 아니라 글 속에 내포된 '정신과 이치'를 터득해야 한다고 강조한다. 즉 글의 정신과 이치를 이해한 뒤 자신의 언어로 자연스럽게 글을 쓸 때 진짜 글이 나온다는 의미이다. 박종채가 〈과정록〉에서 전한 연암의 말이다.

고문을 배우려는 자는 자연스러움을 구해야 마땅하며, 자기 자신의 언어로부터 문장의 입체적 구성이 생겨나도록 해야지 옛사람의 언어를 표절하여 주어진 틀에 메워 넣으려 해서는 안 된다. 바로 여기서 글이 어려운가 쉬운가 하는 차이가 생겨나며, 진짜인가 가짜인가가 결정된다.

연암의 고전 지식은 실로 방대하다. 열하일기 '망양록'이나 '곡정필담'을 보면 연암이 다양한 고전과 역사 지식을 대화 중간 중간에 자유자재로 구사하는 장면이 수시로 나온다. 중국학자들이나 관리들과 밤을 새워 필담을 이어나갈 때도 다양한 고전 지식을 활용했다. 노이점도 〈수사록〉에서 학문과 문장이 있는 중화의 선비들이 연암을 한 번 보고는 매료되지 않는 사람이 없었다고 증언하고 있다. 이는 연암이 옛글의 형식이나 틀만 본뜨는 공부를 한 게 아니라 옛글의 정신과 이치를 이해하고 소화하여 시의적절하게 자신의 말과 글을 썼다는 사실을 뒷받침한다.

〈연암집〉에는 처남 이재성이 과거 시험에서 뛰어난 답안을 모아 엮은 〈소단적치騷壇赤幟〉에 연암이 쓴 서문이 소개되어 있는데 여기에도 연암의 소중한 문장 철학이 담겨 있다. 여기서 연암은 글쓰기를 병법에 비유하여 설명하고 있다. 용병을 잘하는 자에게는 버릴 병졸이 없듯이 글을 잘 짓는 자에게는 따로 가려 쓸 글자가 없다는 것이다.

진실로 좋은 장수를 만나면 호미 자루나 창 자루를 들어도 굳세고 사나운 병졸이 되고, 헝겊을 찢어 장대 끝에 매달더라도 사뭇 정채精彩를 띤 깃발이 된다. 만약 이치에 맞는다면, 집에서 쓰는 말도 오히려 학교에서 가르칠 수 있고 동요나 속담도 '이아爾雅'에 속할 수 있을 것이다. 그러므로 글이 능숙하지 못한 것은 글자의 탓이 아닌 것이다.

아무리 무기가 보잘 것 없어도 장수의 통솔력과 전술이 뛰어나면 강한 군대가 되듯이, 집에서 일상적으로 쓰는 말이나 장삼이사張三李四의 속담도 글쓴이가 적절하게 활용하면 좋은 글이 된다는 뜻이다. 그러므로 화려한 말과 멋진 글자만 찾을 게 아니라, 자신이 보고 듣고 느낀 내용을 바탕으로 정신과 이치를 잘 전달할 수 있는 자신의 글을 쓰도록 해야 한다는 것이다. 이런 글이 새로운 글이자 진짜 글이다.

사실에 충실하니 절로 기이하다
열하일기에서 충분히 살펴본 바와 같이 연암은 기자답게 사실 취재와 기록에 충실했다. 사실이 불분명한 부분이 있으면 사실이 아닐 수도 있다고 밝혔으며, 자신이 모르는 내용이 있으면 모른다고 고백했다. 오로지 사실만 기록했기에 연암의 글은 신뢰를 얻었다. 글의 힘은 신뢰에서도 나온다. 그래서 연암의 글에 힘과 영향력이 있었다.

연암의 글을 가장 잘 이해한 사람이 있다면 처남인 지계공芝溪公 이재성일 것이다. 연암 스스로도 글을 쓴 뒤 지계공에게 논평을 부탁하곤 했다. 연암이 타계했을 때 지계공이 쓴 제문에는 연암이 쓴 글의 특징과 특장이 잘 묘사되어 있다. 〈과정록〉에 수록되어 있는 제문의 일부분이다.

아아, 우리 공은
학문은 억지로 기이함을 추구하지 않았고
문장은 억지로 새로움을 좇지 아니했지요.
사실에 충실하니 절로 기이하게 되고
깊은 경지에 나아가니 절로 새롭게 된 것일 뿐.
일상생활에서 흔히 쓰는 말도
공에게 가면 훌륭한 문장이 되고
웃고 화내고 꾸짖는 속에
진실됨이 담겨 있지요.

연암이 억지로 꾸미지 않고, 보고 들은 사실에 충실하여 자신의 글을 쓰니 절로 좋은 문장이 되었다는 말이다. 실제로 연암은 자랑하고 뽐내는 현학衒學을 싫어했다. 제문에 있는 그대로 일상 생활에서 쓰는 말로 자연스러운 일상의 글을 썼다. 이렇게 보면 우리 주변의 일상에 좋은 말이 널려 있고 좋은 글의 소재가 늘 기다리고 있다. 우주 만물이 문장이라고 했듯이 '문장의 도'는 바로 지금 우리의 일상과 주변에 있다.

3. 법고창신의 작법

상갓집 곡비의 울음소리

연암은 법고창신法古創新의 문장법을 설명하기 위해 '법고'나 '창신'만
을 고집하는 병폐를 상세하게 설명하고 있다. 곡비哭婢는 상갓집에서
곡성이 끊어지지 않도록 우는 계집종이다. 조선 시대 왕실에는 궁인
이, 사대부 집안의 경우에는 노비를 시켜 울음을 그치지 않도록 했다.
이러한 곡비들이 슬픔을 나타내는 울음소리는 보지 않아도 뻔하다. 무
슨 마음의 슬픔이나 아픔이 있을 것인가? 형식적으로 내는 소리에 불
과할 것이다. 이 집에서 나는 곡비 소리나 저 집에서 나는 곡비 소리, 예
전의 곡비 소리나 지금의 곡비 소리가 큰 차이가 없이 똑같을 것이다.

문장도 마찬가지다. 옛글을 모방하는 문장은 이 집 곡비의 울음 소
리와 저 집 곡비의 울음소리가 그러하듯 그게 그것이다. 옛사람의 글
을 베껴 뻔한 소리를 하면 곡비들의 의례적인 울음 소리처럼 하나마나
한 소리일 뿐 글의 정신이나 이치, 특징이나 내용이 없다는 것이다. 연
암의 말처럼 종이 가득히 진부한 말과 죽은 구절만 채워 넣게 된다. 바
로 새로운 것 없이 옛것만 따르는 법고의 병폐다.

이덕무의 친구 유연이 〈영처고〉를 보고 옛사람의 시와 같지 않다고
비판했듯이 〈녹천관집綠天館集〉을 지은 이서구도 비슷한 경험을 연암에

게 토로했다. 지나치게 '법고法古'만을 고집하는 당시의 세태로, 〈연암집〉 7권 '녹천관집서綠天館集序'에 실려 있다.

이씨의 자제인 낙서洛瑞, 이서구는 나이가 16세로 나를 따라 글을 배운 지가 이미 여러 해가 되었는데, 심령이 일찍 트이고 혜식이 구슬과 같았다. 일찍이 〈녹천관집〉을 가지고 와서 나에게 질문하기를, "아, 제가 글을 지은 지가 겨우 몇 해밖에 되지 않았지만 남들의 노여움을 산 적이 많았습니다. 한 마디라도 조금 새롭다든가 한 글자라도 기이한 것이 나오면 그때마다 사람들은 '옛글에도 이런 것이 있었느냐?'라고 묻습니다. '그렇지 않다'라고 대답하면 발끈 화를 내며 '어찌 감히 그런 글을 짓느냐!'라고 나무랍니다. 아, 옛글에 이런 것이 있었다면 제가 어찌 다시 쓸 필요가 있겠습니까. 선생님께서 판정해 주십시오"하였다.

법고만 좇는다면 '다시 글을 쓸 필요가 있겠는가'라는 이서구의 반문이 날카롭다. 이 말을 듣고 연암은 제자 이서구에게 세 번이나 절을 한 다음 "가히 학문을 일으킬 만하다"라고 칭송했다.

연암은 옛글을 모방할 때 거울이 형체를 비추듯이 해도 왼쪽과 오른쪽이 서로 반대가 되고, 물이 형체를 비추듯이 해도 뿌리와 가지가 거꾸로 보이듯이, 옛글을 모방해도 결코 옛글과 비슷할 수가 없다고 단언한다. 비슷한 것을 구하려 드는 것은 그 자체가 참이 아니라는 것이다. 그래서 모방하지 않는 자신의 글을 써야 한다는 말이다. 창힐蒼

頡이 한자를 처음 만들 때 옛것을 모방하지 않았듯이, 글을 쓰는 사람은 창힐이 글자를 만들 때를 생각하면 글이 비로소 바르게 된다는 게 연암의 조언이다.

괴벽하고 허황된 문장

법고만을 고집하는 게 병폐라면 '창신'만을 따르는 글쓰기는 어떠할까? 역시 박제가가 지은 〈초정집楚亭集〉의 서문에서 밝힌 연암의 생각은 단호하다. 무조건 옛것을 배척하고 창신만 고집하면 괴벽하고 허황된 문장을 짓고도 두려워할 줄 모르는 자가 생기게 된다는 것이다. '창신'만의 병통을 설명하기 위해 〈사기〉에 나오는 진나라 상앙商鞅의 고사를 들고 있다.

상앙은 자기가 만든 법령을 백성들이 믿도록 하기 위해 도성 남문에 세 발 되는 장대를 세워놓고, 이를 북문으로 옮겨 놓는 사람에게 상금으로 금 50냥을 주겠다고 했다. 그러고는 실제로 장대를 옮긴 사람에게 그 자리에서 50냥의 금을 주었다. 그래서 상앙의 세 발 장대가 길이, 무게, 부피를 재는 국가 표준 도량형기보다 더 세를 얻는 이상한 제도가 생긴다는 것이다. 이렇듯 문장에서도 '창신'만을 고집하면 법도가 없는 이상한 글이 생긴다는 뜻이다.

초정에게도 진부한 말을 없애려고 하다 보면 혹 근거 없는 표현을 쓰는 실수를 범하기도 하고, 내세운 주장이 너무 고원하다 보면 혹 상도常道에서 벗어나기도 한다고 충고한다. 옛문장의 법도를 지킬 건 지켜야 한다는 말이다. 연암은 '법고'나 '창신'만을 고집하는 폐단의 사례를 명나라 말의 문단 풍조에서 찾았다.

명나라의 여러 작가가 '법고'와 '창신'에 대하여 서로 비방만 일삼다가 모두 정도正道를 얻지 못한 채 다 같이 말세의 자질구레한 폐단에 떨어져, 도를 옹호하는 데는 보램이 없이 한갓 풍속만 병들게 하고 교화를 해치는 결과를 낳고 만 것이다. 나는 이렇게 되지나 않을까 두렵다.

군이 '법고'와 '창신' 중에 선택한다면 연암은 어느 쪽의 손을 들까? '창신'을 한답시고 재주를 부리기보다는 '법고'를 하다가 고루해지는 편이 낫다는 게 연암의 생각이다. 글쓰기의 기본 틀이 중요하다는 뜻이다.

법고와 창신의 조화

연암식 글쓰기의 해법은 '법고'와 '창신'의 조화에 있다. '법고창신의 문장법'이라고 할 수 있다. 〈초정집〉에 부친 서문에서 다음과 같이 기록하고 있다.

'법고'한다는 사람은 옛 자취에만 얽매이는 것이 병통이고, '창신'한다는 사람은 상도에서 벗어나는 게 걱정거리이다. 진실로 '법고'하면서도 변통할 줄 알고 '창신'하면서도 전아하다면, 요즘의 글이 바로 옛글인 것이다.

옛것을 본받는 법고와 새로운 것을 만드는 창신創新, 〈연암집〉 원문에는 剙新으로 되어 있다을 함께 고려해야 올바른 문장이 된다는 것이다. 쉽게 말해 옛글의 틀과 형식을 본받을 건 본받아 당대의 말과 글로 자신의 글을 써야 한다는 뜻이다. 연암은 법고와 창신의 조화를 통한 글쓰기를 〈사기〉에 소개되어 있는 한나라 명장 한신韓信의 배수진背水陣에 비유하고 있다.

물을 등지고 진을 쳐서 적군과 싸우는 배수진은 당시 병법에는 나와 있지 않았다. 한신이 조나라와 싸울 때 배수진을 치자 장수들이 불복할 것은 당연한 일이었다. 그런데 한신은 장수들에게 병법을 제대로 살피지 못한 탓이라고 하면서 '죽을 땅에 놓인 뒤라야 살아난다'라고 되어있는 구절을 근거로 배수진을 밀고 나갔다. 퇴로가 없는 병사들은 죽기 살기로 싸워 대승을 거두었다. 한신이 병법을 토대로 한 것은 '법고'요, '죽을 땅에 놓인 뒤라야 살아난다'라라는 구절을 근거로 배수진을 친 것은 '창신'이라고 할 수 있다.

연암은 하늘과 땅이 아무리 장구해도 끊임없이 생명을 낳고, 해와 달이 아무리 유구해도 그 빛은 날마다 새롭다고 했다. 하늘과 땅이라는 법고를 토대로 새로운 생명이 창신되고, 해와 달이라는 법고에서 날마다 새로운 빛이 만들어지듯이 글쓰기도 법고를 통해 새로운 글을 창신해야 된다는 말이다. 바로 법고와 창신의 공존과 조화의 도이다.

연암의 법고창신

연암은 시와 소설뿐 아니라 다양한 산문을 함께 남겼다. 이 가운데 묘비명墓碑銘이 많이 남아 있다는 점도 이채롭다. 당대에 연암의 글 솜씨가 탁월했기 때문일 것이다. 연암은 묘비명을 쓸 때도 상갓집 곡비울 듯 쓰지 않았다. 연암이 묘비명이나 제문을 지어 올린 대상은 집안 사람을 비롯해 친구와 제자, 지인 아들까지 망라되어 있는데 상투적인 틀을 따르지 않았다. '어려서부터 총명하고 효성이 남달랐으며 형제간의 우애가 돈독했다'와 같은 틀에 맞춰 찍어낸 듯한 글이 아니라 작은 일화나 에피소드, 특이한 사연, 추억할 만한 일 등 고인과 관련된 구체적인 행적에 초점을 맞춰 행장行狀을 엮어나감으로써 더더욱 심금을 울렸다.

연암의 형수인 공인恭人 이씨는 가난한 가운데서도 집안의 대소사를 다 챙기며 살림을 도맡아 오다가 1778년에 세상을 떴다. 연암이 형수의 묘지명을 썼는데 병석에 누워 있던 형수를 추억하는 글을 넣었다. 연암이 연암골에 터를 잡은 뒤 형님 내외를 모시고 살겠다는 꿈을 이야기하는 장면이다.

일찍이 공인을 마주하여 말하기를, "우리 형님이 이제 늙었으니 당연히 이 아우와 함께 은거해야 합니다. 담장에는 빙 둘러 뽕나무 천 그루를 심고, 집 뒤에는 밤나무 천 그루를 심고, 문 앞에는 배나무 천 그루를 접붙이고, 시내의 위와 아래로는 복숭아나무와 살구나무 천 그루를 심고, 세 이랑 되는 연못에는 한 말의 치어稚魚를 뿌리고, 바위 비탈에는 벌통 100개를 놓고, 울타리 사이에는 세 마리의 소를 매어 놓고서, 아내는 길쌈하고 형수님은 다만 여종을 시켜 들기름을 짜게 재촉해서, 밤에 이 시동생이 옛사람의 글을 읽도록 도와주십시오."

공인은 이때 비록 병이 심했으나, 자기도 모르게 벌떡 일어나 머리를 손으로 떠받치고 한번 웃으며 말하기를, "이는 바로 나의 오랜 뜻이었소!"하였다. 그래서 같이 오기를 밤낮으로 간절히 바랐던 터인데, 심어 놓은 곡식이 익기도 전에 공인은 이미 일어나지 못하게 되었다.

병석에 누워 있는 형수에게 연암의 이야기는 꿈결 같은 이상향으로 들렸을 것이다. 아픈 몸인데도 불구하고 무릉도원 같은 연암의 얘기를 듣자마자 벌떡 일어나 앉은 형수의 얼굴에는 병색이 완연했겠지만 그래도 실낱같은 꿈과 희망에 젖어 엷은 미소에 눈망울이 빛났을지 모른다. 그 짧은 순간, '자신의 뜻이었다'라는 환호성과도 같은 외마디는 고생만 하다가 떠난 연암의 형수에 대한 애잔함을 더하고 있다. 연암은 이 인상적인 에피소드 한 장면에 초점을 맞춰 마치 영상을 보듯 실감나게 그려내면서, 고인에 대한 추모의 마음을 더욱 절절하게 새기고 있다.

처남 이재성이 이 묘지명에 대한 진수를 잘 포착하고 있다. 부드럽고 순하다, 엄하고 착하다, 부지런하고 검소하다는 말을 하지 않아도 집안을 다스리고 우애하고 인자하고 온화한 공인의 덕이 눈으로 보는 듯이 상상된다. 글을 읽으면 슬픔과 탄식으로 사람을 감동시킨다.

1771년 연암의 누님이 향년 44세로 세상을 떠났다. 연암의 자형은 아내를 잃고 살아갈 방도가 없게 되자 식솔들과 함께 상여를 모시고 강을 건너 이사했다. 상여가 떠나는 새벽, 연암은 배 안에서 누님을 송별하고 통곡한 뒤 돌아와서 묘지명을 지었다. 여기서 연암은 열여섯 살에 시집간 누님에게 마구 떼쓰던 유년의 아스라한 추억을 놓치지 않았다.

아, 슬프다! 누님이 갓 시십가서 새벽에 닌장하던 일이 어제인 듯하다. 나는 그때 막 여덟 살이었는데 버릇없이 드러누워 말처럼 뒹굴면서 신랑의 말투를 흉내내어 더듬거리며 정중하게 말을 했더니, 누님이 그만 수줍어서 빗을 떨어뜨려 내 이마를 건드렸다. 나는 성이 나서 울며 먹물을 분가루에 섞고 거울에 침을 뱉어댔다. 누님은 옥압玉鴨과 금봉金蜂을 꺼내 주며 울음을 그치도록 달랬었는데, 그때로부터 지금 스물여덟 해가 되었구나!

이런 추억과 인정을 공유한 누님의 상여가 배에 실려 영원히 떠나는데, 강가에서 누님을 보내야 하는 연암의 마음은 어떻겠는가?

강가에 말을 멈추어 세우고 멀리 바라보니 붉은 명정이 휘날리고 돛 그림자가 너울거리다가, 기슭을 돌아가고 나무에 가리게 되자 다시는 보이지 않는데, 강가의 먼 산들은 검푸르러 누님의 쪽 찐 머리 같고, 강물 빛은 거울 같고, 새벽달은 고운 눈썹 같았다. 눈물을 흘리며 누님이 빗을 떨어뜨렸던 일을 생각하니, 유독 어렸을 적 일은 역력할 뿐더러 또한 즐거움도 많았고 세월도 더디더

니, 중년에 들어서는 노상 우환에 시달리고 가난을 걱정하다가 꿈
속처럼 훌쩍 지나갔으니 남매가 되어 지냈던 날들은 또 어찌 그리
도 빨리 지나갔던고!

강가에서 누님을 영결하고 눈물을 흘리지만 비통한 슬픔을 직접적
으로 표현하지는 않았다. 대신 누님의 상여가 떠나는 마지막 장면에
이어 산과 강물, 새벽달을 누님으로 이미지화 시키는 담담한 방법으로
그리움과 슬픔을 동시에 나타내고 있다. 그림을 그리듯 차분하고 절제
된 표현 기법으로 연암은 누님에 대한 자신의 모든 감정을 담아냈다.
가장 인상적인 추억의 한 자락에 초점을 맞춰 새로운 사실을 기술하는
창신의 글쓰기이다. 박종채가 〈과정록〉에서 밝힌 감상이 연암의 법고
창신을 그대로 말해주고 있다.

아버지께서 지으신 문장은 착상이 독창적인 데다가 기운이 가득
차고 이치가 갖추어져 있었다. 비문이나 묘지墓誌는 생동감 있게
서술되어 그 사람의 목소리와 모습을 듣고 보는 듯 했으며, 편지
글은 붓 가는 대로 썼으면서도 인정물태를 다 드러냈으니, 개성적
인 글을 창조하여 진부한 말을 답습하지 않으셨다.

연암은 글의 소재와 주제를 잡은 뒤 주제를 뒷받침해주는 일상의 에
피소드를 찾아 글의 초점을 맞춘다. 병석에 누워 있던 형수와의 대화
나 시집간 누님에게 떼쓰던 순간 등 지극히 일상적인 삶의 장면들이다.

바로 독창적인 착상이다. 여기에 그 사람의 목소리와 모습을 듣고 보는 듯 묘사한 한 장면 한 장면이 누구에게나 공감을 불러일으키고 심금을 울렸던 것이다. 이게 바로 연암에게는 자신의 글이요 문장이었다.

4. 깊은 관찰과 사색, '자신의 글쓰기'

미물에 지극한 경지가 있다

연암은 주변의 자연과 사물을 치밀하게 관찰하고 혼자 조용히 이치를 궁구하는 습성을 가지고 있었다. 연암골에서는 시냇가의 바위에 앉아 있기도 하고, 뭔가를 읊조리며 천천히 산책하다가 갑자기 멍하니 모든 것을 잊은 것 같은 모습을 하기도 했다. 연암의 관찰과 사색의 습관은 〈과정록〉에도 자세하게 소개되어 있다.

간혹 사물을 응시하며 한참 동안 묵묵히 말이 없으시기도 하였다.
당시 아버지는 이런 말씀을 하신 적이 있다.
"지극히 미미한 사물들, 이를테면 풀·꽃·새·벌레와 같은 것도 모두 지극한 경지를 지니고 있지. 그러므로 이들에게서 하늘의 묘한 이치를 엿볼 수 있다."

미물들이 지니고 있는 '지극한 경지', '하늘의 묘한 이치'를 연암은 끊임없이 파고들었다. 이런 관찰과 탐구를 통해 묘한 생각이 떠오르면 반드시 종이 조각에 메모했다. 이를테면 꿀벌 한 마리라 하더라도 꿀벌의 생김새를 비롯해 각 기관의 모양과 기능, 몸짓이나 행동 양태, 꽃

술에서 꿀을 모으는 방법, 벌집을 짓는 양식, 침으로 자신을 방어하는 기능 등을 정밀하게 관찰하여 그들의 생리, 존재 이유와 가치를 깊이 있게 파고들어 사회성이 강한 꿀벌 조직의 이치를 터득했을 수도 있었을 것이다. 자연에 대한 치밀한 관찰력은 새[鳥]를 보는 연암의 시각에서도 드러난다.

> 저 허공 속에 날고 울고 하는 것이 얼마나 생기가 발랄합니까. 그런데 싱겁게도 새 '조鳥'라는 한 글자로 뭉뚱그려 표현한다면 채색도 묻혀버리고 모양과 소리도 빠뜨려버리는 것이니, 마을의 사당에 나가는 시골 늙은이의 지팡이 끝에 새겨진 것과 무엇이 다를게 있겠습니까.
>
> – 〈연암집〉 중

새 한 마리만 봐도 나는 모습이나 생긴 모양, 날개 색깔, 울음 소리, 먹이를 잡는 방식 등 다양한 글을 만들어낸다. 이러한 우리 주변의 새를 보지 않고 기껏해야 새 '금禽' 자로 바꾸는 정도인데 이렇게 옛글의 새만 찾는다면 죽은 글이 된다는 말이다.

연암은 이 편지에서 아침에 나무 그늘에서 지저귀는 새를 보고 "이게 바로 내가 말하는 '날아갔다 날아오는' 글자요, '서로 울고 서로 화답하는' 글월이다"라고 했다. 이러한 문장이 다섯 가지 채색의 문장이라고도 했다. 단순히 '새'라는 한 가지 색의 글자가 아니라, 다섯 가지 채색과 같이 다양한 새의 모습을 표현해야 진정한 새가 되고 진정한 문장이 된다는 말이다.

그래서 연암은 글의 정신과 의태意態가 우주에 널리 퍼져 있고 만물에 흩어져 있기에 우주 만물은 문자나 글월로 표현되지 않은 문장이라고 했다. 새와 같이 주변에 흔히 있는 생물이나 자연, 우리의 일상이 곧 글의 소재가 되고 문장을 이룬다는 뜻이다.

법고에만 매달려 옛글만 고집하는 선비들의 글은 연암에게 어떻게 비쳤을까? 마른 먹과 낡은 종이 사이에 시력을 쏟아 그 속에 있는 좀 오줌과 쥐똥이나 찾아 모으고 있으니, 술찌끼를 잔뜩 먹고 취해 죽겠다는 격이라고 비판했다. 당시 선비들이 집착했던 옛글을 좀 오줌과 쥐똥에 비유했으니 그들의 글인들 어찌 잘 빚은 술처럼 보일 수 있었겠는가?

코끼리를 보고 천하의 이치를 생각하다

연암은 북경 선무문 안에 있는 코끼리 우리인 상방과 열하에서 코끼리를 두 번 보았다. '상기象記'는 그때 코끼리를 처음 보고 기록한 글로서 치밀한 관찰력과 정교한 묘사력, 뛰어난 비유법으로 코끼리의 형상을 재미있게 형용하고 있다. '소리는 처량하고 귀는 구름장같이 드리웠고, 눈은 초승달 같았다'라는 표현이 대표적이다. 코끼리의 코를 자벌레와 굼벵이, 누에 꽁무니에 비유하며 묘사한 대목도 눈앞에서 살아 움직이는 듯 흥미롭다. 이렇게 코끼리의 전체 몸뚱이에서부터 꼬리와 무릎, 발톱, 털과 색깔, 눈과 귀, 긴 어금니까지 마치 그림을 그리듯 치밀하게 스케치해 놓았다. 코로 물건을 족집게처럼 집어 입에 말아 넣는 동작까지 표현되어 있다.

연암의 글은 현상이나 사물을 묘사하는 데 그치지 않고 그 이치를 따지며 한 단계 더 들어가면서 깊이를 더하는 특징을 지니고 있다. '상기'도 마찬가지다. 이런 신기하고 괴이하기도 한 생물체를 놓고 어떻게 세상의 만물이 만들어졌는지를 생각하며 성리학의 이론을 고찰하고 있다. 세상 만물이 하늘의 이리理와 기기氣의 작용으로 만들어지고 조물造物의 작용으로 성질을 부여받는다는 성리학의 이론을 설명하고, 이런 복잡한 세상 만물이 그런 단순한 체계로 생성될 수 없다는 점을 국숫집 맷돌을 하늘에 비유해 설득력 있게 제시한다.

국숫집에서 밀을 맷돌로 갈아 밀가루를 만들 때 작거나 크고 가늘거나 굵은 것이 뒤섞여 바닥에 흩어지는데, 맷돌이 의도적으로 그렇게 만들 생각을 해서 밀가루가 이렇게 된 것은 아니다. 맷돌은 그저 도는 작용을 할 뿐이다. 즉 밀가루의 굵기와 크기가 서로 다른 게 맷돌의 의지와 관계없듯이 다양한 세상 만물도 하늘의 뜻이 작용하여 만들어진 게 아니라는 말이다.

또한 코와 상아가 만들어진 이치를 놓고 성리학자들의 주장을 논리적으로 무력화시키면서 이리理와 기기氣를 이용한 성리학의 천하 조물 이론을 반박하고 있다. 그런 다음 연암은 결론적인 메시지를 던지고 있다. 눈앞에 보이는 코끼리라는 동물의 이치도 모르는 데 코끼리보다 만 배나 복잡한 천하 사물의 이치를 어떻게 알 수 있겠는가? 연암은 코끼리의 형상을 보고 만물이 변화하는 이치를 연구해야 한다고 갈파했다. 꽉막히고 좁디좁은 성리학의 낡은 틀을 깨부수고 탁 트인 눈으로 넓은 세계를 바로 보고 알아야 한다는 말과 같다. 바로 '법고'적 사고에만 얽매이지 않는 정신적 '창신'을 통해 자신의 생각을 하고 자신의 글을 쓰라는 충정어린 고언인 셈이다.

5. 성찰과 깨달음으로 글의 깊이를 더하다

오미자 봉변과 청심환

열하에서 북경으로 되돌아가던 8월 17일, 연암은 어느 절의 뜰 난간 아래에 말리고 있던 오미자 몇 알을 무심코 집어 입에 넣는다. 이를 본 한 승려가 눈을 부릅뜨고 성을 내며 꾸짖는데 행동이 막되먹어 연암이 뒤로 물러섰다. 마침 일행 중 마두 춘택이가 이를 보고 승려에게 크게 화를 내며 욕을 해댄다. 승려를 도적놈이라고 부르며 쏘아대자 승려도 입에 게거품을 물고 맞선다. 급기야 춘택은 그의 뺨을 한 대 올려붙이고는 입에 담을 수 없는 조선 욕을 해댄다. 승려가 계속 대들자 다시 주먹으로 승려를 때려 자빠뜨려 놓고는 '만세야황제'에게 일러 절간을 확 쓸어버리게 하겠다고 협박한다.

춘택이 말끝마다 만세야를 들먹이며 욕을 해대니 승려도 슬그머니 기가 죽는 눈치다. 그때 춘택이 벽돌 하나를 뽑아 던지려고 하니 승려는 웃으며 달아났다가 아가위산사나무 열매 두 개를 가져와 배시시 웃으며 바치고는 청심환을 달라고 한다. 연암은 그제야 당초 야료를 부렸던 까닭이 청심환을 뜯어내려던 수작이었다고 생각한다. 이같은 해프닝에서 연암의 기록은 멈추지 않았다. 자신의 행동을 반성하며 중요한 깨달음을 얻은 오미자 사건의 교훈을 칼럼 형식의 글로 이어나간다.

다음과 같은 요지다.

성인은 남에게서 물건을 주고받을 때 겨자씨 하나처럼 작은 것도 함부로 하지 않는다. 천하에서 가장 가벼운 겨자씨 하나를 주고받는데 무슨 도리를 따질 게 있겠는가 생각하고, 겨자씨 하나에 대단한 염치나 의리가 달려 있는 것처럼 말씀한 성인이 지나치다고 생각했다. 그런데 지금 오미자 몇 개를 가지고 징험해보니 겨자씨에 대한 성인의 논의가 과장된 말씀이 아니라는 걸 깨달았다. 몇 알의 오미자로 인한 화禍는 산더미처럼 컸으니, 천하의 지극히 미미하고 가벼운 물건이라도 하찮게 취급해서는 안 될 일이다. 남의 물건에 함부로 손을 대었다는 욕을 스스로 받고 말았으니 어찌 부끄러움과 두려움을 견딜 수 있으랴!

오미자 사건은 사소한 갈등이 커져 큰 싸움이 되는 사례이다. 열하일기에서는 〈사기〉에 나오는 비량지흔卑梁之釁, 비량의 혈투의 역사적 사례도 들고 있다. 춘추시대 초나라 변방의 종리鍾離마을 여자와 오나라 변방의 비량卑梁마을 여자가 뽕나무를 갖고 다투다가 결국은 두 나라가 전쟁을 하는 사태에까지 이르렀다는 고사故事이다. 연암의 해박한 역사 지식이 사색의 습성과 어우러져 글의 내용을 풍부하고 깊이있게 할 뿐아니라 독자들에게는 삶의 지혜와 재미, 교양과 지식을 더해주는 역할을 하고 있다. 사색을 통해 글을 깊이 있게 엮어가는 좋은 본보기이다.

간신, 진짜 무서운 요술쟁이

연암이 열하에 갔을 때 각지의 요술쟁이들이 황제의 만수절 잔칫날에 불러 주기를 기다리며 거리 곳곳에서 요술 연습을 하고 있었다. 연암은 '환희기幻戱記'를 통해 치밀한 관찰력과 뛰어난 문장력으로, 마치 눈앞에서 요술 구경을 하는 듯 현장을 전달하고 있다.

연암은 요술을 보고도 청나라의 통치 기술을 간파해낸다. 만약 황제가 요술을 속임수를 쓰는 절박한 문제로 보고 법률로 잘잘못을 따져 몰아세우면, 눈에 보이지 않는 곳으로 숨어든 뒤 재주를 팔고 현혹하여 장차 천하의 우환이 될 것이다. 그래서 사람들이 요술을 속이는 기술이라는 걸 알면서 보니, 요술을 하나의 놀이로 보게 되고 임금에게는 세상을 통치하는 기술이 된다는 것이다. 연암은 모두 스무 가지의 요술을 상세하게 소개하고 있는데, 이런 중에도 자신의 생각을 대변하는 듯한 요술쟁이의 진언을 놓치지 않았다. 거울 속에서 인생사 부귀영화와 그 허망함을 보여주는 요술쟁이다.

환상의 세계에 꿈같은 몸뚱어리, 물거품 같고 번개처럼 사라질 돈과 물건이라. 큰 인연을 맺어서 기를 따라 잠시 세상에 거주하는 것이니, 원하건대 이 거울 속을 본보기로 삼아 따뜻하다고 몰려가려고 하지 말고, 차다고 물러나려고 하지 말라. 가진 돈을 골고루 베풀어서 이 가난하고 궁핍한 사람들을 구제할지어다.

찰나같은 인생사에 탐욕을 버리고 선을 베풀어야 한다는 메시지를 넣음으로써 단순히 요술을 소개하는 글의 차원을 넘어서고 있다. 이어 외국 사신을 접대하는 홍려사鴻臚寺 소경少卿 조광련趙光連의 말도 덧붙인다.

요술은 천변만화의 기술이지만 겁낼 게 없다. 천하의 정말 두려운 요술은 간사한 사람이 충성스럽게 비치는 것이며 점잖은 척하지만 알고 보면 천하에 고약한 사람인 향원鄉愿, 수령을 속이고 양민을 괴롭히는 지역의 토호이 덕을 꾸미는 일이다.

연암은 입을 통해 목 안으로 칼을 집어넣는 요술도 보았다. 이 요술을 바탕으로 간신의 위험성에 경종을 울리고자 하는 자신의 의지도 촌철살인寸鐵殺人의 문장으로 남겨 놓았다.

웃음 속에 칼을 감추는 요술이 입안에 칼을 넣는 요술보다 더 혹독하다.

6. 어휘력과 표현력, 논리력

어휘는 문장의 씨앗

깊은 관찰과 사색, 법고창신의 정신에 따라 자신의 글을 쓰려는 의지만 있다고 해서 좋은 글이 나오는 게 아니다. 아름다운 정원을 가꾸려면 다양한 종류의 꽃씨를 구해 뿌려야 하듯이, 좋은 글을 쓰기 위해서는 해당 글에 걸맞은 다양한 단어나 어휘를 써야 한다. 아무리 좋은 소재와 주제를 갖고 있다 하더라도 글을 전개해나갈 어휘력이 떨어지면, 아무리 용을 쓰더라도 원하는 글을 지어낼 수 없다. 그러므로 어휘력은 글쓰기의 가장 기본적인 조건이다. 연암이 열하를 떠나 북경으로 가던 중인 열하일기 8월 17일 자 기록의 한 부분을 보자.

교량에는 모두 난간이 있다. 돌로 된 난간에는 천록天祿, 산예狻猊 등을 세웠는데 아가리를 벌리고 있는 모습이 생동감이 있고, 나무로 된 난간은 단청이 찬란하다. 강물의 폭이 넓은 곳에는 둘레가 한 칸, 길이가 한 발쯤 되게 나무 광주리를 엮어 그 안에 강가의 자갈들을 담아 물속에 안정되게 박아 교량의 기둥 역할을 하게 했다. 난하灤河와 조하潮河에는 모두 수십 척의 큰 배를 물에 가라앉혀서 부교를 만들어 놓았다.

천록이나 산예는 고대 전설상의 동물이다. 사자의 생김새를 기이하게 변형한 모습이다. 천록이나 산예라는 동물을 그냥 빼버려도 문장이 되고 글은 된다. 그러나 두 조각상의 동물을 취재하여 그 이름을 표기함으로써 그냥 전설상의 동물이라고 하는 문장보다 글의 사실성과 구체성뿐만 아니라 신뢰성과 현장성이 훨씬 높아진다. 취재 어휘가 다양함은 취재가 정밀했다는 증거이다. 난하와 조하, 두 고유명사도 그냥 강이라고 해도 되지만 정확한 명칭을 취재하여 기록으로 남기면서 역시 글의 현장성과 구체성을 더 살리고 있다.

내용이 풍부하고 깊은 글은 그만큼 어휘도 풍부하다. 어렵고 이색적인 어휘가 많다고 해서 꼭 글이 깊게 되는 건 아니다. 일상적인 말이나 용어라도 스토리를 정확하고 자세하면서도 다양하게 전달하면 그만이다. 취재 기사를 간단하게 정의하면 '사실 관계의 구성'이라고 할 수 있다. 사실 관계는 사람과 사람, 사람과 사물, 사물과 사물, 또는 사람과 추상적 개념간의 존재나 행위 관계로 풀이할 수 있다. 문법적으로 말하면 명사(또는 대명사)들 간의 관계이다. 연암이 산해관에 이르러 기록한 한 대목을 보자.

산해관은 옛날 유관楡關이다. 송나라의 〈지리통석〉에 따르면 지세로 보아 반드시 차지해야 하는 땅이고, 성을 쌓아 반드시 지켜야 할 곳이라고 했다. 명나라 홍무洪武 17년(1384년) 대장군 서달徐達이 유관을 이곳으로 옮기고 다섯 겹의 성을 쌓아 산해관이라 했다. 산해관의 제일관第一關은 성문 밖 달 모양의 작은 성인 옹성甕城으로

누각이 없고 제2관은 적을 막기 위한 4층 성루가 있으며 문에는
산해관이라고 새겼다. 제3관은 천하제일관天下第一關이라는 편액을
달았다. 봉성에서부터 보堡, 둔屯, 소所, 역驛 등을 하루에도 몇 개씩
지나왔지만 산해관에 비하면 손자뻘이다.

웅장한 산해관을 묘사하면서 고유명사반 해도 송나라, 〈지리통석〉,
명나라, 홍무, 서달, 봉성 등 여섯 개 어휘를 취재하여 기록하고 있다.
송나라의 〈지리통석〉은 산해관을 기록한 책으로서 관계되어 있고 서
달은 산해관에 다섯 겹의 성을 쌓은 장군의 관계이다. 봉성은 산해관의
위용을 설명하기 위한 보조적 지명의 관계를 맺고 있다.
　이처럼 사실 관계를 풍부하고 정확하게 전달하기 위해서는 일차적
으로 사람과 사물, 개념을 정확하고 자세하게 취재하여 숙지하여야 한
다. 그런 다음 글을 쓰는 단계에서 사실 관계를 이루는 명사 또는 대
명사 등 어휘를 최대한 이용하여 그들의 관계를 적확하게 서술하여야
한다.

표현력은 어휘들의 관계 형식
　어휘들이 모여 문장이 된다. 즉 문장은 어휘들 간의 연결이다. 물론
그 연결은 규칙에 맞아야 한다. 규칙은 문법으로 정해 놓았다. 문법의
틀 안에서 어휘들을 어떻게 사용하고 배치하느냐에 따라 문장이 정해
진다. 다시 말해 어휘들의 관계가 문장이라는 형태로 표현되는데 이를
문장력 또는 표현력이라고 할 수 있다.

열하일기에도 문장 표현에 고심하고 있는 연암의 모습이 나온다. 열하에서 웅장하고 화려한 황금기와 지붕을 보고 〈한서〉를 지은 반고班固라면 이를 어떻게 글로 표현할 수 있을지 고민하는 부분이다. 연암이 예로 든 문장은 네 가지.

- "황제가 황금 대궐을 지었다."
- "2층의 큰 대궐을 짓고 기와에 황금을 발랐다."
- "금으로 된 전각이 아물거린다."
- "금 대궐이 허공에 솟구쳤다."

반고와 같은 명문장가도 '말했다가 지우고 한번 읊조려 보고 또 지웠을 것'이라며 이런 문제가 천고 이래 문장가들에게 남겨진 한이라고 했다. 연암은 그림 역시 궁실을 교묘하게 잘 그린다고 하더라도 날아갈 듯한 처마나 훨훨 나는 모습의 기와만 그릴 수 있을 뿐, 정교하게 아로새긴 세밀한 부분은 그려낼 수 없다며 표현의 어려움을 그림 그리기에 비유하고 있다. 그리고 고전의 구절을 덧붙이며 글 쓰는 이들에게 끊임없는 사색과 고뇌를 주문하고 있다. "글은 사람의 말을 다 표현할 수 없고, 그림은 사람의 생각을 다 그릴 수 없다."

비유, 표현의 감초 같은 도우미

표현력을 높이기 위해 연암이 자주 사용하고 있는 문장법은 비유이다. 비유를 통해 현장을 실감 있게 묘사하거나 인물이나 사물, 장면을 그림을 보는 듯 살려내고 있다. 평평한 길 바닥을 '숫돌처럼 반듯하다'거나, 곧고 바르게 세운 담장을 '먹줄을 튕긴 듯 바르다'라고 하고, 작은 금 알갱이를 '피 낟알 만하다'라고 한 표현이 그런 예이다. 〈연암집〉'공작관문고孔雀館文稿' 서문에서 코고는 사람을 묘사한 대목은 연암의 비유 능력이 어느 정도인지를 짐작케 하는 대표적인 글이다.

일찍이 어떤 촌사람과 동숙한 적이 있는데, 그 사람의 코 고는 소리가 우람하여 마치 토하는 것도 같고, 휘파람 부는 것도 같고, 한탄하는 것도 같고, 숨을 크게 내쉬는 것도 같고, 후후 불을 부는 것도 같고, 솥의 물이 끓는 것도 같고, 빈 수레가 덜커덩거리며 구르는 것도 같았으며, 들이쉴 땐 톱질하는 소리가 나고, 내뿜을 때는 돼지처럼 씩씩대었다. 그러다가 남이 일깨워주자 발끈 성을 내며 "난 그런 일이 없소" 하였다.

자신의 잘못된 글쓰기 방식을 남이 깨우쳐주어도 잡아떼는 세태를 코골이에 풍자한 글이다. 여기서 연암은 코고는 소리를 아홉 가지 소리에 비유하고 있다. 평소 일상이나 주변 환경을 세밀하게 관찰하고 생각해야 비로소 가능한 비유 사례들인데, 이를 통해 독자들은 동숙한 촌사람의 코골이가 얼마나 극심했는지를 알 수 있다.

이처럼 적절한 비유는 글의 이해를 돕는 데 감초 같은 역할을 한다. 심오한 교리와 진리를 담고 있는 불경과 성경도 요소요소에 다양한 비유법을 사용하고 있다. 이러한 비유는 진리나 깨달음의 세계로 접근하는 징검다리 역할을 하는 도우미이다. 어휘력 못지않게 평소 일상의 면밀한 관찰과 성찰을 통해 비유의 실력을 키우는 글쓰기도 표현력과 문장력을 끌어올리는 유익한 지렛대이다.

글의 논리적 정합성整合性

논리적인 글은 가장 먼저 인과 관계가 분명하고 정확해야 한다. 원인과 결과가 맞지 않으면 한마디로 엉터리가 된다. 때에 따라서는 거짓말이나 속임수가 될 수도 있다. 문장과 문단, 글 전체적으로 '논리적 정합성'이 있어야 제대로 된 글이 된다. 주장이나 의견을 나타내는 글일 경우에는 사실을 바탕으로 한 논리 전개가 특히 중요하다. 그래야 설득력이 생겨 독자들의 호응을 얻을 수 있다. 이게 바로 사실에 근거한 논리적인 글의 힘이 된다.

이용후생을 설파하기 위해 연암은 열하일기를 통해 적지 않은 논설이나 칼럼을 남겼다. 연암은 열하에서 중국인들이 대규모 방목으로 우수한 종의 말을 키우는 모습을 보고, 조선에서 말 목축 산업이 왜 제대로 되지 않는지를 설명하고 말을 어떻게 키워야 하는지 그 대안까지 논리적으로 제시했다.

무릇 동물의 성질도 사람과 같아서 피로하면 쉬고 싶고, 답답하면 시원하게 뻗치고 싶으며, 구부리면 펴고 싶고, 가려우면 긁고 싶다. 말이 사람에게 먹이를 얻어먹기는 하지만 때때로 제 스스로 유쾌하게 지내고 싶을 때가 있다. 그러므로 때때로 고삐나 굴레를 풀어서 연못 사이로 내달리게 하여 울적한 기분을 마음껏 발산하도록 해주어야 한다. 이것이 동물의 성질에 순응하고 기분에 맞게 하는 방법이다.

우리나라에서는 말을 바짝 옭아매 더 단단하지 못할까 걱정하니, 말은 달릴 때도 당기고 조이는 고통을 벗어나지 못하고, 쉴 때도 나뒹굴고 긁는 즐거움이 없다. 말과 사람이 서로 뜻이 통하지 못하므로 사람은 함부로 꾸짖고 말은 항상 주인을 원망한다. 이것이 말을 다루는 방법이 잘못되었다는 것이다.

목마를 때의 물 생각은 배고플 때의 음식 생각보다 더 심하다. 우리나라 말들은 일찍이 시원한 물을 마시지 못했다. 말의 성질은 뜨거운 음식을 가장 싫어한다. 콩이나 여물에 소금을 뿌려주는 것은 말에게 물을 마시게 하려는 까닭이고, 물을 마시게 하는 건 오줌을 잘 누게 하려는 까닭이며, 오줌을 잘 누이는 것은 몸의 열을 잘 발산시키게 하려는 까닭이다. 말에게 찬물을 주는 까닭은 정강이 뼈를 단단하게 하고 발굽을 굳게 하려는 것이다.

우리나라는 반드시 삶아 문드러진 콩과 끓인 쇠죽을 먹이므로 하루를 달리고 나면 벌써 신열이 나고 병이 든다. 이것이 말을 먹이는 방법이 옳지 못하다는 까닭이다. 말이란 모름지기 커야 하지 작은 놈은 필요하지 않으며, 건장해야 옳지 약해서는 못 쓰며, 준마를 구해야지 노둔한 놈은 안 된다. 우리나라에서 태어나는 작고 약하며 노둔한 놈은 단 하루의 군대 일도 견디지 못할 것이다.

지금 우리나라와 중국이 서로 태평하게 잘 지내고 있으니 좋은 말을 구해다가 한양 근교의 물과 풀이 좋은 곳에서 10년 동안 키우고 새끼를 쳐서 탐라와 여러 목장으로 옮겨서 종자를 바꾸어야 한다. 우리나라의 목장 관리자는 오직 우리나라의 말에서만 종자를 취하니 말이 태어날수록 작아진다. 이것이 좋은 종자를 받지 못하는 말이다.

우리나라 사대부들은 모든 일을 직접 하려고 하지 않는다. 말 관리를 나라를 다스리는 큰 정책이라 생각하지 않고 도리어 수치스러운 일로 여겨 모든 것을 아래 비복들의 손에 맡긴다. 직책은 목장을 감독하는 일이지만 도대체 말을 기르는 방법에 대해서는 전혀 알지 못한다. 할 수 없는 것이 아니고, 배우려고 하지 않는다. 이것이 목축을 맡은 관원들이 무식하다는 말이다.

말의 성질을 과학적으로 파악한 사실을 바탕으로 말을 제대로 키우는 방법을 매우 논리적이고 설득력 있게 전개하고 있다. 우선 글의 전개가 매우 사실적이고 체계적이다. 말의 성질과 특성을 제대로 알지 못하는 조선의 현실 분석을 통해 조선 목축 정책의 문제점을 조리 있게 제시하고 있다.

다음으로 과학적이고 논리적이다. 말의 성정을 과학적으로 파악하고 분석하여 사람과 비교함으로써 매우 설득력 있는 주장을 펼치고 있다. 실학 사상을 기반으로 실용주의적 학문과 이용후생을 주창한 연암의 논설은 정확한 현실 인식을 기초로 하여 문제점을 논리적으로 제기하고, 과학적이고 실용적인 대안을 제시함으로써 오늘날 기자들에게도 무엇을 어떻게 고민하고 어떻게 취재하여 글을 써야 하는지를 가르쳐주고 있다.

번갯불 속의 현장 스케치

현장 스케치는 말 그대로 사건이나 사고가 일어난 현장의 상황을 맨 처음 눈에 보이고 귀에 들리는 내로 적확히게 묘사하는 기사이다. 스케치 대상은 사건이나 사고의 줄거리와 관계되는 현상이나 사물에 중심을 둬야 한다. 사진을 찍을 때 중심 사물에 카메라의 앵글을 맞추듯 스케치의 초점을 잘 맞춰야지 핵심과 관계가 먼 주변 풍경 등에 초점을 잡아서는 안 된다. 연암이 열하에서 북경으로 돌아올 때 황실 궁녀들이 탄 수레 행렬을 만나 기록한 현장 스케치를 보자.

수레 안이 어른어른 비치며 부인의 목소리가 들리더니, 잠시 뒤에 노새가 멈춰 서서 오줌을 싸는데 내가 탄 말도 함께 오줌을 싼다. 수레 안의 부인들이 북쪽 창을 열고 다투어 머리를 내밀었다. 보물로 장식한 머리칼을 구름같이 늘어뜨렸는데, 밝은 별 모양의 귀걸이가 대롱대롱 흔들린다. 황금빛 꽃과 비취빛 옥구슬로 장식하여 꿈속에서 보는 듯하고, 얌전하게 치장하여 기묘하고 화려한 자태는 마치 물가의 놀란 기러기 같다. 얌전하게 문을 닫더니 홀연히 떠난다. 수레를 탄 사람은 세 명인데, 모두 예왕을 모시는 궁녀들이라고 한다.

짧은 순간의 조우였지만 현장을 생생하고 실감나게 묘사하고 있다. 연암은 장면 장면을 사진기로 한 장씩 찍어서 보여주듯이 스케치를 해놓았다. 이런 현장에서 독자들의 가장 큰 관심거리는 무엇일까? 바로 청나라 황실 궁녀들의 모습이다. 이때는 그녀들의 생김새나 치장, 표정, 행동에 스케치의 초점이 모아져야지 말이나 수레, 호위병에 너무 많이 눈길을 돌려서는 안 된다. 연암의 글 초점은 말에서 수레 안의 여인들로, 다시 궁녀들의 머리 장식에서 귀걸이로 들어간 뒤 얼굴 전체로 빠져나오고 그들이 떠나는 모습으로 마감한다. 이렇게 특정 대상에 초점을 맞추어 자세하고 깊숙하게 파고들어야 글의 흡인력이 생긴다. 다시 〈과정록〉에 소개된 연암의 말을 살펴보자.

"남을 아프게 하지도 가렵게 하지도 못하고, 구절마다 범범하고 데면데면하여 우유부단하기만 하다면 이런 글을 대체 어디다 쓰겠는가?"

그냥 수평선같이 평퍼짐한 리듬의 글은 밍밍할 뿐이어서 아무런 감흥이나 자극을 주지 못하므로 핵심적 부분에서는 초점을 잘 맞추어 찌를 땐 찌르고 부각시킬 땐 확실하게 드러내야 리듬도 살고 읽는 이들에게 감흥을 주는 글이 된다는 뜻이다.

연암의 현장 스케치는 그림을 그리듯 시각적이고 동영상을 촬영하듯 역동적이며, 현장의 소리를 듣는 것처럼 감각적이기도 하다. 때로는 의인법이나 적절한 비유를 통해 현장 상황을 더욱 실감나게 묘사하고 있다. 여기다가 연암의 풍부한 학문적 소양과 고전 지식을 활용하여 글을 쓰는 의도를 명확하게 부각시켜 전달하기도 한다. 물론 대부분의 현장 스케치에는 회화성과 역동성, 감각성, 기지 넘치는 비유가 동시에 녹아들어 있다.

<회화성> 열하일기 첫날의 기록인 6월 24일 압록강 현장이다. 상류에 큰비가 내려 강물이 불어나 마치 바다처럼 넓은 홍수 상황을 시각적으로 잘 그려놓고 있다.

> 큰비가 장맛비가 되고 두 강물이 합하여 넘쳐흘렀다. 그 사이에 쾌청한 날이 나흘이나 지났건만 물살은 더욱 거세져 나무와 돌이 함께 휩쓸려 내려오고 탁한 물결이 하늘과 닿았다. 아마도 압록강의 발원지가 아주 멀기 때문일 것이다.

다음으로 압록강을 건넌 후 사절단이 처음으로 노숙하는 장면이다. 손을 뻗치면 잡을 수 있을 것 같다는 뛰어난 감각적 표현으로 독자들은 쏟아질 듯 반짝거리는 밤하늘의 은하수를 머릿속에 그리게 된다.

> 한밤중이 못 되어 큰비가 갑자기 쏟아져 장막 위로는 빗물이 새고, 풀 냄새가 진동하는 땅바닥은 축축하여 어디 피할 곳이 없었다. 잠시 뒤에 비가 개고 하늘엔 별이 사방에 드리웠는데 손을 뻗치면 잡을 수 있을 것 같았다.

7월 3일 통원보通遠堡 숙소의 아침 풍경이다. 이 역시 한 폭의 수채화 같다.

아침에 일어나 창문을 여니 오랫동안 오던 비가 활짝 갰다. 해 뜰 무렵에는 화창한 바람이 때때로 불어오고 햇볕이 청명하다. 대낮에는 무척 더울 것 같다. 석류꽃이 땅에 가득 떨어지고 문드러져서 붉은 진흙탕이 되었다. 수구화는 이슬에 젖고 옥잠화는 눈에서 뽑은 듯 깨끗하다[玉簪抽雪, 옥잠추설].

<역동성> 어떤 문장은 카메라로 찍은 동영상을 보는 듯 묘사가 생생하고 정밀하다. 역시 압록강을 건너기 전 동행자인 하인들의 동작 하나하나까지 자세하게 살핀 글을 읽으면 눈앞에 그 움직임이 절로 떠오른다.

성문에 채 이르지 못했는데 한 줄기 소낙비가 동쪽에서 몰아쳐 오기에 채찍으로 말을 급히 몰아 달려갔다. 말에서 내려 성 안으로 들어가 홀로 성의 누각에 올랐다. 말을 굽어보니 창대가 혼자 말을 붙잡고 서 있고 장복은 보이지 않았다. 조금 뒤에 장복이 길옆에 세운 작은 샛문에서 나와 아래위를 두리번거리며 살핀다.

다음으로 사절단이 압록강을 건너는 장면을 보자.

물살이 빨랐으나 사공들이 일제히 뱃노래를 부르며 힘을 쓰고 공을 들이는 바람에 배가 유성처럼 번개처럼 빠르게 나아가자 마치 새벽이 밝아오는 것 같이 황홀했다. 멀리 통군정의 기둥과 난간이 팔방으로 앞다투어 빙빙 도는 것 같고, 배웅 나온 사람들은 아직 모래 언덕에 서 있는데 아득하여 마치 콩알처럼 보였다.

뱃사공들이 장단을 맞추며 그들만의 노동요인 뱃노래를 부르는 가운데 뱃머리가 돌아 힘차게 물살을 가르는 모습이 선연하다. 또한 배가 거친 물살에 이리저리 돌고 흔들리면서 원근의 경관이 눈앞에서 함께 흔들리는 듯 역동적이다. 배가 멀어짐에 따라 배웅객들이 콩알처럼 보인다는 비유적 표현은 입가에 절로 미소가 돌게 한다.

<감각성> 7월 26일 연암 일행이 백이숙제伯夷叔齊의 사당을 지났을 무렵 갑자기 하늘에 먹구름이 몰려오고 우박이 떨어진다. 마른 하늘에 날벼락 같은 당시 상황은 의성어와 다양한 비유를 통해 매우 감각적으로 전달되고 있다. 때문에 글을 읽는 독자들도 마치 자신이 천둥 번개와 우박에 혼비백산하는 듯한 느낌을 가지며 살아 있는 장면을 읽어낼 수 있다.

백이숙제의 사당에서 먼저 출발하여 야계타에 채 이르기도 전에 날씨는 찌는 듯하고 한 점의 먼지도 없다. 일행이 앞서거니 뒤서거니 얘기를 주고받으며 가는데, 홀연히 손등에 찬물 한 종지가 떨어져 마음과 등골이 모두 오싹했으나 사방을 둘러보아도 물을

끼얹는 사람은 없었다. 또 주먹만 한 물 덩어리가 창대의 모자 처마를 때리는데 그 소리가 '탕'하고 났다. 또 노군노이점의 갓 위에도 떨어진다.

모두 고개를 들어 하늘을 쳐다보니, 태양 옆에 바둑알만 한 조그만 조각 구름이 있는데, 은은하게 '구르릉'하며 맷돌 가는 소리가 난다. 잠시 뒤 사방의 지평선에 각각 까마귀 머리만한 작은 구름이 일어나는데, 그 형색이 매우 험상궂다. 태양 옆에 있던 검은 구름은 이미 태양을 반 정도 가리고, 한 줄기 번쩍하는 섬광이 버드나무 사이를 지나간다. 잠시 뒤에 해는 구름 속에 완전히 숨고 구름 속에는 천둥소리가 번갈아 나며 마치 바둑판을 밀치듯 비단 옷감을 찢는 듯한 소리를 낸다. 수만 그루의 버드나무는 침침해지고 번개가 칠 때 나뭇잎마다 번갯불이 휘감긴다.

일제히 채찍을 급히 쳐서 달려보지만, 등 뒤로 수만 대의 수레가 다투어 몰아닥치고, 산과 들은 미쳐 날뛰고 숲과 나무는 성을 내며 부르짖는다. 하인들이 손발을 바삐 놀려 급히 기름 먹인 우장을 꺼내려 하지만 손이 곱아서 주머니에서 빠지지 않는다. 비 귀신, 바람 귀신, 번개 귀신, 우레 귀신이 함께 뒤섞여 제멋대로 이리 뛰고 저리 뛰고 하여 지척이 분간이 안 되며 말은 넓적다리를 벌벌 떨고 사람은 모두 기겁을 한다.

그래서 말 머리들을 모아서 빙 둘러섰는데, 하인들은 모두 얼굴을 말갈기 아래로 숨겼다. 때때로 번갯불이 번쩍 하는 사이로 노군을 살펴보니 추워서 벌벌 떨며 살갗에 소름이 돋고, 두 눈을 질끈 감앉는데 거의 숨이 넘어갈 것만 같다.

참으로 빼어난 현장 스케치이다. 멀리서 들리는 은은한 천둥소리를 맷돌 가는 소리에 비유하거나 가까이서 들리는 번개 치는 소리를 바둑판을 밀쳐 바둑알이 와르르 쏟아 흩어지는 소리와 옷감을 찢는 듯한 소리에 비유한 대목은 참으로 기발하며 창의적인 스케치 필력이다. 이처럼 연암의 문장은 청각적이고 시각적이며 동적인 표현 덕에 동영상처럼 역동적으로 살아 움직이고 있다. 여기다가 '숲과 나무가 성을 낸다'라는 의인법이나 비와 바람 번개 우레를 귀신에 비유한 은유법을 동원해 당시의 현장 상황을 더욱 더 실감나게 전해주고 있다. 연암의 스케치는 여기서 그치지 않고 그의 학식에 바탕을 둔 탁월한 재치와 비유, 문장력으로 글의 깊이를 더하고 있다.

나는 이제부터 역사책의 전기를 믿지 않으려 한다. 항우가 아무리 큰 소리를 지르기로서니 어떻게 천둥치는 소리와 같을 수 있겠는가? 그런데도 〈사기〉에는 항우가 고함을 치자 적천후 양무의 부하와 말들이 모두 놀라서 몇 리를 뒤로 물러났다 했으니 모두 거짓말이다. 또 아무리 항우가 성이 나서 두 눈을 부릅뜨기로서니 번갯불만 못할 터인데, 항우가 눈을 부릅뜨자 여마동이 말에서 떨어졌다고 하니 더욱 믿지 못할 일이다.

연암은 비유의 달인이기도 하다. 물론 그의 풍부한 학식과 관찰력,

사색, 문장력이 비유 능력의 주춧돌이다. 이 스케치에서 '까마귀 머리만 한 작은 구름', '비 귀신 바람 귀신' 등도 그 사례이다. 사물이나 현상을 비유하는 연암 글의 특징 중 하나는 과장법이 많이 쓰인다는 점이다. '크다'라는 사실을 나타내고자 할 때는 더 큰 표현을, '작다'라는 사실을 나타낼 때는 더 작게 비유하는 것이다. '대대소소大大小小기법'으로 압축해 정의해도 될 법하다. 물론 과장한다고 해서 실제나 사실을 왜곡하는 게 아니라 강조하기 위한 표현 기법이다. 열하일기에서 다음과 같은 문장은 '큰 것은 더 크게' 비유하는 사례이다.

북경이 점점 가까워지니 수레와 말의 소리가 구름 한 점 없는 대낮에 천둥 번개가 치듯 요란하다.

노하의 물가에 도착하였다. 강은 넓고 맑으며 엄청나게 많은 배는 가히 만리장성과 대적할 만하다.

다음은 '작은 것은 더 작게' 비유하는 사례이다.

도랑가의 갈대숲에는 가끔 콩깍지만 한 작은 배를 묶어 놓았고 무지개다리 아래로는 곳곳에 그물을 쳐 놓았다.

아침 이슬이 맑아 사람 마음을 화창하게 하는데, 멀리 돛대 끝을 바라보니 빼곡한 모습이 마치 물억새가 서 있는 것 같다.

별안간 천둥 번개와 우박을 맞은 현장의 스케치에서 놓쳐서는 안 될 게 하나 더 있다. 바로 연암의 기자 정신의 발로라 할 수 있는 냉철하고 치밀한 관찰력이다. 모두가 놀라며 이리 뛰고 저리 숨고 하는 혼란 중에도 연암은 초연하게 모든 장면을 하나도 놓치지 않고 눈에 담으며 현장을 취재하고 있었던 것이다. 심지어는 번갯불이 번쩍하는 찰나의 순간에 추위와 공포에 벌벌 떨고 있는 노이점의 모습까지 놓치지 않고 잡아내고 있다. 참으로 탄복하지 않을 수 없는 장면이다. 비 귀신, 우레 귀신이 날뛰어도 의연하게 취재를 했으니 연암 기자의 경지는 가히 귀신의 수준을 뛰어넘는다고 할 만하다.

7. 문체반정文體反正과 열하일기의 수난

열하일기, 문체반정의 도마에 오르다

조선 시대 문단은 중국 선진양한先秦兩漢이나 당송 시대의 문장을 답습하는 고문이 주류를 이루었다. 그러나 조선 후기 들어 〈삼국지연의〉와 〈서유기〉, 〈수호지〉, 〈금병매〉 등 이른바 4대 기서류의 소설과 〈서상기西廂記〉 등의 희곡이 널리 읽히면서 이 작품들을 모방한 문체가 등장하기 시작했다. 이런 문체가 고문과는 별개의 개념인 패관소품稗官小品이다.

패관은 본래 민간의 풍속이나 삶을 살피기 위해 거리의 소문이나 야담 등을 모아 기록하는 관리이고 이들이 모아 기록한 글들을 윤색 가공하여 쓴 산문을 패관문학이라고 한다. 패관소품도 야담이나 민간인들의 삶과 소소한 이야기들을 담은 글의 형식이라고 할 수 있다. 그러므로 엄숙하고 이성적이며 교훈적인 고문과는 달리 가볍고 감성적이며 소설적 재미가 가미되는 산문의 특성을 지니고 있다.

이같은 패관소품체의 문풍에 제동을 걸고 나선 정조의 정책이 문체반정文體反正[7]이다. '문체를 되돌려 바르게 한다'라는 말 그대로, 당시 유행하던 소설 형식의 문체를 배격하고 옛 문체인 고문을 회복시키기 위해 실시한 문풍文風 회복 정책이라고 할 수 있다. 정조실록에는 정조가

1792년 중국으로 떠날 동지정사 박종악朴宗岳을 접견하는 자리에서 당시의 문풍을 질타하는 장면이 나온다.

근래 선비들의 추향이 점점 저하되어 문풍도 날로 비속해지고 있다. 과문科文을 놓고 보더라도 패관소품의 문체를 사람들이 모두 모방하여 경전 가운데 늘 접하여 빠뜨릴 수 없는 의미들은 소용없는 것으로 전락하였다. 내용이 빈약하고 기교만 부려 전연 옛사람의 체취는 없고 조급하고 경박하여 평온한 세상의 문장 같지 않다. 세도와 유관한 것이어서 실로 작은 걱정이 아니다.

실로 작은 걱정이 아니라고 할 정도로 패관소품의 문체에 대한 정조의 인식이 매우 부정적이었음을 알 수 있다. 실제로 정조는 배석한 대사성 김방행金方行에게 패관소품의 문체를 쓰는 성균관 유생에게는 아예 과거 시험 응시 자격까지 박탈하도록 지시했다. 그리고 소품의 문체를 인용한 지제교知製教 남공철南公轍에 대해서는 그 직함을 떼도록 명령했다. 남공철은 정조의 세손 시절 사부였던 대제학 남유용南有容의 아들이다.

열하일기가 문체반정의 중심에 있다는 사실은 남공철이 나중에 정조의 질책과 지시를 받고 연암에게 편지를 보내면서 알려지게 됐다. 연암이 안의 현감으로 재직하고 있을 때다. 〈연암집〉 2권에 수록돼 있는 당시 편지에는 정조가 직접 열하일기와 연암을 지목한 내용이 나온다.

어제 경연經筵에서 천신賤臣, 남공철에게 하교하시기를, "요즈음 문풍이 이와 같이 된 것은 그 근본을 따져 보면 모두 박 아무개의 죄이다. 열하일기는 내 이미 익히 보았으니 어찌 감히 속이고 숨길 수 있겠느냐? 이자는 바로 법망에서 빠져나간 거물이다. 열하일기가 세상에 유행한 뒤에 문체가 이와 같이 되었으니 당연히 결자해지結者解之하게 해야 한다" 하시고, 천신에게 이런 뜻으로 집사執事, 연암에게 편지를 쓰도록 명령하시면서, "신속히 순수하고 바른 글 한 편을 지어 급히 올려보냄으로써 열하일기의 죄값을 치르도록 하라. 그러면 비록 남행南行 문임文任이라도 주기를 어찌 아까워하겠는가? 그렇지 않으면 마땅히 중죄가 내릴 것이다" 하시며, 이로써 곧 편지를 보내라는 일로 하교하셨습니다.

남공철의 편지에 따르면 정조는 조선의 문풍을 어지럽힌 장본인으로 직접 연암을 지목했다. 그만큼 당시 조선 사회에서 소설체 형식을 도입한 열하일기의 영향력이 컸다는 반증이기도 하다. 당시 열하일기는 필사로 전파되고 있었는데 이런 열하일기를 읽어 보았다는 정조의 고백이 이를 뒷받침한다. 그렇지만 정조가 '죄'라고 규정할 정도로 열하일기 문체에 대한 인식이 좋지 않았다는 건 분명해 보인다.

전제군주제 아래에서 이 정도로 군주의 심기가 불편했다면 귀양은 물론 무거운 형벌까지도 배제할 수 없는 죄목이 될 수도 있다. 그런데도 정조는 패관소품에 대한 격앙된 부정적 감정과는 달리 연암의 문책에 대해서는 굉장히 유화적인 자세를 보이고 있다. 반성문을 쓰기만 하면 음서와 같은 남행으로 과거 시험 합격자만이 갈 수 있는 문임 벼슬을 주겠다고 제안한 것이다.

연암은 규장각의 관직인 직각直閣으로 있는 남공철에게 답신을 보낸다. 〈연암집〉 2권에 실려 있는 답신을 보면 연암은 두 손으로 서한을 떠받들고 꿇어 엎드려 머리를 땅에 조아렸다며 정조의 질책을 광명한 일월이 미물을 비추는 은덕으로 받들고 있다. 그러면서 자신이 중년 이래 불우하게 지내다 보니 자중하지 않고 글로써 장난거리를 삼아 곤궁한 시름과 따분한 심정을 드러내 남에게 웃음거리를 제공했다며 진실로 천박하고 누추하였다고 반성하고 있다. 이어 임금이 허물과 죄를 용서하는 덕화德化에 힘입어 지난날의 허물을 고치고 앞으로는 죄인이 되지 않겠다고 다짐했다.

그러나 연암은 열하일기의 죄값을 치르기 위한 '순수하고 바른 글' 한 편은 지어 보내지 않았다. 편지를 살펴보면 연암의 완곡한 거절의 표현을 이해할 수 있다.

이곳은 천 리나 동떨어진 하읍下邑이지만 임금의 위엄은 지척이나 다름이 없고, 이 몸은 제멋대로 구는 일개 천신賤臣이건만 임금의 말씀은 측근의 신하를 대할 때나 차이가 없으며, 엄한 스승으로서 임하시고 자애로운 아버지로서 가르치시어 임금의 총명을 현혹시킨 죄로 처형을 가하지 않을 뿐만 아니라 도리어 한 편의 순수하고 바른 글을 지어 속죄하도록 명하셨으니, 서캐나 이 같은 미천한 신하가 어이하여 군부께 이런 은애恩愛를 입는단 말이오.

죽을 죄를 지은 미천한 신하에게 죄를 내리기는커녕 스승과 아버지처럼 가르침을 주신 것만 해도 감읍할 일인데 한 편의 글을 지어 속죄할 기회까지 주시니 미천한 신하로서 이런 은애까지는 도저히 입을 수 없다는 뜻이다. 여기에는 연암의 깊은 뜻이 담겨 있다고 봐야 한다. 반성문을 쓰는 걸 임금의 지극한 은혜와 배려로 돌려놓고, 서캐와 이 같은 미천한 신하가 이러한 영광스런 은혜를 입는 것은 염치없고 과하기 때문에 선뜻 한 편을 글을 올려서는 안 된다는 논리다.

즉 임금의 은혜를 한껏 추켜세우고 자신을 한없이 낮춤으로써 반성문 쓰기를 교묘하게 피해가고 있는 것이다. 벌을 내리지 않고 기회를 주는 임금의 조치에는 감사하고 그 권위를 생각해 반성을 표시하지만 그렇다고 덥석 새 글을 지어 올려 신념을 꺾지는 않겠다는 의지를 에둘러 내비친 것이다. 살아 있는 글을 써야 한다는 신념에 변화가 없다는 뜻의 완곡한 표현이다.

〈과정록〉에도 이러한 연암의 신념이 잘 나타나 있다. 당시 정조가 열하일기를 거론한 사실이 알려지자 세간에서는 임금이 노여워한 것이 아니라 장차 연암에게 파격적인 은총을 내리려는 뜻이라는 말들이 돌았다. 모두 연암에게 글을 지어 바치도록 권유하고 있었다. 이에 연암은 임금의 분부가 전무후무한 은총이라면서도 견책을 받은 몸이 새로 글을 지어 올려 이전의 잘못을 덮으려 해서는 안 된다며, 문임 벼슬을 준다고 한 것은 반성의 길을 열어주는 것이라고 풀이하는 입장을 취한다.

더구나 잘못을 반성하고 바른 글을 지어 바치면 음직으로 문임 벼슬을 주는 것도 아깝지 않다고 하신 것은 스스로 반성하는 길을 열어주신 것이거늘, 만일 이에 편승해 우쭐하여 글을 지어 바친다면 이는 바라서는 안 될 것을 바라는 것이겠지요. 바라서는 안 될 것을 바라는 건 신하된 자의 큰 죄이오. 그래서 나는 새로 글을 지어 바치지는 않을 것이며, 예전에 지은 글 몇 편과 안의에 와 지은 글 몇 편을 뽑아 서너 권의 책자로 만들어 두었다가 임금님께서 또다시 글을 지어 올리라는 분부를 내리시면 그때에 가서나 분부를 받들어 신하의 도리를 다할까 하오.

연암은 새 글을 지어 올리는 행위가 바라서는 안 될 자리를 바라는 것이기 때문에 오히려 신하된 자가 해서는 안 될 '죄'라는 절묘한 논지를 펼친다. 연암의 성격상 벼슬에 연연해하는 구차한 모습으로 비칠까 염려하는 생각도 없진 않았겠지만, 그 무엇보다 열하일기에 대한 애정과 신념이 기저에 강하게 자리 잡고 있었다고 봐야 하겠다. 이 대목의 이해를 위해서는 연암이 열하일기에서 '앞으로 30년이 지나지 않아 천하의 근심거리를 근심할 줄 아는 사람이 있다면 나의 말을 의당 다시 생각하게 될 것'이라고 했던 말을 다시 상기할 필요가 있다. 어쩌면 연암은 '후삼경자後三庚子'[8]를 쓰면서 노호지고虜號之稿[9] 논란을 예상했듯이, 열하일기를 쓰면서도 패관소품 논란을 예상했는지도 모르겠다. 당장은 논란이 되겠지만 얼마 있지 않아 세상이 변하면 자신의 글을 이해할 후세가 나타나리라는 자신감이다.

문체반정은 언론 탄압

문체반정에 대한 여러 학자의 연구를 보면 정조의 정치적 동기에 무게를 많이 싣고 있다. 당시 집권층인 노론 주류에서 주로 패관소품의 문체가 많이 퍼졌기에 문체반정을 통해 노론을 견제하고 탕평책에 힘을 실음으로써 왕권을 강화하려는 정치적 의도가 있었다는 것이다.

그러나 언론적 관점에서 문체반정을 평가하면 정조의 깊은 의도나 안목을 배려할 여지가 별로 없다. 문체가 고문과 달라 사회 기풍을 문란하게 한다는 등의 이유로 패관소품의 글을 쓰지 못하도록 한 조치는 분명한 '언론 탄압'이기 때문이다. 언론 탄압이란 특정인이나 특정 집단에게 말과 글, 영상을 통제하고, 통제를 어길 경우 압박이나 불이익, 벌칙을 가하는 권력의 부당한 힘이다.

전제군주제인 조선 시대를 기준으로 보면 부당한 권력의 행사라고 재단할 수는 없지만, 조선의 임금 중에서 학문에 조예가 깊고 개혁 성향이 강한 군주인 정조가 언론 탄압에 나섰다는 사실은 아이러니가 아닐 수 없다. 정조가 문체에까지 개입해 소설체를 다시 고문의 틀 속에 강제함으로써 사고의 자유와 정신적 창의력을 제약하고 말았기 때문이다. 이는 개혁이 아니라 퇴보적 조치이다. 정조가 패관소품체에 가한 제재는 대략 다섯 가지이다. 중국의 잡서 반입 금지와 과거 시험 응시 자격 박탈, 관리의 직위 해제, 반성문 제출, 군역에 복무하게 하는 충군充軍 조치 등이다.

정조의 강력한 조치에 당시 대부분의 관리와 선비는 반성문을 제출했다. 연암에게 편지를 보낸 남공철도 반성하는 자송문自訟文을 올리고

서야 지제교 직함을 다시 받았고, 당직 근무를 하며 패관소품의 글을 읽다가 정조에게 발각된 김조순은 동지사 서장관으로 가는 도중, 압록강을 건너기 전에 자송문을 받치기도 했다. 〈청성잡기青城雜記〉의 저자 성대중成大中은 정조의 마음에 들게 글을 잘 지어 올린 덕에 북청부사北青府使에 임명되어 정조의 명에 따라 남공철의 송별연까지 받고 떠났다. 이덕무는 병환 중에도 자송문을 지어 올리라는 명을 받고, 글을 완성하여 올린 다음 날 세상을 떠났다.

연암은 앞에서 기술한 대로 반성하는 글을 올리지 않았다. 연암이 남공철에게 보낸 답서를 정조가 반성문으로 인정했을 거라는 주장도 있지만 설득력이 떨어지는 것 같다. 〈과정록〉을 보면 1797년 연암이 면천 군수에 임명된 뒤 사은숙배하러 어전에 들어갔을 때 정조는 "내가 지난번에 문체를 고치라고 했는데 과연 고쳤느냐?"라고 물었다고 한다. 연암이 아뢰지 못했다고 하자 정조는 제주 사람 이방익李邦翼의 중국 표류기를 들려주며 글을 지으라고 명한다. 이로써 볼 때 연암은 끝끝내 문체반정에 따른 반성문을 제출하지 않았던 게 맞다. 연암에 대한 정조의 아량과 배려, 연암의 지혜로운 기술적 대처도 작용했을 터이지만 어쨌든 연암은 정조의 언론 탄압에 완전히 무릎을 꿇지는 않았다.

그러나 문체반정 이후 연암의 글에서도 독창성과 개성이 옅어지고 고문의 전통에 기울어지는 경향이 짙어졌다. 이 시기 연암의 글에서 예전에는 볼 수 없었던 변화의 조짐이 나타났다는 것이다.

우선 주목되는 것은 안의 시절 이후 연암이 육지陸贄와 주자朱子의 글을 애독했다는 것이다. 이는 다름 아닌 정조가 문장의 모범으로 존중해 마지않은 것으로, 그 때문에 정조는 〈육주약선陸奏約選〉, 〈주자서절약朱子書節約〉, 〈주자회선朱子會選〉 등을 잇따라 편찬하게 했던 것이다. 이와 관련하여, 안의 현감이던 연암이 이웃 고을 단성 현감을 상대로 기민飢民을 올바로 구휼하는 문제에 대해 논한 '답단성현감이후논진정서答丹城縣監李侯論賑政書'[10] 같은 글은 그 간명하고 준절한 논조로 주자의 척독尺牘, 편지을 방불케 하고 있다.

- 〈열하일기 연구〉, 김명호 지음, 창작과 비평사, 1990

비록 연암이 간간이 패관소품체의 글을 썼다고는 하지만 정조의 조치 이후 확실히 창의적인 '자신의 글쓰기', '조선의 글쓰기'는 위축됐다고 볼 수밖에 없다. 반성문은 쓰지 않았다고 하나 이후 연암도 쓰고 싶은 대로 쓰지 못했기 때문에 언론 탄압의 영향권에서 자유로웠다고 할 수는 없다.

문체반정과 관련해 주목되는 또 다른 인물은 이옥李鈺이다. 문체반정 당시 성균관 유생이던 이옥은 끝내 자신의 문체를 바꾸지 아니하여 두 번이나 지금의 합천 지방에서 충군의 형벌을 받았다. 1796년 과거 시험에서 1등을 차지했으나 소품체를 썼다는 이유로 꼴찌로 떨어지기도 했다.

열하일기 100년의 잠과 조선의 운명

문체반정에 때맞춰 정조가 열하일기를 지목하자, 한편에서는 임금의 배려라며 연암에게 새 글을 지어 올리라고 권유한 반면, 또 다른 한 편에서는 열하일기를 오랑캐의 연호를 사용한 글이라는 뜻으로 '노호지고虜號之稿'의 비방이 거세게 일었다.

연암은 이런 비방에 대해 일체 해명하지 않은 채 처남인 이중존에게 보낸 편지에서 자신의 의견을 피력하고 있다. 연암은 먼저 청나라 연호를 사용하게 된 경위를 설명하고 강희, 긴륭을 '되놈 오랑캐 황제'로 배척해야만 춘추 대의가 지켜지는 게 아니라고 공박한다. 청나라의 연호를 쓰지 말아야 한다면 '열하'라는 청나라 지명도 사용하지 말아야 하며 동이東夷 지역에서 태어난 순임금의 출생지도 숨겨야 하느냐는 반문도 한다.

그럼에도 열하일기는 문체반정이라는 크나큰 역류와 노호지고라는 비난에 휘말려 조선의 백성들에게 더 이상 다가가지 못했다. 그 이후 열하일기는 조선에서 100년 간의 긴 잠에 빠지고 만다. 열하일기가 다시 빛을 보는 시기는 1901년부터 시작된다. 정조의 문체반정 이후 100여 년만이다.

연암과 열하일기에 대한 적극적인 평가는 20세기 초에 이르러서야 비로소 대두하게 된다. 연암의 손자인 박규수朴珪壽, 박선수朴瑄壽 형제가 각기 우의정과 판서까지 역임했음에도 불구하고 조부의 문집을 공간할 엄두를 내지 못했던 시절은 지나가고, 소위 개화를 추진하는 시대가 열리자, 일찍이 청의 선진 문물 수용을 통한 사회 개혁을 역설했던 연암은 개화사상의 선구자로서 재평가

받기에 이른 것이다.

– <열하일기 연구>, 김명호 지음, 창작과 비평사, 1990

그러나 열하일기가 긴 잠 끝에 다시 눈을 떴을 때는 조선은 부민강국의 꿈은 고사하고 초주검 상태로 망국의 기로에서 헤매고 있었다. 연암의 얼이 오롯이 맺힌 열하일기 속 빛바랜 활자 '천하지우'는 책장을 치며 대성통곡했을 것이다.

연암은 처남에게 보낸 편지에서 '자신이 여행한 중국은 역대 제왕들과 한, 당, 송, 명이 영토로 삼은 땅이고, 궁궐과 백성, 명문 씨족과 학문도 그대로 남아 있으며, 되놈이 중국 땅을 손아귀에 넣으면 이익이 많다는 것을 알기 때문에 빼앗았다'라는 논지도 펼쳤다. 전쟁과 나라의 성립을 '이익'이라는 현실적, 실리적 관점에서 조망한 획기적인 탁견이다. 그러면서 오랑캐의 연호를 썼다고 비방하는 자들에게 다음과 같이 자신을 책망하도록 주문까지 하고 있다.

그대는 왜, 예로부터 본래 지녀온 훌륭한 법과 아름다운 제도, 중국의 존숭할 만한 관례와 업적을 모조리 터득하고 돌아와서는 책자로 모조리 저술하여 온 나라에 쓰이게 하지 않소? 그대는 이런 일은 아니 하고서 한갓 조공을 바치는 사신만 따라다녔단 말이오?"

이런 책망을 한다면 연암 자신은 비로소 부끄럼을 못 견디고 죽고 싶을 것이라고 덧붙인다. '안 본 것 없이 다 살펴보아 하나도 놓친 사물이 없다'라고 자부할 정도로 오로지 취재에만 골몰하고서도, 나라와 백성을 위해 하나라도 더 알려야 할 방도를 고민하고 있는 연암의 충정이 역력하게 드러난 대목이다.

역사에는 가정이 없다지만 개혁 군주라는 정조가 이러한 연암의 고뇌를 조금이라도 알아차렸더라면 조선의 미래는 어떠했을까? 정조가 열하일기를 장려하고, 지금도 유효한 열하일기의 정신이 240년 전에 조선 땅에 널리 퍼졌다면 조선의 19세기는 분명 혼몽하고 흐물흐물하지는 않았을 것이다. 이런 측면에서 정조는 문화를 발흥시킨 개혁 군주이긴 하나, 복고적이고 수구적인 문체 강제로 부민강국의 혁신적 아이디어를 놓쳐버린 실정失政의 책임도 있다는 비판 역시 가능하다고 본다.

제6부

기자 정신으로 서정庶政을 펼치다

1. 특혜를 거부한 늦깎이 관직 생활

가난과 벼슬

중국에서 돌아온 연암은 연암골과 한양을 오가며 열하일기를 썼다. 중국에서 취재한 내용을 바탕으로 기사를 작성한 셈이다. 그러나 중국 취재기인 열하일기는 연암이 책을 절반도 집필하지 못해 지인들이 초록하여 퍼뜨리는 바람에 전체 글을 완성하기도 전에 소문이 다 나 버렸다.

열하일기는 제대로 출판되지는 않았지만 선풍적인 인기를 얻었다. 정조가 문체반정을 주창하며 자신도 열하일기를 읽어봤다고 실토한 사실이나, 한양 양반들 사이에서 일어난 노호지고 논란이 열하일기의 유명세를 반증한다. 그러나 연암의 집안 경제 사정은 열하일기의 유명세와는 상관없이 매우 열악했던 것으로 보인다. 연암이 그토록 경계하고 멀리하던 벼슬을 얻었기 때문이다.

1786년 7월 연암은 50세에 음관蔭官으로 선공감 감역繕工監監役에 임명됐다. 당시 이조판서로 있던 연암의 친구 유언호兪彦鎬가 천거한 결과였다. 선공감은 조정 건축물의 건축과 보수, 토목에 관한 일을 맡아보는 기관이며 감역은 종9품의 벼슬이다.

연암이 벼슬길에 오른 표면적 이유는 가난이다. 가난하게 살다가

노년에 음관으로 벼슬길에 올랐다는 기록이 〈과정록〉에 있는 걸 봐서는 중국에 갔다 온 이후 연암이 집안의 먹고사는 문제로 꽤나 고민을 했음을 알 수 있다. 연암이 세상일에 관여하지 않고 있을 때는 친구인 심환지沈煥之나 정일환鄭日煥 같은 이들이 이끌어주려 했는데도 연암이 완곡하게 거부했기 때문이다. 연암 스스로도 여러 사람에게 가난 때문이라고 고백하기도 했다. 연암이 타계했을 때 처남 이재성의 제문에는 호구지책의 문제로 글을 제대로 쓰지 못한 연암의 아픈 사정이 잘 나타나 있다.

우연히 중국을 여행하게 되어
천하의 형세를 살피셨지요.
그리하여 천하의 안위安危를 논하고
중화와 오랑캐를 분명히 구별했지요.
만년에 벼슬한 건 가난 때문이었으니
서글프게 짐을 챙겨 임지로 향했지요.
벼슬 그만두려고 생각하신 건
책을 저술하려는 마음 간절해서였지요.

가솔들을 먹여 살려야 한다는 무거운 짐을 지고 그토록 소망하던 책의 저술을 뒤로 한 채 임지로 떠나는 연암의 모습은 지금 생각해도 처연하다. 호기롭고 호방한 성격에다가 천하대세를 보고 천하지우를 걱정하던 연암이었지만 가장으로서의 책임에서는 자유로울 수 없었다.

준비된 공직자의 위정爲政 철학

가난 때문에 연암이 벼슬길에 올랐다고는 하나 그 이후의 처신이나 행정을 보면 연암은 이미 준비된 공직자였다. 조선 후기 연암 시대에는 벼슬아치들의 가렴주구와 학정으로 백성들의 등골까지 말라가던 시기였다. 뇌물은 아니라 하더라도 이른바 관행적인 도움은 받을 수 있었는데도 연암은 엽전 하나 공짜로 챙기지 않는 청백리 정신을 그대로 실천했다. 〈과정록〉에 소개된 일화를 보자.

연암이 홍국영의 눈을 피해 연암골로 피신해 살 때 친구인 개성 유수 유언호가 개성의 인물들을 소개하며 연암의 생활을 살펴주었다. 유언호는 유수직을 마치고 떠나면서 연암의 생계를 걱정하여 관에서 민간에게 빚을 놓던 칙수전勅需錢, 중국 칙사를 대접하기 위한 예비비 1천 냥을 연암에게 주고 나중에 자신이 갚겠다고 했다. 유언호가 떠난 뒤 연암과 사귀던 개성의 유지들이 연암의 인품과 학문을 높이 사 정성을 표시하는 마음으로 빚을 모두 갚고는 연암이 한양으로 떠날 때에야 그 사실을 얘기했다. 그 당시 연암은 아무 말이 없었다가 안의 현감으로 부임해 간 후 첫 해의 녹봉을 떼어 그 돈을 갚았다.

연암이 연암골에 살 때는 1780년 이전이고 안의 현감으로 부임한 해는 1792년이다. 무려 10년이 지난 시점에 지난 일을 기억하고 있다가 빚을 갚았다. 물론 개성 유지들은 빚이라고 생각하지 않았겠지만 연암에게는 두고두고 갚아야 할 빚이었던 셈이다. 민간인 시절의 금전 관계에도 이렇게 철저했는데 공직자로서의 금전 문제에 얼마나 철두철미했는지는 능히 짐작할 수 있겠다.

연암은 단순히 밥벌이를 위해 관직을 받지는 않았다. 연암의 성정으로 볼 때 호구지책으로 국록을 축내는 자리를 받지는 않았을 것이다. 벼슬길에 오르면서 그는 분명한 위정 철학과 정신을 다지고 있었다. 이를 공개적으로 밝히지 않았을 뿐이다.

연암이 관직에 나간 이후 맡은 선공감 감역이나 평시서平市署 주부主簿, 의금부義禁府 도사都事, 고원랑考喧郎, 재릉령齋陵令, 한성부 판관 등의 자리는 전문적인 직역이라 위정자로서의 철학이나 뜻을 펼치는 데는 한계가 있었다. 연암이 위정자로서의 철학과 정신을 실천할 수 있었던 계기는 안의 현감으로 부임하면서부터다. 이즈음 연암의 위정 철학의 일단을 알 수 있는 지론이 〈과정록〉에 소개되어 있다.

신해년1791년 겨울 안의 현감에 임명되어 다음 해 정월 임지에 부임하셨다. 아버지의 평소 지론은 이러했다.

"백성들이 소소한 은혜만 알 뿐 큰 은덕을 모른다고 해서 고을 원들은 매양 소소한 은혜만 베풀어 명예를 구하고 있다. 그러나 이는 백성을 다스리는 요체를 알지 못한 탓이다. 고을 원은 오로지 큰 도리를 지켜서 백성을 동요시키지 않음을 요체로 삼아야 한다."

고을을 다스리는 위정자가 백성들에게 작은 은혜를 베풀면서 선정을 펼친다는 말을 듣고 자신의 이름을 높여서는 안 된다는 말이다. 굶주리고 헐벗은 백성들에게 밥 한 끼, 옷 한 벌, 돈 몇 푼 나눠주는 조치로 가련한 백성을 돌보고 선정을 펼쳤다고 말할 수 있지만, 이는 사또의 이름을 구하는 행위일 뿐 진정한 정치는 아니라는 것이다.

연암이 말하는 위정의 요체는 하루 한 끼, 옷 한 벌의 소소한 은혜가 아니라 백성들이 일 년 내내 굶지 않고 따뜻하게 지낼 수 있도록 하는 정치이다. 수리시설을 확충해 농토를 넓히고, 힘 있는 양반들의 농토 침탈을 방지하여 농민들이 마음껏 농사짓도록 하며, 아전들의 횡포를 막아 세금과 군역을 공평하게 매기는 정책이다. 다시 말해 백성들이 열심히 일하면 평안하게 살아갈 수 있는 행정과 경제 시스템을 만들어주는 것이 연암이 말하는 다스림의 요체이다.

연암의 위정 철학은 바로 맹자의 사상과 맞닿아 있기도 하다. 〈맹자〉에는 정나라의 어진 재상이었던 자산子産에 대한 고사가 나온다. 자산이 수레를 타고 물을 건너려다가 백성들이 고생하며 물을 건너는 것을 보고 불쌍하게 생각해 자신의 수레에 태워 함께 건넜다. 백성을 사랑하는 마음에서 그렇게 했지만 맹자는 자산을 비판적으로 평가했다.

'혜이부지위정惠而不知爲政', 수레를 태워준 자산의 행동이 은혜롭기는 하나 정치를 모른다는 말이다. 11월에 걸어서 건너는 다리를 만들고, 12월에 수레가 다니는 다리를 만들면 백성들이 고통당하지 않을 것이라는 게 맹자의 설명이다. 맹자의 말대로 위정자가 백성 한 사람 한 사람을 다 기쁘게 해주려면 시일이 한도 끝도 없을 것이다. 물론 그렇게 하면 백성들의 칭송은 자자해지고 위정자의 인기는 높아지겠지만 백성들이 물을 건너는 고통은 계속될 것이다. 다리를 만들면 백성들의 칭송은 시들해지겠지만 백성들의 고통은 없어진다. 이게 위정자가 해야할 정치이다. 그래서 위정자는 인기영합주의에서 벗어나 대의와 원칙을 갖고 모든 백성을 위한 정책과 계획을 고민하고 실천해야 진정한 정치를 할 수 있게 된다. 연암이 말한 '고을을 다스리는 요체'도 바로 이와 같은 맥락이었다. 연암은 가난 때문에 벼슬을 떠안았지만 이미 정치의 맥은 정확하게 짚고 있었다.

주목받은 연암의 벼슬 생활

연암은 20세 전후로 여러 편의 사회 참여 소설을 창작해 세간의 이목을 끌었다. 1765년 유언호를 비롯한 벗들과 금강산을 유람할 때 총석정의 해돋이를 본 뒤 '총석정관일출叢石亭觀日出, 총석정에서 해돋이를 보고'이라는 시를 지었다. 연암은 시를 많이 짓지 않는데, 이 시가 마음에 들었던지 열하일기에도 그대로 실어 놓았다. 해돋이를 보러 가는 구경꾼들의 설렘과 기대가 닭 울음 소리를 매개로 잘 묘사되어 있고 해돋이의 장관이 역동적이면서도 웅장하게 그려져 있다. 이 시를 당시 판서 홍상한洪象漢이 보고 탄복하여 중국 붓 200개를 선물하여 정중한 뜻을 표할 정도였으니 열하일기를 쓰기 이전에도 연암의 명성이 어느 정도였는지를 짐작하기는 어렵지 않다.

또한 1778년 연암이 연암골로 들어갈 때도 연암의 직설적인 비판이 홍국영의 귀에 들어가 화를 입을지 모른다는 유언호의 충고에 따른 것이었던 만큼, 당시 벼슬은 없었지만 연암의 학문과 문장력에 따른 명성과 사회적 영향력이 만만치 않았으리라 추정된다. 열하일기를 쓴 이후에는 말할 것도 없다. 게다가 연암이 유언호의 추천으로 정조의 재가를 받아 벼슬길에 올랐기에 알게 모르게 연암에게 편의와 혜택을 주려는 마음 씀씀이가 적지 않았던 것으로 보인다.

1788년 섣달에 관리의 근무 성적을 평가하여 벼슬을 떼거나 승진시키는 도목정사都目政事가 있었다. 당시 연암은 선공감 감역의 임기를 엿새 남겨놓고 있었다. 임기가 끝나지 않으면 원칙적으로는 승진 대상이 될 수 없었다. 그런데도 인사를 담당하는 이조吏曹의 서리가 날짜 수가 모자라긴 해도 관례상 융통성이 있다며 승진 대상에 해당된다는 보고를 하라고 했다. 그러나 연암은 "평소에 한 번도 구차한 짓을 한 적이 없다"라며 보고를 못하도록 했다.

당시 인사 담당 관리인 전관銓官도 연암의 나이를 고려해 승진시키려 했으나 연암이 응하지 않았다. 연암은 이듬해인 1789년 6월 시장 일을 관장하는 평시서의 주부로 승진했다. 이후 연암이 사복시 주부로 직책이 바뀌었다. 사복시는 궁중의 가마나 말에 관한 일을 맡아 하는 관청인데 꽤나 선망하던 곳이었지만 연암은 그 자리를 거절했다. 당시 승지承旨가 연암의 제자 이서구李書九였는데 승지와의 친분 때문에 그 자리를 잡았다는 오해를 살 소지가 있었기 때문이다. 그래서 다시 연암은 의금부 도사로 전보되었다.

〈과정록〉에 따르면 연암의 명성이 진동하여 정조도 연암을 주목하고 있다는 뜻을 내비쳤다고 한다. 당연히 사람들은 임금의 파격적인 은총이 있으리라 여겼다. 연암을 이끌어주겠다는 사람도 있었고, 시기하고 질투하는 사람도 있었다고 한다. 그러나 연암은 담담한 태도를 취했고, 한직이라고 할 수 있는 재릉령으로 임명되었다. 재릉은 조선 태조의 정비인 신의왕후의 무덤으로 개성 부근에 있다. 그곳이 연암골과 가까웠을 뿐만 아니라 한가로운 곳에서 마음대로 독서하고 저술할 수 있어서 연암은 오히려 기뻐했고, 뭇 사람들의 헐뜯는 소리도 사라져 더 기뻐했다고 한다.

아들의 시험 특혜를 거부하다

연암은 슬하에 2남 2녀를 두었는데 첫째 아들 종의宗儀는 자녀가 없는 연암의 형 희원喜源에게 양자로 보냈다. 둘째 아들 종채宗采가 〈과정록〉을 썼다. 〈과정록〉에는 연암의 아들 문제와 관련된 일화도 소개되어 있다. 연암이 안의 현감으로 있을 때 첫째 아들 종의가 성균관 시험에 응시하려 한 지 여러 해 되었던 모양이다. 종의가 다시 성균관 시험에 응시하려 한 1794년과 1795년 사이에 성균관장은 연암의 제자인 이서구였다. 당시 중론은 이서구가 겨울에 실시하는 시험을 주관한다면 반드시 연암의 아들 종의를 합격시키리라는 것이었다고 한다. 이런 시점에 안의 현감으로 있던 연암은 다음과 같은 편지를 보냈다.

내가 성균관장과 친밀한 사이임은 세상이 다 아는 바이다. 친밀한 사람이 주관하는 시험에 합격하는 것은 영광스런 일이 못될 뿐더러 시험을 주관하는 사람에게도 누를 끼치는 일이다. 그러니 응시하지 않는 게 좋겠다.

연암은 아들에게 시험 응시 자체를 못하게 했다. 부정의 소지가 있어서가 아니라 특혜의 구설수가 나올 가능성이 있었기 때문이다. 아니, 연암의 성정으로 볼 때 원칙과 법도에 맞지 않다고 생각했기 때문으로 보인다. 나아가 자신의 제자이자 시험 주관자인 이서구의 입장까지 헤아리고 있다. 설령 아들의 실력이 출중하여 합격했다 하더라도 분명히 뒷말이 나올 것이며 제자인 이서구의 입장도 난처해질 게 뻔하다. 이러나저러나 말이 나올 수 있다면 시험에 응시하지 않는 게 온당한 처사라고 판단했을 것이다. 말이 아니라 행동으로 진정한 공정과 정의를 실천하고 있었다.

조선 시대는 어차피 신분 사회여서 성균관이라는 최고의 교육 기관에는 사대부의 자제들만 입학할 수 있었고, 신분제 사회의 관례상 어느 정도 집안이나 인맥의 배경이 용인되었다고 봐야 한다. 부정이 있다 하더라도 소위 '그들만의 리그'에서 '그들만의 문제'였다. 연암의 아들이 성균관 시험에 응시했다 하더라도 사실 문제될 소지가 없었다고 보는 게 맞을 것이다.

연암이 우리 시대에 함께 살고 있다면 어떻게 했을까? 자신의 제자가 주관하는 시험에도 아들을 응시하지 못하도록 했는데 알음알음 지인에게 부탁하여 자녀의 봉사 활동이나 인턴 과정을 할 수 있도록 주선했을 리 만무하다. 자신이 재직하고 있는 대학에서 주관하는 여러 과정에 자녀를 참여시키거나 입학시키는 건 상상도 하지 못했을 것이다. 누군가 은근슬쩍 말이라도 꺼냈다가는 불호령이 떨어졌을 것이다.

2. 살아 있는 기개로 거칠 것이 없다

왕의 비서실, 승정원을 꾸짖다

연암과 같이 궁핍한 여건 속에서 가솔들의 연명을 위해 관리의 길을 걷게 되었다면 더더욱 주변의 눈치를 보며 자신의 성질을 죽일 것이다. 자칫 성질대로 했다가는 조직의 따돌림을 받거나 교묘한 조치로 자리 보전이 어려워지기 십상이기 때문이다. 그러나 연암은 달랐다. 비록 하급 관리의 길을 걷게 되었지만 예의 원칙주의나 정직성, 사실 추구 정신, 기자적 기개를 버릴 수는 없었다. 다시 〈과정록〉에 소개된 한 일화를 보자.

연암이 한성부 판관으로 있을 때 승정원이 임금의 재가가 나지 않은 명령을 한성부로 하여금 반포하도록 한 일이 있었다. 명령이 무슨 내용인지는 기록에 나와 있지 않지만 어쨌든 이 일로 승정원이 문책을 받게 되었다. 그러자 승정원은 한성부의 낭관郎官이 직접 임금의 전교를 들어 명령을 반포한 것으로 하여 잘못을 떠넘기려고 하였다. 당연히 한성부에서는 난리가 났다. 승정원은 지금으로 치면 대통령 비서실에 해당되는 부서로, 그 당시로서는 나는 새도 떨어뜨릴 정도로 위세가 대단했을 것이다. 이때 연암은 승정원에 직접 들어가 큰 소리로 여러 승지에게 다음과 같이 일갈했다고 한다.

"모든 관아는 다 승정원의 지휘를 받아 그 직분에 따라 일을 시행하고 있습니다. 그렇거늘 유독 이 명령만 승정원을 경유하지 않고 반포되었겠습니까? 또 여러분은 임금님의 분부를 받드는 지위에 있건만 조그만 일이라도 잘못되면 당장 해당 관청의 낭관에게 죄를 떠넘기고자 하니, 조정의 도리가 이래서는 안 될 줄 압니다."

승지들은 모두 멍하니 서로 바라보았다. 이로 인해 한성부가 무사할 수 있었다.

마치 스승이 제자들을 나무라는 어투다. 승지들의 입장에서는 하급 관리가 임금의 비서실로 찾아와 조정의 도리 운운하니 황당하기까지 했을 법하다. 승지들이라고 몰라서 그랬겠는가? 자신들의 권세가 워낙 드높다 보니 지금까지 어떤 지시든 누구하나 토를 다는 일이 없었는데, 갑자기 하급 관리가 찾아와 추상같이 질책을 하니 모두 할 말을 잊은 채 멍하니 바라만 보고 있었을 것이다. 박종채의 기록대로 큰 원칙이나 법도와 관련된 경우에는 한결같이 그 규정을 엄격하게 지켰고 비록 윗사람이라도 시시비비는 분명히 하는 연암이었기에 가능했던 에피소드이다.

토포사討捕使에게 경고하다

연암이 안의 현감으로 부임한 초기에 도둑을 세 번 잡았다. 도둑을 잡으면 그때마다 도둑 잡는 일을 전담하는 토포영討捕營의 장교와 나졸들이 나타나 도둑을 데려갔다. 문제는 토포영의 장교와 나졸들이 도둑을 데리고 농간을 부린다는 것이었다. 장교와 나졸들이 도둑을 데리고 다니다가 재물을 훔치게 한 다음 장물을 나누어 가지고, 도둑이 잡히면 자신들이 데리고 가버리는 부정을 일삼고 있었다. 도둑을 잡아야 할 자들이 도둑을 풀어준 뒤 도둑질을 함께 하고 있으니 믿는 구석이 있는 도둑도 함부로 날뛰며 겁을 내지 않았다.

세 번 도둑을 잡을 때마다 토포영 장교와 나졸들이 나타나니 연암도 그들의 간사함을 간파하고 잡은 도둑을 내주지 말도록 명령을 내리고 토포영에는 다음과 같은 공문을 보냈다.

"우리가 도둑을 잡았을 때 그쪽의 장교와 나졸이 나타나 내놓으라고 한다면 그들 또한 도둑을 다스리는 법으로 함께 다스리겠습니다."

그 다음부터는 안의에 도둑이 사라져 밤에도 문을 닫을 필요가 없게 되었다 한다. 원칙과 법도를 어기면 누구에게라도 시시비비를 가리고야 마는 연암의 배포와 기개는 현감으로 내려갔을 때도 진가를 발휘했다.

아전, 백성을 논밭으로 삼다

1792년 정월 연암이 안의 현감으로 부임하면서 맞닥뜨린 가장 골치 아픈 문제는 아전들의 부정과 농간이었다. 현지 사정과 물정에 어두운 수령들을 단지 지나가는 과객으로 여기고 수령의 입과 귀를 막은 뒤, 아전들은 백성들을 무자비하게 쥐어짜며 자신들의 배를 불리고 있었다. 조선 후기 국가의 기반을 뒤흔든 '삼정의 문란' 중심에는 이들 아전이 있었다.

당시 아전들 문제의 심각성을 뼈저리게 느끼고 고민한 인물은 연암 과 같은 시대 사람인 다산 정약용이었다. 당시 아전들 문제의 심각성 을 알기 위해서는 먼저 다산의 저서를 살펴보는 게 순서이다. 다산의 〈목민심서〉와 〈경세유표〉에는 이들 아전들의 부정부패와 농간, 탐학 에 대해 매우 상세하게 나와 있다. 〈목민심서〉에는 이런 구절도 있다.

백성은 토지를 논밭을 삼지만, 아전들은 백성들을 논밭으로 삼는 다. 백성의 껍질을 벗기고 골수를 긁어내는 것을 농사짓는 일로 여 기고, 머릿수를 모으고 마구 거두어들이는 것을 수확으로 삼는다.

아전들은 요즘으로 치면 지방의 현장 공무원들이다. 수령을 보좌하 며 백성들의 생활을 살피고 세금과 군역을 공평하게 매겨 나라 경영의 재정을 맡은 중추 계층이다. 다산의 표현대로라면 이런 공무원들이 주 어진 공무는커녕 백성을 논밭으로 삼고 있으니 이건 수탈도 보통 수탈 이 아니라 백성들의 등골을 빨아먹는 흡혈귀나 다름없다.

연암이 안의 현감으로 부임했을 당시 아전들의 일반적인 부정과 비 리 유형 중의 하나로 포흠逋欠이 있었다. 포흠이란 관청의 재물을 사적 으로 빼돌려 쓰는 행위이다. 다산의 〈경세유표〉에는 포흠의 비리에 대 해서도 다양한 유형을 고발하고 있다. 한 사례를 보자.

내가 오랜 시일을 민간에 있으면서, 체납된 묵은 환곡을 징수하는 것을 정지 또는 연기하라는 윤음綸音, 임금의 지시이 내리는 것을 여러 번 보았으나, 한 되 한 약龠의 혜택도 촌민에게는 미치지 못하였다. 대개 당초에 정지 또는 연기할 때 오직 간활한 아전이 포흠한 것만이 정지 또는 연기되는 데 들고, 촌민에 이르러서는 비록 유망流亡하여 호戶가 끊어져 지목하여 징수할 곳이 없는데도, 이웃에 징수하고 그 친족들에게 징수하기를 급하기가 성화같은데, 한 되 한 약의 곡식인들 어찌 정지 또는 연기할 것이 있겠는가?

흉년이 들어 임금이 백성들의 환곡 징수를 연기하거나 정지하도록 명령을 내려도 아전들은 아랑곳하지 않고 백성들의 등골을 긁어내듯이 세금을 거둔다. 그래놓고는 자신들이 곡식을 빼돌린 분량만 혜택을 보도록 돌려놓는 것이다. 또 흉년으로 세금을 감면받을 수 있는 재해 신고를 할 때도, 뇌물을 바치지 않으면 황충蝗蟲이 먹고 서리에 말라 한 톨을 거두지 못해도 세금을 긁어내고, 뇌물을 주면 아무리 풍성하게 수확을 해도 재해로 처리해 준다고 했다. 교활하고 간교하기 그지없는 아전들의 행실이다.

다산은 〈목민심서〉에서 이런 아전들을 자벌레처럼 움츠리고 개미처럼 기지만 동헌 아래 엎드려서는 웃고 수령이 나가면 비웃는 자들이라고 경계하고, 이런 습성을 당연하게 여기는 아전을 단속하지 않고는 백성을 다스릴 수 없다고 말했다. 아전들을 단속하기 위해서는 자신에게 허물이 없어야 하니 수령들이 스스로를 규율하여 몸가짐을 바로 해야 아전들이 명령을 따를 것이라고도 했다.

포흠에 대한 법고창신의 해법

안의현도 아전들의 부정과 간교한 술책이 말이 아니었다. 연암이 부임하자마자 아전들이 익명의 투서로 연암을 저울질하기 시작했다. 연암은 투서를 보지도 않고 투서한 자를 적발해 내쫓아버렸다. 아전들의 포흠도 극심했다. 연암이 부임했을 때 안의현의 환곡遷穀과 군량인 향곡餉穀, 저치미儲置米가 모두 9만여 휘였다. 연암은 부임 직후 가까운 창고를 점검해보고 아전들을 닦달해 곤궁에 빠뜨려서는 안 된다고 판단했다

연암은 아전들을 모아놓고 먼저 자수를 권고했다. 포흠을 숨기더라도 조사하면 절대 죄를 숨길 수 없고 위로는 감영의 점검만이 아니라 암행어사의 조사가 있을 것이므로 일찍 자수하는 게 낫다고 설득했다. 자수하면 구제할 방도도 마련하겠다고 약속했다. 아전들은 자수하지 않을 수 없었다. 죄를 지으면 두려움 속에 사는 법, 아전들도 연암의 훈계에 마음이 움직였다. 이렇게 아전들이 실토한 포흠은 총 6만여 휘였다. 안의현이 관리하는 관곡의 3분의 2나 되는 양이었다.

다음으로 경상 감사를 찾아갔다. 아전들이 나라의 곡식을 도둑질한 것은 법으로 처벌해야 마땅하나 그들을 죽이거나 유배 보내면 착복한 곡식을 찾을 수 없다며 자수를 한 정상을 참작해 용서해주면 자신이 어떻게든 방법을 강구해 감영에 근심을 끼치지 않도록 하겠다고 했다. 〈과정록〉이나 다른 기록에는 없지만 경상 감사도 연암의 명성이나 성

품, 실력을 알고 있었을 터이고, 그런 연유 등으로 연암의 방안에 동의를 해준 것으로 보인다.

감영에서 돌아온 연암은 아전들뿐만 아니라 군무를 보는 장교와 관노, 향청의 우두머리인 좌수座首, 마을 이장격인 이정里正들을 비롯해 각마을의 신망이 두터운 어른들을 관아의 뜰에 모이게 한 뒤 공개적으로 포흠 해결 방안을 밝혔다. 포흠의 죄상과 해결 방안을 모두에게 공개함으로써 아전들이 간교한 모사나 술책을 부리지 못하도록 막아버린 셈이다. 연암이 제시한 포흠 문제 해결의 필요성과 해법은 다음과 같다.

형법에 따라 나라의 재물과 곡식을 몇 냥, 몇 섬 이상 포탈한 죄인은 처단한다. → 고을 원이 포흠을 눈감아주면 처벌받는다. → 그래서 6만 휘의 포흠을 상부에 보고하면 몇 개의 목이 달아난다. → 그러나 처벌을 받아도 6만 휘의 빚이 없어지지 않는다. 안의현에 책임을 물어 장부대로 해야 한다. → 새 고을 원이 부임하여 아전들을 죽이고 재산을 몰수하면 고을이 황폐해질 것이다. → 또는 어영부영 세월이 흘러 곡식의 출납이 장부와 맞지 않게 되고 다시 온갖 부정과 농간이 저질러질 텐데, 결국 그 책임이 백성에게 돌아가게 되면 아전과 백성이 원수가 되어 함께 망하게 된다.

연암의 논리적 지적에 아전들은 처벌받지 않고 집에서 문제를 해결할 수 있게 됐다며 이 기회를 놓쳐서는 안 된다는 데 서로 동의했다. 연암은 아전들의 재산을 몰수하지 않고 3년의 기한을 주었다. 아전들은 서로 도우며 조금이라도 생기는 곡식은 관의 창고에 들어놓았다. 그 결과 2년 반 만에 창고가 다 찼다. 처벌받은 사람 없이 포흠을 다 메웠다.

만약에 연암이 법 규정만을 좇아 아전들을 처벌했다면 어떻게 됐을까? 아전들의 집집마다 피바람이 일고 통곡 소리가 진동했을 것이며 포흠을 갚느라 백성들의 어깨는 더 무거워졌을 것이다. 연암의 말대로 고을이 황폐해지고 아전과 백성은 원수가 됐을 게 뻔하다.

안의현의 포흠 문제 해결은 법을 지키되 현실과 백성의 실리를 고려해 창의적인 공개 행정을 도입한 지혜로운 고뇌의 결과물로 봐야 한다. 바로 법고창신의 정신이다. 연암의 법고창신은 문장에서뿐만 아니라 정치에서도 그대로 구현되어 새로운 사회를 만들 수 있는 가능성을 입증한 셈이다. 포흠을 다 갚고 장부를 정리하던 날 안의현 아전들은 발을 구르고 춤을 추며 "우리는 이제 살았다!"라며 안도했다고 〈과정록〉은 전하고 있다.

1792년에 흉년이 들어 재해 대책을 세워야 했다. 재해가 발생하면 실제 피해보다 부풀려 감영에 보고하는 게 당시의 관례였다. 연암이 사실대로 감영에 보고하여 피해 정도를 과장하는 폐단을 없애려고 하자 아전들이 일제히 반대하고 나섰다. 매번 감영에 피해를 보고하면 피해액을 삭감하는 게 관행이었기에 사실대로 보고하여 그 절반을 삭감하면 백성들의 세금을 감면해 줄 수 없다는 이유에서다.

그러나 연암은 단호했다. 피해액을 부풀리는 건 장사치나 거간꾼들이 하는 술책이어서 그런 일을 해서는 안 된다고 말했다. 연암의 지시대로 실제 피해액을 보고했는데 보고한 대로 승인이 났다. 피해를 부풀려 거짓 보고하는 행정은 사실에 충실해야 하는 기자 정신과도 배치된다. 글을 쓸 때나 일상에서나 늘 사실을 종교적 교리처럼 떠받들었던 연암이었기에 지방 정치에서도 사실을 토대로 한 정직한 행정을 실천할 수 있었다. 피해를 부풀려 이득을 챙기려던 아전들의 농간을 차단한 효과는 말할 나위도 없다.

면천과 양양 아전들

아전들의 부정과 농간은 비단 안의현만의 문제는 아니었다. 조선 팔도 전국적으로 아전들의 비리가 이미 끈끈한 송진처럼 고착화, 관행화되어 있었다. 헐벗고 굶주린 백성들은 신음 소리조차 낼 힘이 없을 정도로 살이 발리고 뼈가 으스러지고 있었다. 연암은 경상도 안의 이외에 충청도 면천과 강원도 양양에서도 각각 군수와 부사로 봉직했는데 백성들의 고혈을 쥐어짜기는 이곳의 아전들도 마찬가지였다.

연암이 면천 군수로 임명된 때는 1797년 7월이다. 연암은 장부를 정리하다가 정리곡整理穀이라는 항목을 발견하고 조사에 들어갔다. 1795년 정조가 어머니인 혜경궁 홍씨의 회갑연을 화성에서 열고 그 비용 중 남은 돈으로 각 관청에 환곡용으로 내려준 곡식이었다. 물론 조정에서는 정리곡을 별도로 보관하도록 했다. 그러나 조사 결과 아전들이 정리곡과 환곡을 뒤섞어 놓고 몰래 빼돌리며 부정한 이익을 얻고 있었다.

연암은 정리곡을 샅샅이 찾아내도록 한 다음 별도의 창고를 만들어 정리곡고整理穀庫라는 현판까지 걸게 했다. 얼마 뒤 왕명을 받든 적간사摘姦士가 불시에 들이 닥쳐 정리곡 보관 상태를 점검했으나 정리곡고를 보고는 기세가 꺾였다. 정리곡 부정을 범하거나 환곡과 섞어놓은 고을의 수령과 아전들은 모두 벌을 받았다. 〈과정록〉에 따르면 이후 면천의 아전들은 연암을 귀신같이 여겼다고 한다.

정조가 승하한 1800년, 그해 8월 연암은 강원도 양양 부사로 승진했다. 양양 부사는 문과에 급제한 사람이 갈 수 있는 자리인데 음관蔭官으로는 연암이 처음이었다. 이곳에서도 아전들의 횡포와 비리는 예외가 아니었다. 관가의 창고는 아전들이 곡식을 훔치고 빼돌린 탓에 텅 비어 있었고 환곡의 방출과 수납을 기록한 장부는 모두 허위였다. 포흠을 갚으라고 하면 아전들은 아예 달아나겠다고 위협했다. 연암은 "달아나려면 달아나라"라고 한 뒤 아전들이 빼돌린 곡식을 회수하지 못하면 고을 수령으로 자처할 수 없다며 공무를 돌보지 않고 칩거했다. 얼마 후에는 직무를 수행하지 않으면서 녹봉을 받는 건 부끄러운 일이라며 자신의 녹봉을 떼어내 아전들에게 주면서 포흠을 갚는 계기로 삼도록 했다. 수령이 스스로 포흠을 갚아나가자 아전들도 물건을 팔아가며 포흠을 갚았고 몇 달이 채 안 되어 곡식 창고가 모두 채워졌다.

"형벌만을 앞세워서는 안 된다"

아전들의 부정과 농간에 대한 연암의 실리적 해법은 그의 성정性情과도 어느 정도 관련이 있어 보인다. 열하일기나 〈과정록〉, 〈연암집〉 등에는 인간이나 짐승이든 뭇 생명을 사랑하고 아끼는 연암의 마음이 곳곳에 나타나 있다. 열하일기 '도강록' 첫날 기록에는 청나라 여행이 무사하기를 빌며 하인 장복이 사온 술을 누각의 기둥에 뿌리면서 하인 장복과 창대, 그리고 함께 가는 말의 안녕도 같이 비는 장면이 나온다. 연암의 따뜻한 마음과 인간성을 엿볼 수 있는 단면이다. 또 〈과정록〉에는 연암이 함부로 도살한 고기를 먹지 않았다는 기록도 있다. 특히 열하일기에서 말을 사람같이 대하여야 한다는 목마牧馬 이론을 보면 생명에 대한 배려와 따뜻한 마음이 얼마나 깊은지를 잘 알 수 있다.

연암은 원칙과 법도에 있어서는 매우 엄정했지만, 인간성은 냉혹하거나 모질지 않았다. 관행적인 잘못이나 실수에 대해서는 용서하고 깨우쳐 주는 방식으로 잘못을 고쳐나가도록 하는 포용력을 지니고 있었다. 인간사의 속성을 이해하는 따뜻한 마음의 소유자였다. 그렇기에 기계적으로 법을 적용하기보다는 지역 백성들의 사정을 감안해 피와 눈물을 덜 흘리는 방안을 스스로 찾아서 부정과 비리 문제를 풀어 나갔던 것이다.

연암의 이러한 성정은 면천 군수로 있을 때 당시 사교邪敎로 취급받던 천주교 교인들을 처리하는 방식에서도 잘 나타난다. 당시 면천은 지금의 충남 당진군 지역으로, 천주교 신자가 조선의 여느 지역보다 많았다. 그때만 해도 천주교 신자로 적발되면 다짜고짜 사학을 믿었다는 자백을 받아내기 위해 무서운 형틀로 갖은 고문을 가했다.

연암도 처음에는 곤장을 사용했으나 목석처럼 눈 하나 까딱하지 않는 신자들을 보고는 자신의 논리로 신자들을 타일러 설복시키는 방법을 사용했다. 그 당시 잣대로 말하자면 연암의 설복에 뉘우치며 눈물을 흘리는 자가 많았다. 〈과정록〉은 연암이 "형벌만을 앞세워서는 안 된다"라며 관찰사에게 글을 올렸다고 전한다. 이러한 연암의 깊은 생각과 성정이 아전들의 포흠 비리 처리에서도 그대로 나타난 것으로 보인다.

3. 연암의 공직 정신과 재물관

공공 정신 – 황장목黃腸木으로 다리를 놓다

연암이 부사로 부임한 강원도 양양에는 임금과 왕족의 관을 만드는 소나무인 황장목 숲이 많았다. 매번 조정에서 감독관을 보내 황장목을 벨 때마다 양양 부사는 자신의 장례 때 쓰려고 황장목을 남기는 등 사사로운 이익을 챙겼던 모양이다. 그래서 연암이 양양에 부임할 때 친지들도 황장목 얘기를 자주했다. 그러나 연암은 못들은 척했다. 물론 자식들에게는 자신의 장례 때 황장목을 쓰지 못하도록 단단히 주의를 주었다.

황장목을 감독관의 감독 아래 벌목하고 나면 대궐에 진상하고 남은 널빤지가 많이 남았다. 이 사실을 아전들로부터 보고받은 연암은 황장목을 시냇가로 옮겨놓으라고 지시한 뒤 백성이 다리가 없어 괴로워한다며 다리를 놓도록 했다. 왕실의 관으로 땅에 묻힐 뻔했던 황장목이 백성들의 다리가 되어 다시 살아난 것이다.

황장목 다리는 맹자가 말한 '혜이부지위政惠而不知爲政'의 참뜻을 그대로 실천한 결과이기도 하다. 정나라 자산처럼 옷을 걷고 물을 건너는 백성을 수레에 태워주는 대신, 백성들이 물을 건너는 걱정을 아예 하지 않도록 다리를 건설하는 정책을 그대로 실행했기 때문이다. 질 좋은 황장목으로 백성들이 편하게 다닐 수 있는 다리를 만들었으니 실용적이고 실리적인 정책을 펼쳤다는 평가도 가능하다. 연암처럼 개인적 이익과 편의보다는 공공公共의 이익과 복리를 먼저 생각하는 '공공 정신'은 기자 정신이기도 하지만 공직자의 정신이기도 하다. 연암의 장례 때는 잣나무 널빤지 관을 썼다고 한다.

애민 정신 – 구휼에도 예의가 있다

연암이 안의 현감으로 있을 때 흉년이 들어 1793년 춘궁기에는 구휼 정책을 실시해야 했다. 워낙 피해가 심해 관아에서 백성을 구휼하는 공진公賑을 시행해야 했으나 형편이 여의치 않았던지 연암은 자신의 봉록으로 곡식을 장만하여 백성을 구제하는 사진私賑을 실시했다. 그러면서도 사진을 실시한다는 보고조차 올리지 않았다. 모두 이 땅에서 나는 곡식으로 백성을 구제하는데 공진이니 사진이니 따질 필요가 없다는 이유에서다.

연암은 자신의 봉록으로 백성을 구휼하면서도 굶주린 백성들에 대한 예의를 매우 중시하고 강조했다. 죽을 나누어 주기 전에 동헌 뜰에 동리별로 구획을 나누고 남녀노소별로 자리를 달리하여 질서를 잡게 했다. 제도를 바로 잡지 않고는 위아래가 뒤죽박죽되거나 혼란을 막기 어렵다고 봤기 때문이었다.

연암 자신도 진휼에 쓰이는 그릇에다가 백성들과 똑같은 죽을 담아 먹었다. 연암은 이를 '주인의 예禮'라고 말했다. '구휼하는 곳이 이렇다면 구휼받는 데 무슨 부끄러움을 느끼겠나!' 하는 말도 나왔다. 예를 갖쳐 구휼함으로써 백성들이 수치심을 느끼지 않도록 하는 배려 덕분이었다. 백성을 구휼할 때도 예를 갖춰야 한다는 연암의 철학은 이웃 고을인 단성 현감에 보낸 편지에도 잘 나타나 있다.

나눠주고 먹여주기 진에 먼저 그 염치부터 길러서, 반드시 남녀는 자리를 구분하고 어른과 아이는 자리를 따로 하고 사족은 앞에 앉히고 서민은 그 아래에 자리 잡게 하여 각각 제자리를 찾고 서로 차례를 어지럽히지 않게 해야 합니다. 그리 되면 죽을 나눠 줄 때 남자는 왼편으로 여자는 바른편으로 되어 요구하지 않아도 저절로 질서 정연할 것이며, 늙은이는 앞서고 젊은이는 뒤로 서서 요구하지 않아도 저절로 사양하게 될 것이며, 곡식을 나눠줄 때에 앞에 있는 자가 먼저 받는다 해서 시새우지 않으며 아래 있는 자가 차례를 기다려도 다투지 않을 것입니다. 이것이 내가 말한 저 예의란 것이요 기민 구제를 계속해 나갈 수 있는 방법인 것입니다.

– ⟨연암집⟩ 중

이 편지에는 연암이 진주로 가던 중에 들른 단성현에서 사람도 아니고 귀신도 아닌 모습의 백성들이 진휼을 기다리다 지쳐 교졸을 두들겨 패고 한꺼번에 관아로 몰려 들어가는 장면을 목격하고 그 문제점도 기록해 놓고 있다. 백성들이 염치를 가질 수 있도록 예의로써 잘 타일러야 한다는 의견도 덧붙여 놓았다.

청렴 정신 – 청빈이 본분이다

연암이 포흠의 폐단을 바로 잡아 아전들이 횡령한 곡식이 다시 창고에 가득 차니 모두 10여만 휘였다. 안의현이 당시 5천 호 정도의 소읍이었던 점을 감안하면 꽤 많은 곡식이 비축돼 있었다. 1794년 가을 연암은 경상 감사에게 임무를 부여받아 한양으로 출장가게 되었다. 그해 농사는 심한 흉년이었다. 한양으로 간 연암은 호조판서인 친구 심이지沈頤之를 찾았다. 심이지는 다음 해에 나라의 큰 행사가 있는데 경비가 고갈되어 걱정이라고 했다. 연암이 안의에 저치곡 수만 휘가 비축되어 있다고 하자 심이지는 반색을 하며 기일을 정해 그 곡식을 사오도록 공문을 발송하겠다고 했다. 이어 곡가가 크게 올라 이득이 갑절이 될 것이라면서 친구인 연암의 주머니가 두둑해지게 되어 기쁘다는 말도 했다. 그 당시에는 고을의 비축미를 팔아 돈이 생기면 모두 고을 원의 재산으로 귀속되는 게 관행이었던 모양이다.

연암은 나라의 경비에 보탬도 되고 고을의 비축 곡식도 줄일까 해서 비축미를 거론했는데 "주머니가 두둑해진다"라는 말을 듣고는 마음이 불편해져 공문 발송을 늦춰달라고 요청했다. 그리고 안의로 돌아간 뒤 심이지에게 편지를 보내 자신이 떠난 뒤에 곡식 매수를 추진해달라고 했다. 심이지가 답장을 보내 거듭 강권했으나 연암은 감사에게 요청해 그 곡식을 다른 고을로 옮겨버렸다.

그 돈은 의롭지 않은 돈이 아니라는 주변의 말에, 연암은 만금을 횡재해서 부자가 되는 일이 자신의 본분에 맞지 않다고 잘라 말했다. 나라의 큰 행사에 도움을 주게 됐다며 상훈을 받아도 모자란다고 할 판에 오히려 다른 고을로 곡식을 넘기고 재산 형성의 기회를 스스로 내쳤으니 당시의 윤리 기준으로는 이해하기 어려운 행동이었을 법하다. 〈과정록〉에는 연암이 자녀들에게도 청빈한 생활을 누누이 강조한 대목이 나온다.

> 너희가 장차 벼슬하여 녹봉을 받는다고 할지라도 넉넉하게 살 생각은 하지 말아라. 우리 집안은 대대로 청빈하였으니, 청빈이 곧 본분이니라.

연암이 임기를 마치고 안의를 떠날 때의 주된 물건은 책 500~600권과 붓, 벼루, 향로, 다기 등이어서 이삿짐이 고작 말 대여섯 마리의 등에 실을 정도밖에 되지 않았다고 한다.

책임 정신 – 내일 떠나도 100년을 다스리듯 한다

〈과정록〉에 따르면 연암은 겉치레나 자잘한 예법들을 좋아하지 않았다. 안의 현감으로 부임한 직후 행차할 때 아랫사람들이 소리를 질러 행인의 통행을 막던 벽제辟除와 음식을 올리는 절차, 수령의 동작을 소리 내어 알리는 일 등을 없애고 모든 일을 간략하고 정숙하게 하도록 바꿨다. 아전들이 전례를 들먹이면 전례가 다 옳은 건 아니라며 함부로 들먹이지 못하도록 했다. 이 또한 법고창신의 행정 사례라고 할 수 있다.

재정 운용에는 철저했다. 수령의 생활비 장부를 담당하는 아전에게는 후임 수령에게 사무를 인계할 때 전해주는 장부도 함께 기록하도록 했다. 그만둘 때가 되면 언제든지 떠날 수 있도록 준비하고 있었다. 연암 스스로도 고을 원 자리에 연연해서는 안 되며 뜻에 맞지 않으면 헌신짝 버리듯 흔쾌히 그만두어야 한다고 말했다. 하지만 내일 당장 고을 원을 그만두고 떠나더라도 100년 동안 있으면서 고을을 다스린다는 마음을 늘 가져야 한다고 강조했다. 그래야 백성들을 안정시키고 선정을 펼칠 수 있다는 것이다. 〈과정록〉에 소개된 연암의 말이다.

> 매양 고을살이 하는 사람들은 고을살이를 마치 여관에서 하룻밤 자는 정도로 간주하고 있다. 그러니 아전이나 백성들이 '우리 원님은 얼마 안 있어 떠나실 걸' 하고 생각하는 게 당연하다. 이 때문에 윗사람은 억지로 전례를 답습해 정사를 펼칠 뿐이고, 아랫사람은 임시 방편으로 적당히 넘어가려 한다. 이래 갖고서야 어찌 백성에게 선정을 펼 수 있겠는가?

안의를 방문했던 한 지인은 연암의 근무 방식에 대해 후임자에게 넘겨줄 문서를 정리하면서도 나무와 과실을 심고 있으니 그 의도를 짐작할 수 없었다는 말을 전했다 한다.

전성문 자물쇠의 경종

연암이 선비로서나 공직자로서 신념과 원칙을 지키며 청렴하게 살 수 있었던 힘은 타고난 성정도 있었겠지만 권력이나 재물에 대한 뚜렷한 소신과 철학이 있었기 때문이다. 일찍이 젊은 시절부터 벗을 사귈 때 권세와 이익을 좇는 무리를 지극히 싫어했다. 말로는 도를 얘기하면서 명리에 따라 떼를 지어 이리 붙고 저리 붙은 조선 사회 양반들의 이중성과 위선을 틈나는 대로 말과 글로써 신랄하게 꼬집은 이유도 그런 성향이 크게 작용했으리라 본다.

세상의 권세와 이익, 즉 권력과 재물에 대한 연암의 철학은 북경의 명승지와 궁궐, 유리창 등 서른아홉 곳을 둘러보고 기록한 열하일기 '황도기략皇圖紀略' 편에서 엿볼 수 있다. 바로 자금성 전성문前星門과 북경 외곽에 있는 황금대黃金臺를 둘러보고 쓴 글이다. 권력 세계의 비정한 속성을 보여 주는 스토리를 첨부하고 재물 때문에 목숨까지 잃는 인간들의 어리석음을 깨우치는 내용으로서 간접적으로 연암 자신의 권력관이나 재물관을 투영한 글이기도 하다.

자금성 전성문은 강희제 때 태자가 살던 궁의 문이다. 연암이 방문했을 때는 궁은 비어 있었고 문에는 모두 자물쇠를 채웠다. 왜 채웠을까?

세상에 전하는 말이 있다. 강희 황제가 왕위에 너무 오래 있게 되자 태자가 궁중 사람들에게 "세상에 머리가 허옇게 센 태자도 다 있다더냐?"라고 하였는데 그 말이 새어나가 태자가 폐위됐고 그로부터 태자를 미리 세우지 않았단다.

그러니까 태자가 더 나이가 들기 전에 황제가 되고 싶은 마음에 무심코 불만 섞인 말을 내뱉은 게 화근이 되었다. 실제로 강희제가 폐위한 황자皇子는 두 명이다. 그때부터 태자를 미리 세우지 않았으니 전성문을 잠가둘 수밖에 없었다. 강희제의 뒤를 이은 옹정제는 두 형의 폐위를 지켜봐 권력 세계의 암투와 비정함을 알기에 즉위 원년에 후계 문제는 자신이 직접 써서 밀봉한 뒤 건청궁乾淸宮 편액 뒤에 보관하겠다는 조서를 내렸다. 태자를 세워야 한다는 상소는 준엄하게 책망하고 태자를 미리 세우지 않음이 왕가의 법통이라고 선언했다.

전성문 기사는 '권력은 부자지간에도 나누지 못한다'라는 비정한 속설을 증명하는 수많은 역사적 사례 중의 하나이다. 권력, 특히 대권大權을 쥐는 건 용의 여의주如意珠를 빼앗으려는 것과 같다. 그 주변에는 수많은 함정과 보이지 않는 칼날이 도사린다. 함부로 덤비다가는 강희제의 두 황자처럼 쥐도 새도 모르게 사라진다. 조선에도 비슷한 역사적 사례가 얼마든지 있다.

대권을 잡았다고 모든 게 성취되는 건 아니다. 여의주와 같은 권력에는 마성魔性이 있어서 진정한 용이 되어야 여의주를 다룰 수 있다. 용의 탈을 쓰고는 마성을 이길 수 없으니 권력의 칼을 휘두르다가 비극으로 막을 내린 권력자들이 어디 한 둘인가. 〈연암집〉 '낭환집서蜋丸集序'에는 다음과 같은 구절이 있다.

말똥구리[蜣蜋, 강랑]는 자신의 똥 구슬을 아끼고 여룡驪龍의 구슬을 부러워하지 않으며, 여룡은 자신에게 구슬이 있다 하여 말똥 구슬을 비웃지 않는다.

말똥구리가 용의 여의주를 부러워하지 않듯이 자기 분수에 맞게 살면 그만이고 용도 여의주가 있다 하여 말똥 구슬을 비웃으며 권력을 함부로 휘둘러서는 안 된다는 경구로 해석할 수도 있겠다. 바로 연암의 권력관이 아닌가 생각된다. 그래도 말똥구리가 여의주를 탐하는 게 인간사인지 전성문 기시의 마지막 문장은 권력욕에 대한 경종이다.

전성문이 닫힌 지 장차 100년이 되어 간다.

사람은 죽고 황금은 영원하다

북경 외곽에 있는 황금대에는, 연나라 소왕이 그곳에 천금을 두고 천하의 어진 선비를 모아 강대국 제나라에 원수를 갚으려 했다는 사연이 전해진다. 연암은 폐허가 된 황금대를 보고 난 후 별도로 '황금대기黃金臺記'를 썼다. 아직도 원수를 갚으려는 일은 그치지 않고 황금대의 황금도 천하에 이어져 오고 있을 것이라며 황금을 가진 사람들에게 남긴 충고의 글로써 사람을 잡아먹는 황금, 권력과 비슷한 황금의 속성을 꿰뚫고 있다.

권력과 황금에 눈이 멀어 죽임과 죽음을 사슬처럼 이어가는 인간들의 실상을 중국의 세 가지 역사적 사례를 들어 설득력 있게 보여준다. 진秦나라 장군 몽염이 제후의 장수들을 황금을 먹여 죽이고 제후의 식객 이사李斯는 몽염에게 복수했으며 얼마 뒤 환관 조고趙高가 이사를, 자영子嬰은 조고를, 항우項羽는 자영을, 유방劉邦은 항우를 죽이는 복수의 행렬에 황금 4만 근이 들었다는 게 한 사례이다.

이렇게 황금에 눈이 멀어 원수가 원수를 낳고 죽고 죽이는 인간사 피바람이 그치지 않는 가운데 탐욕에 빠진 인간들은 차례차례 사라져 가지만 원수를 낳은 황금만은 그대로 있다. 황금 때문에 죽고 죽이는 인간의 탐욕과 어리석음을 연암은 세 도적의 이야기로 일반화한다.

황금을 도굴한 세 도적이 술을 마시기로 하고 한 명이 술을 받으러 간다. 술을 받으러 간 도적은 황금을 독차지하기 위해 술에 독을 타고, 남은 두 명은 황금을 더 많이 나눠 갖기 위해 술을 받아 온 도적을 죽이고 실컷 술을 마신다. 이리하여 세 명의 도적은 모두 죽고 황금만 남았다. 그 황금을 줍는 사람이 생겼을 것이고 그 때문에 몇 천 명이나 더 죽을지 모를 일이다.

세상 사람들에게 늘 죽음의 그림자가 도사리고 있는 황금의 속성을 설시說示하는 연암의 글 속에 그의 재물관財物觀도 자리하고 있다.

황금이 있다고 해서 반드시 기뻐할 일도 아니요, 없다고 해서 반드시 슬퍼할 일도 아니다. 이유도 없이 황금이 굴러들면 천둥이 치는 것처럼 놀라며 귀신을 만난 듯 무서워하며, 길을 가다가 수풀에서 뱀을 만나 소스라쳐 물러나듯이 해야 할 것이다.

에필로그

미디어 빅뱅과 기자 정신의 실종

지금 대한민국의 언론계 지형은 전 세계적인 미디어 빅뱅의 조류 속에서 큰 틀의 지각 변동이 계속되고 있다. 연암식으로 말하면 천하대변天下大變이다. 정보 통신 기술의 발달로 모바일로 대표되는 새로운 뉴미디어 플랫폼이 대세를 장악해 가면서 신문과 방송 등 전통적 미디어 legacy media의 영역은 점점 축소되고 있다. 이러한 지형 변화에 맞춰 새로운 정보 전달 체계와 콘텐츠로 외형적으로는 신시대에 적합한 미디어 모델을 모색하고 있기도 하다. 전통의 근간을 잃지 않으면서 새로운 활로를 찾는 법고창신의 방책이라고도 할 수 있다.

하지만 언론 매체의 양적 급증에 따른 미디어 생태계의 변화로 생존 경쟁이 격화되면서 상당 부분의 질적 변화가 저급한 방향으로 흐르고 있는 현상 또한 부인할 수 없는 사실이다. '해야 할 말 써야 할 글'보다는 인터넷에서 '기사 누르기click' 실적을 올릴 수 있는 기사가 난무하고 있다. 알맹이 없는 깡통 기사에 선정적이고 자극적인 제목으로 호기심을 불러일으키는 이른바 '낚시성 기사'들이 대표적 사례이다. 일회적인 경박한 말장난 같은 국적 불명의 신조어도 무분별하게 기사에 등장하고 있다. 연예인이나 정치권 인사들, 소위 인플루언서influencer의 허언 같은 SNS 대화 내용이나 사사로운 감정 표현까지 기사로 등장한다.

걸핏하면 등장하는 '단독 기사'도 마찬가지다. 대개 단독 기사로서의 가치가 없다는 점은 그렇다 치더라도 단독이 아닌 기사까지 버젓이 단독을 달아놓고 좌판에서 호객 행위하듯 모바일 화면을 통해 독자들을 유인하고 있다. 특정 정치인이 특정 매체에서 한 인터뷰를 속보 중계하듯 그대로 옮기는 대행 역할도 적지 않다. 기자나 소속 언론사의 취재 취지와 목적에 따라 현장을 찾아가거나 취재 대상 인물을 만나야 하는데도 불구하고 검증이나 확인 절차 없이 그냥 그대로 옮겨 적는다. 기자들이 옐로저널리즘으로 돈벌이에 골몰하는 기사 장사꾼으로 내몰리고 있다는 자조와 푸념이 그냥 나오는 게 아니다. 한마디로 기자 정신의 실종으로, 연암이 우려했던 법고 없는 창신의 글쓰기 격인지도 모른다.

언론의 권력 동조화

21세기 대한민국 언론 생태계에서 무엇보다 심각한 현안은 언론의 권력 동조화同調化 현상이다. 정확하게는 언론계를 구성하는 일부 종사자들이 특정 정치 권력과 이심전심以心傳心의 묵계나 연대로 이해 관계를 공유하며 사실상 권력의 대변자, 또는 대리인 역할을 하거나 스스로 권력화하려는 경향이 더욱 노골화되고 있다는 점이다. 기자나 언론인으로서 자율적이고 독립적인 역할을 수행하는 게 아니라 특정 정치 세력이나 정파의 노선과 이해 관계에 맞춰 활동과 역할을 조정하고 앞으로의 계획을 도모하는 것이다. 정직한 언론 추구를 목적으로 하는 게 아니라 언론을 특정 집단의 목적과 이익에 부합하는 수단으로 도구화한다는 말이다.

권력 동조화의 심화는 비단 언론계만의 문제는 아니다. 권력의 자기 확장적 속성과 맞물려 학계나 시민 사회, 법조계까지 파고들었다. 그런데도 언론의 권력 동조화를 특히 심각하게 받아들여야 하는 이유가 있다. 언론이 민주 사회의 올바른 여론 형성을 주도하고 권력을 견제하는 역할을 하기 때문이다. 그래서 언론의 권력 동조화는 권력의 일탈에 경종을 울리는 경고 장치가 고장 나는 것과 마찬가지이다.

권력의 자기 확장적 속성의 이면에는 집권자나 권력 추구자의 인간적 탐욕이 똬리를 틀고 있다. 대개 권력 추구자들의 욕망은 보통 사람들과는 유달라서 세력 확장력과 포식력이 양들을 노리는 이리떼의 욕구 못지않다. 이리떼가 욕구를 채우기 위해서는 목동의 감시견을 짖어 대지 못하도록 만들어야 하듯이 권력 추구자들은 끝없는 탐욕을 실현하기 위해 권력의 감시견 역할을 해야 할 언론을 애완견으로 순치시켜 권력 추수자追隨者로 만들고자 한다. 이러한 권력의 야욕이 언론 종사자의 속물적 욕구와 결합할 때 언론은 특정 세력의 수단으로서 고유의 정체성을 상실하고, 언론인은 정상배政商輩로 전락한다.

겉으로는 공정과 정의를 부르짖으면서도 주머니 속에서는 자리와 밥그릇의 주판알을 튕기는 위선적 군상으로서, 겉으로는 예와 덕을 논하면서 속으로는 권세와 명리를 좇는 조선 시대 이중적인 양반 군상의 복제판이다. 단맛에 빠져 말똥 구슬을 버리고 알사탕을 찾아 몰리는 말똥구리와 다름없다. 연암이 지극히 혐오하고 멀리했던 인간형이다.

언론계의 당비黨比

언론의 권력 동조화는 필연적으로 심각한 '두 편偏의 문제'로 귀착된다. '편 가르기'와 '편파보도'이다. 불편부당不偏不黨한 기자 정신, 언론 정신은 사라지는 대신 편당偏黨과 당류黨類에 얽혀 권력의 이해 관계에 따라 소위 '내 편', '네 편'으로 갈라진다. 편 가르기는 특정 권력이나 특정 이념에 경도된 세력이 주도적으로 편당을 형성하면서 시작되는데 자신들의 노선에 동조하지 않는 구성원들을 배척하면서 자연적으로 내 편 네 편이 형성된다. 자신의 의지와 관계없이 성향이 분류되어 한쪽 편으로 특정되는 경우도 있다. 물론 시류와 이해 관계에 따라 여기 붙었다 저기 붙었다 하는 부류도 있다. 이도 저도 아닌 구성원은 회색인 또는 이쪽저쪽 눈치 보는 인간으로 찍히기도 한다. 이런 편 가르기가 심해지면 조직은 정치판의 복사본처럼 운영된다.

인사의 기준은 언론인으로서의 능력과 성과보다는 특정 집단에 대한 충성도와 조직 장악 기여도가 된다. 자연히 본연의 능력과 성과보다는 권력의 향배와 투쟁력이 우선한다. 쉽게 말해 업무 능력이 떨어져도 언론 정신을 버리고 '투계鬪鷄 정신'으로 무장하여 상대편 공격에 앞장서 목청을 높이고 전공을 세우면 논공행상으로 좋은 자리를 전리품으로 차지하고 으스댈 수 있다는 얘기다.

대립하는 두 편의 정치 권력이 집권할 경우의 수가 각각 2분의 1이라고 가정하면 어느 정파 쪽으로 동조화하든지 간에 일 대신 대리전만 잘하면 이른바 출세할 수 있는 확률이 50%는 되는 셈이다. 본연의 책무를 통해 원하는 자리나 명예를 달성할 확률이 10%도 안 된다고 생각하는 속물적 언론 종사자들이 있다면 충분히 도박을 걸어볼 만한 삶의 방식이 될 수 있다. 상대편의 공격 표적이 되는 경우 내 편에서는 영웅처럼 중요 인물로 뜰 수도 있으니 그들에게는 편 가르기야 말로 둘도 없는 출세의 방편이 된다.

하지만 언론 조직이 편 가르기로 진영화되어 두 편이 왔다 갔다 조직을 떡 주무르듯 하다 보면 언론 본연의 책무와 정신은 사라지고 밥그릇과 자리를 둘러싼 싸움과 증오만 남아 공정 언론의 기치는 피투성이 선연한 넝마로 펄럭일 수밖에 없다. 언론의 정신은 자멸하고 권력형 탐욕만 독버섯처럼 자라난다.

그런데도 왜 정치적 진영 논리에 따른 편 가르기가 이루어지는가? 편을 가르면 편을 가르지 않을 때보다 더 많은 이익을 보는 집단이나 세력이 있기 때문이다. 사회적 역할과 책무보다는 자리와 명리를 더 갈구하는 언론 종사자가 있다면 권력과 결탁하여 편 가르기를 하면 훨씬 쉽게 꿈을 이룰 수 있다. 앞의 사례대로 능력과 성과를 통해 자리나 명리를 달성할 가능성이 10% 정도밖에 되지 않는 야망의 언론 구성원이 있다면 권력 동조화로 꿈을 실현할 가능성이 40%나 더 높아진다. 언론 종사자 권력 동조화의 근원이나 책임을 따지고 들어가면 한도 끝도 없는 논쟁만 이어질 것이지만 시대가 흘러올수록 더했으면 더했지 덜하지 않았다는 사실은 분명하다. 아이러니가 아닐 수 없다.

무릇 모든 인간이 그러하듯 정치 권력을 추구하는 사람이나 당파에도 기본적으로 선과 악이 공존한다. 어느 누구도, 어느 당파도 '절대 선'의 존재가 될 수 없다. 그러니까 정치 권력의 세계는 '선 대 악'의 대결이 아니라 '선악 대 선악'의 대결이다. 최대의 이익을 가져다주는 권력을 잡기 위해 악을 선으로 포장하고 공격하는 행태가 그 세계의 일상이다.

언론은 '선악 대 선악'의 대결과 경쟁을 관찰하고 지켜보면서 악을 비판하고 선을 장려하는 게 기본적인 책무이다. 그 기준은 내 편 네 편이 아니라 불편부당하고 공공을 우선하는 정신에 있다. 모든 정치 권력과 금을 긋고 냉정한 관찰자가 되어야 할 언론 종사자들이 선을 자처하며 악이 더 난무하는 권력 쟁투의 장으로 뛰어들었으니 어떻게 선과 악을 분간할 수 있는 통찰력을 지니고 혜안을 뜨겠는가?

편 가르기로 찢어진 언론은 특정 진영과의 운명 공동체, 이익 공동체로서 편파 보도로 공동체 안에서의 역할을 수행한다. 정치적 현안이 주요 대상이다. 정치 권력의 향배에 따라 이익 공동체의 운명이 결정되고 떡고물의 크기가 달라지기 때문이다.

편파 보도에는 크게 작위적作爲的 편파와 부작위적不作爲的 편파가 있다. 내 편에 유리하거나 도움이 되는 내용을, 상대편에 불리하거나 손해가 되는 내용을 적극적으로 취재하여 과장하여 부풀리거나 크게 보도하는 방식이 작위에 의한 편파이다. 반대로 내 편에 불리하거나 손해가 되는 내용을, 상대편에 유리하거나 도움이 되는 내용을 소극적으로 취재하여 보도를 축소하거나 무시하는 방식이 부작위에 의한 편파이다. 내 편의 선은 부각되고 악은 축소되며 상대편의 선은 축소되고 악은 부각된다. 어느 편이냐에 따라 선과 악의 가치가 달라진다. 이른바 '내로남불'식 불공정 보도의 전형적 행태이다.

언론 소비자 입장에서는 편파 보도가 정품이 아니라 악덕 상혼이 빚은 불량품이나 다름없다. 보도의 정품은 공공의 입장에서 기자 정신에 따라 하는 '해야 할 말과 써야 할 글'이다. 선과 악을 적용하는 기준과 비판의 잣대가 동일해야 한다. 특정 진영의 입장에서 자신이 '하고 싶은 말과 쓰고 싶은 글'은 기자가 생산해야 할 정품은 아니다. 진영 논리에 기울어지다 보면 거의 잡언 수준에 해당하는 '아무 말 아무 글'이 나오기도 하고 심지어 '하지 말아야 할 말 쓰지 말아야 할 글'까지 등장한다. 이렇다 보니 사기꾼 같은 인물이 정의로운 제보자로 등장하기도 하며 음습한 전과자가 불의를 바로잡는 사도처럼 행세하기도 한다.

주관적 감정이 개입된 표적 취재나 함정 취재 같은 악의가 엿보이는 사례도 없지 않다. 언론의 비판 정신, 고발 정신을 내걸고 줄기차게 특정 세력만 겨냥해 취재 보도하는 구성원도 있다. 큰 것은 작게 하고 작은 것은 크게 한다. 의도적으로 인터뷰를 단장취의斷章取義하거나 교묘하게 짜깁기하여 사실 관계를 왜곡하거나 날조했다는 의혹을 사는 경우까지 있다. 그러니 자연스럽게 사회적 갈등을 풀어야 할 뉴스 보도가 오히려 갈등의 씨앗이 되기도 한다. 한 언론사의 취재 보도 과정과 보도 내용이 역으로 타 언론사의 취재 보도 대상이 되기도 하는 코미디 같은 상황도 종종 일어난다.

기자에게도 명예와 이익이 있을 수 있으나 어디까지나 올바른 기자 정신과 원칙을 실천한 대가여야 한다. 권력 추종과 편파 보도로부터 나오는 부산물이 아니라 정론으로부터 나오는 공공의 이익과 부합해야 한다는 말이다.

붕비朋比의 망령亡靈

열하일기 '구요동기'에서 연암은 명나라 말기의 두 명장 웅정필과 원숭환이 환관 위충현 중심의 무리인 엄당의 모함으로 죽임을 당한 사실을 상기시키며 동림당東林黨과 엄당이 생사를 걸고 싸웠던 명말의 당파와 같은 위험성을 경고했다. 실제로 명나라는 엄당과 동림당의 내부 싸움으로 멸망했다.

이어 '곡정필담'에서 유학자의 패거리 문화를 질타하는 곡정의 말을 그대로 소개하며 당파의 폐단을 꼬집고 있다. 재상이 된 사람에게 한나라 때의 소하蕭何나 조참曹參 같은 재상에 비기면 감히 감당할 수 없다며 겸양하다가 전국 시대 상앙이나 진秦나라 이사 같은 재상에 비기면 살점을 뜯어 먹을 것처럼 덤벼든다는 이야기다.

상앙이나 이사가 나라를 강하게 만들었지만 그들을 형편없이 취급하는 까닭은 단지 그들의 학문이 유학이 아니라는 이유 때문이다. 연암은 이러한 후대 유학자들의 경향을 당비黨比의 관습, 즉 패거리 문화에서 나온 악습이라고 규정했다[黨比之習]. 당비黨比란 무리를 지어 서로 사귀며 가깝게 지낸다는 뜻으로 붕당을 만들어 자기편을 두둔하는 붕비와 같은 말이다.

연암이 살았던 시기에도 붕비의 폐단이 말이 아니었다. 선조 때 동인, 서인으로 갈라진 사림의 분화는 이후 다시 동인이 남인 북인으로, 북인이 대북 소북으로 갈라지는 과정을 거친 이후 연암 시대에 와서는 서인이 노론과 소론으로 갈라져 대립하고 있는 상태였다. 노론이었던 연암은 좀처럼 당론을 두고 언쟁하지 않았고 당파를 떠나 뜻에 맞는 사람들을 두루 사귀었다. 권세와 이익을 좇아 무리를 지어 다투는 양반 계급에 대한 풍자와 비판적 논조에서도 당비에 대한 연암의 시각과 소신이 잘 드러난다.

연암도 딱 한 번 친척 가운데 소론인 삼종형들과 신임사화辛壬士禍를 두고 논쟁을 벌였던 적이 있다. 신임사화는 경종 때 경종의 동생인 연잉군훗날의 영조을 세제로 책봉했던 노론 4대신을 역모를 꾀했다고 소론이 모함하여 극형에 처한 사건이다. 〈과정록〉에 따르면 사흘 동안이나 격한 논쟁이 이어졌고 연암이 화가 나서 쥘부채와 여의如意를 내리치는 바람에 물건이 모두 부서졌다고 한다. 당론이나 이념, 정치적 노선을 둘러싼 논쟁이 얼마나 무서운지를 실증적으로 보여주는 사례이다. 왜 연암이 당파를 통한 붕비의 폐습을 그토록 싫어했는지 이해할 수 있는 대목이기도 하다.

붕당의 현대적 의미는 정당이다. 정당은 정치적 이념과 정견이 같은 사람들이 모인 집단으로 정치 권력의 획득을 목표로 한다. 상대 당을 이겨 권력을 쟁취하기 위해서는 당원들 간의 강한 결속을 통한 붕비의 관습은 어느 나라나 현실적으로 용인되는 측면도 있다. 그러나 붕비의 촉수가 법조계나 언론계로 뻗치면 문제는 달라진다. 법이 무너지고 여론이 왜곡되면서 견제와 균형이 사라지고 민주주의가 짓밟히는 망국의 씨앗이 되기 때문이다. 언론계의 편 가르기를 '붕비의 망령'이라고 규정해도 결코 과하지 않다.

21세기의 연암 정신

연암은 늘 글을 쓰는 도를 생각했다. 문장의 지극한 도는 당대 조선의 문제를 조선의 말로, 사실에 충실하게 자신의 글을 쓰는 데 있다고 했다. 현재 우리의 문제를 우리의 생각으로 고민하고 우리의 글로 써야 한다는 뜻으로 볼 수 있다. 연암은 당대 조선 사회의 모순과 부조리, 후진성을 고민했다. 그래서 권력층에 있던 사대부 모두가 청나라를 오랑캐라고 손가락질하는 와중에서도 청나라의 선진 문물과 제도를 배워야 한다고 역설했고 조선의 문제와 이중성을 자신의 글로 질타했다.

열하일기를 놓고 오랑캐의 연호를 쓴 글이라 하여 '노호지고'라는 비난이 쏟아졌다. 하지만 사실에 충실했기에 힘이 있었고 문체반정의 압박 속에서도 수많은 필사본으로 퍼져 나갔다. 권력층의 비위에 맞춰 일신의 영달을 도모하지 않고 해야 할 말을 하고 써야 할 글을 썼던 기자 정신에 충실했던 덕분이었다.

연암의 글쓰기 철학은 주변에 있는 풀, 꽃, 새, 벌레와 같은 미미한 사물에도 지극한 경지가 있다는 말에서도 그대로 드러나 있다. 글을 쓰는 도는 저 멀리 신비로운 곳이나 어려운 책 속에 있지 않고 바로 지금 우리 주변에 있는 우리의 문제들을 잘 관찰하여 고뇌하고 사실을 있는 그대로 전달하는 데 있다는 뜻이다. 여기서 다시 연암의 처남 지계공이 문장을 평한 제문의 한 구절을 보자.

신령한 거울은 요괴를 비추고
신령한 구슬은 잊은 걸 생각나게 하지요

끊어진 줄을 잇는 아교가 있는가 하면
혼을 부르는 향도 있답니다.

요괴는 조선 사회의 부조리이다. 이를 직시했기에 연암의 글이 조
요경照妖鏡이며 결혼한 누님과의 어린 시절 추억처럼 있었던 사실을 기
록했기에 신령한 구슬이라는 말이다. 끊어진 줄을 잇는 아교처럼 가난
한 조선을 살리는 부민강국의 방책이 있기도 하고 정신을 바르게 가다
듬게 하는 천하지우의 고뇌도 들어 있다는 의미일 것이다. 연암이 스
스로 터득한 기자 정신으로 권력權力, 금력金力, 인력人力으로부터 초연
했기에 쓸 수 있었던 글들이다.

천하지우의 고뇌에서 보듯 연암의 글에는 늘 고심처가 있었다. 관
찰과 생각을 늘 깊이 있게 했다. 연암처럼 생각이 깊어지면 기자가 깊
어지고 기자가 깊어지면 언론이 깊어진다. 언론이 깊어지면 사회가 깊
어지고 나라가 깊어진다. 혼미해지는 기자 정신과 권력 동조화, 편 가
르기, 편파 보도는 분명 21세기 대한민국 언론계의 요괴이자 천하지우
이다. 바로 지금 우리의 문제로서, 우리 스스로 깊이 고민하여 그 실체
를 정확하게 비추고 극복해서 '언론의 도'를 되찾아야 할 때이다. 대기
자 연암이 남긴 기자 정신의 거울을 지금 다시 닦아야 하는 이유이다.

말똥구리가 알사탕을 굴려서는 안 되지 않겠는가?

주석

1 사은겸진하사절謝恩兼進賀使節이 정식 명칭이다.

2 〈열하일기〉 각 권의 내용은 다음과 같다.

* 도강록 - 압록강부터 요양(遼陽)까지 가는 15일 동안의 기록
* 성경잡지 - 십리하(十里河)부터 소흑산(小黑山)까지 가는 닷새 동안의 기록
* 일신수필 - 신광녕(新廣寧)부터 산해관(山海關)까지 가는 아흐레 동안의 기록
* 관내정사 - 산해관부터 연경(燕京)까지의 기록. 〈호질〉포함
* 막북행정록 - 연경부터 열하까지 가는 닷새 동안의 기록
* 태학유관록 - 열하 태학(太學)에 머무를 때의 기록
* 구외이문 - 만리장성 밖에서 들은 60여 종의 이야기
* 환연도중록 - 열하에서 연경으로 돌아오는 엿새 동안의 기록
* 금료소초 - 의술(醫術)에 관한 이야기
* 옥갑야화 - 옥갑이라는 여관에서 비장들과 나눈 이야기들. 뒷날 〈허생전〉의 바탕이 된다.
* 황도기략 - 황성(皇城)의 문물·제도 약 38종에 대한 기록
* 알성퇴술 - 순천부학(順天府學)부터 조선관(朝鮮館)까지 가는 길에 보고 들은 내용의 기록
* 앙엽기 - 홍인사(弘仁寺)부터 이마두총(利瑪竇塚)까지 가는 동안의 주요 명소들 기술
* 경개록 - 열하의 태학관에서 중국학자들과 대화한 내용
* 황교문답 - 라마교에서 갈라져나온 황교에 대한 내용
* 행재잡록 - 청나라 고종의 행재소(行在所)에서 보고 들은 내용의 기록
* 반선시말 - 청나라 고종의 반선(班禪, 빈첸라마)에 대한 정책을 논한 글
* 희본명목 - 청나라 고종의 만수절(萬壽節)에 행하는 연극놀이의 대본과 종류 기록
* 찰십륜포 - 열하에서 본 빈첸라마에 대한 기록
* 망양록 - 중국 학자들과의 토론 내용. 주로 음악에 관한 이야기가 실려 있다.
* 심세편 - 중국 학자들과의 토론 내용
* 곡정필담 - 중국인 곡정 왕민호와의 필담
* 동란섭필 - 가악(歌樂)을 중심으로 여러 가지 이야기를 엮은 내용
* 산장잡기 - 열하산장에서 보고 들은 내용

     * 환희기 - 피서산장에서 본 중국 요술에 대한 내용

     * 피서록 - 열하산장에서 적은 황제와 학자들의 시문 비평

3 記之者誰에서 '之'는 지시대명사로 '이 글' 즉 연암이 쓴 기사를 말한다. 기지記之는 바로 기사記事이며, 이는 사실[事]을 기록한다는 뜻이기에 記之者는 곧 사실을 기록하는 사람을 지칭하는 記事者가 된다. '誰'는 어떤 사람을 지칭하는 인칭대명사로 記之者, 즉 연암과 동격이다. 따라서 '이 글', 즉 기사[事] 지칭하는 '之'와 연암을 지칭하는 '誰' 두 대명사를 빼면 일반적인 기사를 쓰는 사람을 통칭하는 기자記者가 된다. '~이다'를 뜻하는 어조사語助辭 '也'를 제외하고 열하일기의 바이라인 원문을 현대식으로 바꾸면 '記者 朝鮮 朴趾源'이 된다. 바로 '조선의 기자 박지원'이다.

4 심리학과 정신분석학에서는 엄격한 계급 구조 속에서 집단 생활을 하는 인간들이 '종속 스트레스(subordination stress)'를 겪는다고 한다. 신분이나 서열이 낮은 개체가 패배나 굴욕을 당한 후에 겪는 스트레스다. 이 스트레스는 '화풀이 본능'을 일으킨다. 인간은 누구나 자신에 대한 평판과 사회적 위치를 의식하는데 모멸이나 굴욕을 참기만하면 앞으로도 자신이 계속 모욕만 당하는 존재로 전락한다고 인식한다. 이런 불명예를 막기 위한 인간적 본능 때문에 학대와 폭력의 피해를 입은 사람의 쌓인 분노는 화풀이 행동을 유발하고 그 화풀이 대상이 '자신보다 약한 사람들'이라는 것이다. 뭇사람도 화가 나거나 분이 쌓이면 돌부리라도 걷어차거나, 하늘에 주먹질이라도 하거나 아니면 집에 키우는 개에게라도 실컷 하소연해야 화와 분이 조금 풀린다. 마음에 맺힌 화나 분의 응어리도 풀어내야 병이 되지 않기 때문이다.

5 먹으로 쓴 글씨를 물로 씻어 지우는 행위. 조선 시대 역대 왕의 실록을 편찬한 후 초고나 사초를 없애는 제도를 일컫기도 했다.

6 청나라의 국운과 세력이 최대로 팽창하였던 강희제, 옹정제, 건륭제 재위 시대를 말한다.

7 조선 정조 때, 새로 등장한 문체를 배격하고 고문의 문풍을 되찾으려는 조정의 정책. 당시에는 패관잡기나 중국 문인들 문집의 영향으로 개성적이고 참신한 문체가 유행하였다. 특히 박지원의 〈열하일기〉에는 연암체라고 불리는 독특한 문체가 사용되어 화제를 불러일으켰다. 이에 정조는 이런 새로운 문체를 '사(邪)'로 규정하고 배격하며 정통 고문의 문풍으로 글을 쓰도록 하였다.

8 〈열하일기〉의 '도강록'에서 사용된 연도. 명나라 숭정제가 즉위한 해(1627년)로부터 세 번째 경자년, 즉 정조 4년(1780년)을 가리킨다. 명나라는 멸망했지만 조선의

식자들은 임진왜란 때 명나라의 원병을 보내준 은혜를 기리기 위해 청나라 연호 대신 명나라 연호인 '숭정'을 고집했다.

9 오랑캐의 연호를 사용한 글이라는 뜻

10 '진정에 대해 단성 현감 이후(李候)에게 답함'이라는 편지이다. '진정(賑政)'은 굶주린 백성을 먹이는 일에 대한 정책이다.

연암 박지원 연보

1737년 - 부친 박사유(1703~1767)와 모친 함평 이씨(1701~1759)의 2남 2녀
중 막내로 출생

1752년(16세) - 이보천의 딸과 혼인. 장인 이보천에게 〈맹자〉를 배움.

1754년(18세) - 〈광문자전〉을 짓고 〈민옹전〉의 모티브가 되는 민유신을 만남.

1756년(20세) - 봉원사에서 독서하면서 윤영을 만나 〈허생전〉의 모티브가 되는 허생
이야기를 들음. 〈마장전〉과 〈예덕선생전〉을 지음.

1757년(21세) - 〈민옹전〉을 지음.

1761년(25세) - 성균관 시험을 치러 들어가서는 고목이나 노송 등만 그려 놓고 나옴.

1764년(28세) - 〈양반전〉과 〈서광문자전후〉를 지음.

1770년(34세) - 과거 1차 시험인 감시 초·종장에 모두 장원 급제. 그러나 2차 시험
인 회시에서는 답안을 내지 않고 나옴. 이후 다시는 과거에 응시하
지 않음.

1780년(44세) - 삼종형 박명원과 청나라 건륭제 70세 축하연에 자제군관 자격으로
동행. 귀국 즉시 〈열하일기〉 저술 시작. 〈허생전〉, 〈호질〉 등을 지음.

1783년(47세) - 절친했던 홍대용이 사망하자 그 충격으로 연암은 음악을 끊음. 〈열
하일기〉를 완성함.

1786년(50세) - 친구인 이조판서 유언호의 천거로 종9품 벼슬인 선공감감역(繕工監
監役)에 임명됨.

1787년(51세) - 부인인 전주 이씨(1737~1787) 사망.

1789년(53세) - 종6품의 평시서 주부(平市署主簿)로 승진.

1790년(54세) - 제릉(齊陵, 태조비였던 신의왕후의 능) 영(令)으로 임명됨.

1791년(55세) - 종5품 한성부 판관(漢城府判官)으로 전보. 연암의 품계가 원칙 없
이 올라간다고 유한준이 소를 올려, 종6품으로 강등되어 안의 현감
에 제수됨.

1792년(56세) - 부교리 이동직이 〈열하일기〉의 문체가 저속하다고 논박하며 상소.

1793년(57세) - 정조가 연암을 문체반정의 주동자로 지목했음을 남공철이 알려오자 자송문 대신 남공철에게 편지를 씀. 유한준이 연암을 '호복임민(오랑캐 복장을 하고서 백성을 다스림)', '노호지고(오랑캐의 연호를 쓴 원고)'라고 모함.

1794년(58세) - 장남 종의가 성균시에 응시하려 하자, 제자 이서구가 성균관장으로 있다고 응시하지 못하게 함.

1796년(60세) - 임기가 만료되어 귀경했다가 다시 제용감주부(濟用監主簿), 의금부 도사(義禁府都事), 의릉(懿陵, 경종과 선의왕후의 능) 영을 지냄.

1797년(61세) - 면천 군수에 임명됨.

1800년(64세) - 양양 부사로 승진.

1801년(65세) - 병을 이유로 양양 부사에서 사직.

1802년(66세) - 조부와 부친의 묘를 포천으로 옮기려다 유한준의 방해로 좌절된 사건 이후 울화병이 생겨 회복하지 못함.

1805년(69세) - 10월 20일(양력, 12월 10일) 아침 여덟 시경에 서울 재동 자택에서 "깨끗하게 목욕시켜 달라"라는 유명을 남기고 별세.

참고문헌

〈열하일기 1, 2, 3〉 박지원 지음, 김혈조 옮김, 돌베개 2009

〈열하일기 상, 중, 하〉 박지원 지음, 이가원 옮김, 대양서적 1975

〈열하일기 상, 중, 하〉 박지원 지음, 리상호 옮김, 보리 2004

〈나의 아버지 박지원〉, 박종채 지음, 박희병 옮김, 돌베개 1997

〈열하일기 연구〉, 김명호 지음, 창작과 비평사 1990

〈열하일기, 웃음과 역설의 유쾌한 시공간〉, 고미숙 지음, 북드라망 2013

〈정치가 정조〉, 박현모 지음, 푸른역사 2005

〈연암을 읽는다〉, 박희병 지음, 돌베개 2006

〈목민심서〉, 정약용 지음, 민족문화추진회 편, 나랏말씀 17. 18

〈국역 경세유표〉, 정약용 지음, 민족문화추진회 편

〈연암집 상, 중, 하〉 박지원 지음, 신호열·김명호 옮김, 돌베개 2018

〈노이점의 수사록 연구〉, 김동석 지음, 보고사 2016

〈중국상하오천년사 1, 2〉, 풍국초 지음, 이원길 옮김, 신원문화사 2005

〈모략謀略〉, 차이위치우 지음, 김영수 옮김, 들녘 1996

〈日本新聞通史〉, 春原昭彦 지음, 東京 新泉社 1985

〈日本新聞發達史〉, 小野秀雄 지음, 五月書房 1982

〈중국근현대언론사〉, 차배근 지음, 도서출판 나남 1985,

〈저널리즘의 기본 원칙〉, 빌 코바치·톰 로젠스틸 지음, 이재경 옮김, 한국언론진흥
　　　재단 2014

〈조선왕조실록〉 정조실록

조선의 大 기자, 연암

초판 1쇄 발행 2022년 10월 31일

지은이 강석훈

펴낸이 이혜경
펴낸곳 니케북스
출판등록 2014년 4월 7일 제300-2014-102호
주소 서울시 종로구 새문안로 92 광화문 오피시아 1717호
전화 (02) 735-9515~6
팩스 (02) 6499-9518
전자우편 nikebooks@naver.com
블로그 nikebooks.co.kr
페이스북 www.facebook.com/nikebooks
인스타그램 www.instagram.com/nike_books

한국어판출판권 ⓒ 니케북스, 2022

ISBN 979-11-89722-63-0 03910